KB042406

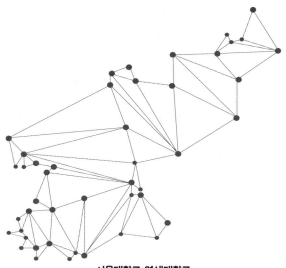

서울대학교-연세대학교
통일대비국가전략연구팀(편)

평화의 신지정학

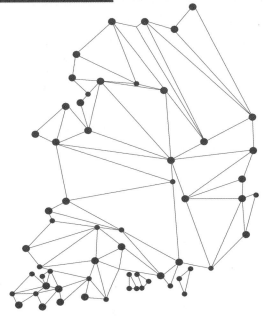

박영사

머리말

　　2014년에 출범한 서울대학교와 연세대학교의 '통일대비 국가전략연구팀'은 2017년 2월에 출간한 『통일의 신지정학』에 이어서 2019년에 『평화의 신지정학』을 출간한다. 두 권의 단행본을 출간하면서 지난 5년 동안 지속했던 프로젝트를 마감하게 되었다. 본서 『평화의 신지정학』의 집필에는 양교의 연구팀에 소속된 일곱 분의 교수님 외에 외부의 네 분 교수님 등 모두 열한 명의 학자들이 참여하였다. 『평화의 신지정학』은 영토와 영토성 그리고 평화의 문제, 기억과 주체성의 신지정학, 인식조사에 나타난 평화, 평화의 신지정학적 구성 등 모두 네 개의 주제에 걸쳐 아홉 편의 연구 논문을 담고 있다. '평화'라는 개념에 대한 신지정학적 이론들과 이와 연계된 역사적 주요 사건들 그리고 그 경험적 증거들을 함께 고민한 결과물이다. 『통일의 신지정학』의 후편격인 『평화의 신지정학』에 실린 이 아홉 편의 연구 논문은 전편에 대한 보완이자 마무리라는 성격을 동시에 지니고 있다. 통일과 평화에 관한 연구들이 많지만, 본서와 같이 '신지정학'의 관점과의 연계 속에서 통일과 평화에 접근하는 연구물이 출간된 것은 전인미답의 길이었다는 점에서 의미가 깊다. 물론 그 평가는 독자들이 할 것이다.

본 연구를 지난 5년간 지원해 주신 두 대학의 총장님과 연구처에 감사의 말씀을 드린다. 이번 『평화의 신지정학』 단행본은 낱권으로도 만날 수 있지만, 앞서 2017년에 출간된 『통일의 신지정학』과 함께 박스세트본으로도 동시에 출간된다. 두 권의 단행본 및 박스세트본의 출간 과정에서 애써 주신 박영사 조성호 이사님과 편집부의 박송이 님께 감사드린다. 지난 5년간 해당 프로젝트가 진행되는 동안 참여한 모든 대학원생들에게 고마움을 표한다. 본서의 원고취합, 편집, 수정 등 출판 및 관리 과정에서 수고해 준 연세대학교 강신재 군과 조원 군 그리고 서울대학교 이금강 군과 조대현 군의 도움에도 고마움을 표한다.

필자들은 해당 연구가 한반도 '통일'과 '평화'라는 두 가지 화두에 관심 있는 연구자들 및 독자들에게 창조적인 영감을 제시하고 토론과 집단지성의 발전에 기여하기를 소망한다. 두 권의 단행본이 제시한 관점과 영감들이 한반도의 통일정책과 평화정책의 수립에 실효성 있게 반영된다면 필자들로서는 더없는 보람일 것이다.

2019. 8. 3.

연세대학교 연구책임자 진영재, 서울대학교 연구책임자 신범식 씀

차례

PART 01 영토, 영토성, 그리고 평화

PART 02 기억과 주체성의 신지정학

PART 04 평화의 신지정학적 구성

P A R T

01

영토, 영토성,
그리고 평화

01 1689년 네르친스크평화조약과 유라시아 신지정학*

Ⅰ. 서 론

한국은 지정학적으로 동아시아 국제정치의 영향을 받아 왔다. 기존의 많은 동아시아담론은 대영제국과 대청제국 간의 아편전쟁을 마감하면서 체결된 난징조약(1842)을 기점으로 청제국[1] 중심의 지역질서가 주권평등 개념에 입각한 근대적 국제질서로 변모되기 시작했다는 인식에 기초해 있다.[2] 특히, 영어권에서는 대영제국과 대청제국이 체결한 국제조약인 난징조약 이후 베이징 중심적인 천하(天下)관념이 해체되기 시작하면서 비로소 "주권평등에 기초한 국제관계"를 갖게 되었다고 해석해 왔다.[3] 1842년 난징조약 체결 이후 유교적 천하관념에 기초한 지역질서가 급속히 해체되고 웨스트팔리아적 의미의 국제질서가 확산된 것은 사실이다. 그러나 대청제국이 주권평등원리에 기초해서 체결한 최초의 근대적 국제조약은 1842년에 체결된 난징조약이 아니라 1689년에 체결된 네르친스크(Nerchinsk)[4]조약이었다.

* 이 글은 다음의 학술논문에 기초하여 발전시킨 것이다. 김명섭, "네르친스크 조약의 국제정치학: 1689년 러·청 국제조약에 관한 연구"『국제정치논총』 제57집 4호 (2017).

   1842년의 난징조약을 청제국이 체결한 최초의 국제조약이라고 보는
역사인식은 아편전쟁의 당사국이었던 대영제국에서 미국으로 전파되었고,
미국이 세계의 지식패권을 장악하면서 세계화되었다.[5] 서구열강의 일원이
었던 프랑스에서도 이러한 역사인식이 지배적이었다.[6] 영국과의 동맹관계
를 통해 청제국질서를 해체시키는 데 앞장섰던 일본제국에서도 이러한 역
사인식을 답습하는 경향이 강했고, 일본이 병합한 여러 나라들에서도 이
러한 역사인식이 뿌리 내렸다.

   소련 시대의 러시아에서도 네르친스크조약의 의미는 중·소대결과 공
산주의의 영향 하에서 과소평가되었다. 소련학자였던 쉐벤코프는 네르친
스크조약의 체결에 기여했던 예수회 신부들이 "러시아와 만주 간의 우호
관계 수립을 막고, 러시아의 영향이 확산되는 것을 막고자 했다"고 해석했
다. 이러한 평가에 의하면, 네르친스크조약 체결에 기여했던 "예수회는 서
유럽 열강들의 식민정책을 위한 첨병이요, 대리인들"에 불과했다.[7]

   네르친스크조약은 한자문화권에서도 간과되어 왔다. 네르친스크조약
의 원문이 라틴어, 만주(滿洲)[8]어, 그리고 러시아어로 되어 있었을 뿐 한자
로는 되어 있지 않았던 것도 하나의 원인이었다.[9] 청제국의 만주족 지배층
들의 입장에서 볼 때 네르친스크조약의 주권평등적 내용이 한자문화권 내
에 널리 알려지는 것은 정치적으로 불리한 것이었다. 만주족 황제들이 계
승했던 "역대 왕조의 국가종교"[10]였던 유교는 약 1백만명에 불과했던 만
주족이 약 1억명에 달했던 한족을 지배하는 것을 뒷받침했던 관념적 힘이
었다. 그것은 천자를 중심으로 하는 대일통(大一統) 관념을 종교적으로 뒷
받침함으로써 만주족 황실의 종족성을 뛰어넘는 초안정적 구조를 가능하
게 했다.[11] 그런데 네르친스크에서 세계의 중심적 존재인 천자(天子)가 '야
만족(러시아)' 황제와 동등하게 조약을 체결했다는 사실은 지배적 유교 관
념과는 양립할 수 없는 것이었다.

   1689년에 만들어졌던 네르친스크의 평화에 대한 재인식은 기존의 동
아시아 지정학을 넘어 유라시아 신지정학의 발전을 촉진시킬 수 있으며,

역으로 유라시아 신지정학에 기초했을 때 네르친스크조약이 초래한 평화
와 전쟁의 이중성을 제대로 포착할 수 있을 것이다. 이 글에서 말하는 유
라시아란 다음과 같은 내부 구성을 지닌 지정학적 개념이다.

표 1   유라시아의 내부구성

북유라시아	러시아에서 북극해 연안까지의 지역
남유라시아	동남아, 인도, 중동아시아, 이스라엘을 지나 수에즈운하 서쪽까지의 지역
서유라시아	대서양 동쪽 유럽연안에서 핀란드−러시아 접경까지의 지역
동유라시아	중앙유라시아의 동쪽 경계에서 일본까지의 지역
중앙유라시아	흑해 동쪽 연안에서 부탄에 이르는 유라시아대륙의 내륙지역

Ⅱ. 러·청 접전과 네르친스크의 평화

1380년 모스크바왕국의 돈스코이(Дмитрий Донскóй, 1350−1389)
왕자가 거둔 쿠릴코보승전은 몽골지배(1480년까지 지속된)의 종식으로 직결
된 사건은 아니었지만, 팍스 몽골리카의 한계를 획정한 사건이었다. 돈스
코이 왕자는 나중에 러시아정교의 성인(saint)반열에 올랐다. 몽골제국 및
킵차크 한국의 지배를 받던 러시아는 1453년 동로마제국이 오스만투르크
제국에 의해 멸망당하자 로마제국을 계승하고자 했다. 1480년 킵차크 한
국의 마지막 공세를 막아내고 약 250년간의 몽골지배를 종식시킨 러시아
는 몽골제국이 쇠퇴한 공간으로 팽창하면서 시베리아의 약소민족들을 정
복하는 신흥제국으로 부상했다. 러시아가 실제로 제국을 선포한 것은 표
트르 1세 치세기인 1721년이지만, 이 당시부터 러시아는 제국적 성격을
보이고 있었다.

러시아인들은 15세기 말에 우랄산맥에 발을 디뎠고, 1587년 시베리아
최초의 러시아 도시 또볼스크를 세웠다. 1604년에는 똠스크, 1619년에는

예니세이스크, 1632년에는 북극해로 흐르는 레나강 중류에 사하공화국의
수도가 되는 야쿠츠크(사하식 명칭으로는 조쿠스카이)와 바이칼호수 서안의
이르쿠츠크를 건설함으로써 러시아인들은 우랄산맥을 넘은 지 불과 60여
년 만에 태평양 연안에 이르게 되었다.12

　　모스크비친(Иван Москвитин)과 포야르코프(Василий Поярков)
가 1640년대 초 아무르강(흑룡강) 하구의 오츠크해(海) 연안까지 도달했지만,
러시아제국의 경계는 모호했고, 가변적이었다. 그것은 "어떤 시점에서 경계선
에 배치된 힘(the constellation of power on its frontiers at any given moment)"에
의해 형성된 것에 불과했다. 러시아의 팽창은 "오로지 효율적인 저항을 하거나
안정적이고 예측가능한 경계선을 제공할 수 있는 다른 강국과 부딪쳤을 때"
종결되었다.13

　　러시아의 팽창은 몽골제국의 러시아 지배에 마침표를 찍었고, "러시아
의 영토수집가"라고 불린 이반 3세(Иван Ⅲ Васильевич, 1440 – 1505)
에 의해 더욱 촉진되었다. 15세기부터 19세기까지의 약 450년간 러시아는
매우 빠른 속도로 팽창했다.14 대서양과 인도양을 통해 이루어진 서유럽제
국들의 팽창이 간헐적으로 이루어졌다면, 유라시아대륙에서 이루어진 러시
아의 팽창은 지속적이었다.15

　　러시아의 팽창을 추동했던 요인들로는 몽골제국의 쇠퇴에 따른 빈공
간의 발생, 모피무역을 위한 동물가죽 채취, 새로운 영토를 획득하여 이미
획득한 영토를 방어하겠다는 독특한 안보의식 등이 거론되어 왔다.16 새로
운 공간을 향한 러시아의 동진과정에서 러시아정교도 중요한 역할을 수행
했다. 라스콜니키(러시아어로 раскол은 분열이라는 뜻)라고 불린 러시아
정교의 "이단"이 먼저 시베리아를 개척했다. 러시아의 동진에 기여했던 러
시아정교의 역할은 이런 "이단"들과 "이단"들로부터 "순수한" 신앙을 수호
하고자 했던 정통파 모두에 의해 촉진되었다.17

　　결국 코사크인18들을 선봉으로 내세운 러시아가 아무르강(흑룡강) 중
류에 하바로프스크(1652)를 건설하기 앞서 최초로 아무르강 상류연안에 건

설한 알바진19(Албазин, 1651)에서 청제국과 러시아가 대치했다. 이것
은 영국과 러시아가 유라시아대륙의 패권을 놓고 경쟁했던 "거대한 게임
(great game)"을 연상시킨다.20 이 거대한 게임이 '거대한 전쟁'으로까지는
이어지지 않았던 것처럼 신흥제국으로 떠오르고 있던 러시아와 청제국은
네르친스크조약에 의해 대격돌을 회피할 수 있었다.

　　1680년대로 접어들면서 강희제(康熙帝, 1654－1722)가 '삼번(三藩)'의
난(1673－1681)을 평정함에 따라 러시아와의 경계선 획정이 핵심과제로
떠올랐다. 표트르 1세와 공동통치를 하게 된 이반 5세의 건강상 이유로
그의 이복누이 소피아(Sophia Alekseyevna, 1657－1704)가 1682년부터 1689
년까지 섭정을 맡았다.21 러시아는 1686년부터 폴란드, 베네치아, 오스트
리아와 동맹을 맺고 오스만투르크제국과 전쟁을 벌여 크리미아 칸국을 병
합하려 했으나, 여의치 않았다. 이것은 러시아가 청제국과의 전쟁보다 청
제국과의 평화를 선택했던 배경들 중 하나였다.

　　1686년 1월 골로빈(Фёдор Алексеевич Головин, 1650－1706)
이 이끄는 1천여명의 대표단이 통상 및 경계획정을 위한 청제국과의 협상
을 위해 네르친스크로 출발했다. 네르친스크는 베이징에서 북쪽으로 약
1,300킬로미터, 상트 페테르부르크에서 동쪽으로 약 5,000킬로미터 떨어
져 있던 러시아 측의 요새였다.22 블라소프(Ivan Vlasov)와 코르니츠코이
(Simeon Kornitskoy)가 골로빈을 보좌했다.23

　　청제국에서는 송고투(Songgotu, 索額圖)가 대표단을 이끌었다. 송고투
는 강희제의 효성인 황후의 숙부인 동시에 오보이(Oboi)의 난을 평정한
공신이었다. 송고투와 함께 일곱 명의 대사, 예수회 신부 페레이라(Thomas
Pereira, 1645 포르투갈－1708 베이징)와 제르비용(Jean－François Gerbillon,
張誠, 1654 프랑스－1707 베이징), 불교 승려 등이 파견되었다. 그리고 약 1만명
이상의 군대가 이들의 뒤를 따랐다.24 네르친스크에서의 협상이 결렬되면
이들은 곧바로 전투에 투입될 수 있었다.

　　서로 다른 문명권에 속한 두 신흥강대국들 간의 협상에서 선결과제는

어떤 언어를 사용할 것인가 하는 문제였다. 언어 문제는 1676년 스파타르 대표단을 통해 러시아 짜르도 이미 제기한 바 있었다. 러시아 대사는 러시아 짜르의 훈령을 라틴어로 작성해서 베르비스트에게 전달했고, 베르비스트는 그것을 다시 만주어로 번역해서 청제국의 황제에게 전달했다. 이 문서들을 통해 러시아 짜르는 "미래에 이루어질 양 제국 간의 소통을 위해서 쌍방에서 합의하는 한 개의 언어"를 가질 수 있기를 희망했다.25

한족들이 사용하던 한자어가 서로의 의사소통을 위한 링구아 프랑카(lingua franca, 공통언어)가 될 가능성도 있었다. 그러나 만주인들은 "무수한 한족들과 절체절명의 투쟁을 벌이고 있던 매우 한정된 집단"이었다.26 이런 이유에서 한자어를 외교어로 사용하는 것에 대한 거부감이 있었다. 만주인들의 입장에서는 그들이 다른 "야만인"들과 대등한 위치에서 협상을 벌이고 있다는 사실을 한족들이 아는 것이 국내통치에 도움이 될 이유가 없었다. 그러므로 만주족 황실은 네르친스크에서의 협상과정에서 한족 관료들을 가능한 한 배제했다.27

청제국은 1842년 난징조약이라는 불평등조약을 체결할 때까지 외교 협상에서 한족 및 한문을 배제하는 원칙을 고수했다. 경계선을 획정하기 위한 현지조사를 수행할 때만 청제국은 한족들을 임명했고, 이럴 경우에만 한문이 만주문을 대신했다. 경계비에는 한자를 사용하여 한족들도 러·청 경계선을 준수하게 했다.28

베이징이 아니라 네르친스크를 협상장소로 선택한 골로빈은 러시아정교도로서 로마 가톨릭 계통의 예수회 신부들에 대한 불신 때문에 처음에는 몽골어로 청제국 측과 협상하기를 원했다. 1686년 러시아 짜르가 골로빈을 전권대사에 임명했을 때, 골로빈은 외교적 업무에서 그를 도울 수 있는 몽골왕자들과도 외교적 접촉을 가지라는 훈령을 받았었다.29 그러나 러·몽동맹의 가능성을 차단하고자 했던 청제국의 입장에서 몽골어는 적합한 외교어가 아니었다.

몽골제국의 지배하에서 이미 러시아와 만주 사이의 간접적 접촉이 이

루어졌던 만큼 몽골어가 네르친스크에서 링구아 프랑카의 역할을 할 가능
성은 높았다. 실제로 처음에는 몽골인들에게 통역이 맡겨졌다. 하지만 몽
골인들의 통역이 정확하게 이루어지지 않는다는 판단(몽골족의 이익을 위
해 왜곡된다는 의심)에 따라 통역은 예수회 신부들에게 맡겨졌다.30 양측이
모두 예수회 신부들의 라틴어가 더 "객관적"이라고 동의했다. 러시아 측에서
는 라틴어를 아는 벨로보츠키(Andrei Belobotsky)와 로자노프(Foma Rozanov)
등이 통역에 참여했다.31

　　네르친스크에서 협상이 시작된 첫 번째 날인 8월 22일 라틴어로 소통
한다는 합의가 이루어졌다. 청제국의 비호 아래 청황실에서 일하던 예수
회 신부들은 만주어를 습득했었고, 몇몇 예수회 신부들에게는 한어보다
만주어가 배우기 쉬웠고, 만주어에 더 능숙했다.32 일반적으로 통역은 "보
이지 않지만, 없어서는 안 되는" 사람들이다. 그들의 기여가 없었다면 "국
제관계는 없었을 것"이다.33 공통어가 있거나 아니면 각각의 언어를 통역
할 수 있어야 외교가 가능하다. 예수회가 몽골제국과 명제국에서 활동을
시작할 당시 현지 언어는 "인간의 언어라기보다는 새소리라고 느껴질 정
도"로 어려웠지만, 예수회는 '신앙적 노력'으로 새로운 언어를 습득했고,
성공적으로 통역의 역할을 담당했다.34

　　1689년 8월 27일 시베리아 남쪽의 러시아 측 전진기지였던 네르친스
크에서 러·청제국 간의 국제조약이 체결되었다. 이 조약 덕분에 빠른 속
도로 팽창하고 있던 두 신흥강대국들 간의 유라시아대전은 회피될 수 있
었다. 소규모 전쟁상태를 종식하고 라틴어로 작성된 네르친스크조약의 정
본은 다음과 같은 6개항을 담고 있었다.

　　(1) 흑룡강으로 유입되는 작이납하(綽以納河), 즉 달단어(韃靼語)로 오
륜목하(烏倫穆河) 부근의 격이필제하(格爾必齊河)를 양국의 경계로 삼는다.
격이필제하의 발원지인 외흥안령(外興安嶺, Станово й хребет, Outer
Khingan Range)은 바다까지 이어져 있으므로 또한 양국의 경계로 삼는다.

외흥안령 남쪽 일대의 토지와 흑룡강으로 유입되는 크고 작은 하천은 모두 중국이 관할한다. 흥안령과 오제하(烏第河) 간의 하천과 토지를 어떻게 나눌지는 미결 상태이다. 이 사항은 양국 사신이 각자 본국으로 돌아가서 상세히 조사한 후에 전담 사절을 파견하거나 문서를 통해 정할 수 있다. 또한 흑룡강으로 유입되는 액이고납하 역시 양국의 경계로 삼는다. 액이고납하 남쪽의 땅은 모두 중국에 속하며, 액이고납하 북쪽의 땅은 모두 러시아에 속한다. 그리고 액이고납하 남쪽의 묵리륵극(墨里勒克) 하구에 있는 여러 가옥은 모두 북안으로 이주시킨다.

(2) 러시아인이 알바진에 건축한 성벽은 모두 철거해야 한다. 러시아인 거주자는 모두 기물을 가지고 러시아 국경으로 이주해야 한다. 양국의 수렵인 등은 이유 여하를 막론하고 이미 정해진 국경을 넘어서는 안 된다. 만일 한두 명의 나쁜 사람이 혹은 사냥을 이유로 혹은 도적질을 이유로 국경을 넘으면 즉각 구금하고, 각기 해당 국경 내의 관리에게 보내며 사안을 조사하여 법에 따라 처벌한다. 만일 수십 명이 국경을 넘어 무리를 이루거나, 혹은 무기를 가지고 사냥을 하거나, 혹은 사람을 죽이고 약탈하면 모름지기 양국 황제에게 보고하고 법에 따라 사형에 처한다. 소수 백성의 범죄로 전쟁을 준비해서는 안 되며, 더욱이 이로써 유혈 사태에 이르게 해서는 안 된다.

(3) 이 조약을 체결하기 이전에 있었던 일체의 사정은 이후 영원히 없었던 일로 한다. 양국의 영원한 우호가 정해진 이날 이후부터 도망자가 있으면 각기 받아들이지 않고 응당 체포하여 돌려보낸다.

(4) 현재 러시아인으로서 중국에 있거나 혹은 중국인으로서 러시아에 있는 자는 이전대로 해 준다.

(5) 조약이 체결된 날로부터 모든 양국 백성은 증명서를 가지고 국경을 넘어 왕래할 수 있으며 무역을 위한 호시(互市)도 개설할 수 있다.

(6) 조약이 체결되고 양국이 영원히 우의를 돈독히 하면 국경의 모든 분쟁은 영원히 사라지게 된다. 각자 조약에서 규정한 내용을 준수하면 양국 간에 분쟁은 일어나지 않을 것이다.

요약하면 네르친스크조약은 경계선의 획정[35] 및 미획정지역 설정, 전쟁원인(casus belli)이 되었던 알바진 요새의 파괴, 간티무르와 같은 도망자 문제의 해결, 경계선에 따른 인구의 획정, 통행 및 교역에 관한 규정, 그리고 조약준수의 확약 등의 내용을 담고 있었다.[36]

그림 1   네르친스크조약(1689), 아이훈조약(1858), 베이징조약(1860)의 경계선

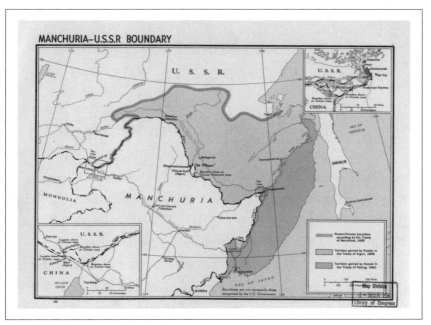

출처: United States Central Intelligence Agency. Manchuria−U.S.S.R. boundary. [Washington, D.C.: Central Intelligence Agency, 1960] Map. Retrieved from the Library of Congress, https://www.loc.gov/item/2007627809/(Accessed November 02, 2017).

그런데 청제국 내부 발표용 판본에서는 조약의 원문에 있던 오로스37
(oros, 러시아)국(國)이라는 명칭에서 '국'이라는 글자가 삭제되고, 양국(兩國)
이라고 되어 있던 어구가 "중국(중국, 청조)과 함께"라는 어구로 바뀌었다.
국제적 평등조약이 아니라 유교적 천하관념에 부합되는 내용으로 변조된
것이다.38

　　이처럼 네르친스크조약을 통해 러시아와 청제국이 군사적으로 충돌하
지 않고, 1858년 아이훈(愛琿)조약 체결 이전까지 충돌을 피할 수 있었던
상태를 네르친스크평화체제라고 부를 수 있다. 러시아의 팽창과정에서 복속
되었던 많은 부족들, 그리고 청제국에 의해 정복당한 한족들과 조선 역시
네르친스크평화체제의 영향을 받게 되었다. 이 네르친스크평화체제는 1858
년 아이훈조약에 의해 새로운 경계선이 획정될 때까지 지속되었다.

Ⅲ. 1689년 네르친스크조약이 초래한 평화와 전쟁

　　1689년 두 신흥강대국들 간에 서로의 힘에 대한 존중과 상호평등에
입각한 네르친스크조약이 체결됨으로써 양국 간의 '작고 길었던 전쟁(the
tiny long war)'은 종결되었다. 대청제국은 러시아의 팽창을 흑룡강(아무르
강) 유역에서 차단할 수 있었다.39 1592년 도요토미 히데요시가 전쟁을 일
으켰을 때, 명과 일본은 평화협상을 전개했지만, 평화조약은 체결되지 못
했었다.40 그러나 청제국과 러시아 간에는 웨스트팔리아적 주권평등 원리
에 기초한 평화조약이 체결되었다.41

　　1637년 청제국의 침공을 받고 항복했던 조선은 청제국에게 설욕하겠
다는 목적으로 군병을 양성했으나 청제국을 돕기 위한 목적으로 파병해야
했다. 네르친스크조약은 이후 1858년 흑룡강(黑龍江) 연안의 아이훈(愛琿)
에서 아무르강 이북 지역을 러시아의 영토로 인정하는 아이훈조약이 체결
될 때까지 약 169년간 두 강대국들 간의 평화를 지속시킨 국제체제의 근
간이 되었다.42 주권평등에 기초한 네르친스크조약은 1727년 체결된 후속

조약인 캬흐타조약과 함께 러시아와 청제국 사이의 국제관계를 규정하는 기본조약이었다.43

　　그러나 네르친스크조약을 통한 러시아와 청제국 간의 평화는 다른 지역에서의 전쟁으로 이어졌다. 네르친스크경계선이 획정되었다는 것은 두 신흥강대국들 사이의 공간이 사라졌음을 의미하는 것이었으며, 그것은 네르친스크조약의 도망자 조항을 초래했던 간티무르44(퉁그스계 부족장으로 청제국의 편에 섰다가 러시아로 귀화하자 청제국이 송환을 요구했던 인물)와 같이 두 강대국들 사이에서 생존하던 나라들이 어느 한쪽에 복속되는 결과를 초래했다.

　　청제국과의 경계를 획정한 러시아의 팽창은 청제국과의 경계를 우회하여 동북방으로 지속되었다. 심지어는 태평양도 그것을 막지 못했다. 1741년 덴마크 출신의 비투스 베링(Vitus Jonassen Bering, 1681－1741)은 표트르 1세의 명에 따라 유라시아대륙과 북미대륙 사이의 해협을 건너 알래스카를 개척했다. 이후 북미대륙으로 남하하여 중남미에서부터 북진하고 있던 에스파냐제국의 식민지들을 위협했다.45

　　러시아는 청과의 경계를 우회하여 일본을 향해서도 팽창했다. 1738년에는 천도열도(千島列島)의 우루프(Urup, 得撫島)를 탐색했다. 1739년에는 슈판버그(Martyn Petrovich Shpanberg)가 이끄는 탐색대가 센다이만(仙台湾)과 보소반도(房総半島) 남쪽 해역에 정박하여 교역을 했던 것이 일본 측 기록에 나타나고 있다. 세 번째는 상트－페테르부르크에서 일본인 통역사를 파견하여 통역사가 동행한 탐험이 시도되었으나, 일본에 상륙하지 못했다. 일본에서는 1739(겐분 4)년 러시아선의 도래를 1853년 '페리의 흑선'과 유사하게 '겐분의 흑선(元文の黒船)'이라고 부르기도 한다.46

　　네르친스크조약 체결 이후 러시아제국은 동유럽방면으로의 서진과 오스만투르크제국 방면으로의 남진에도 힘을 쏟았다. 이러한 지정학적 상황은 폴란드의 요한 3세로 하여금 러시아제국의 서진을 견제하기 위해 강희제와의 연대를 시도하게 만들었다.47 러시아는 1700년부터 스웨덴과 대북

방전쟁을 치렀고, 1721년 뉘스타드(Nystad, 현재의 핀란드 우시카우풍키)조
약을 통해 스웨덴으로부터 에스토니아지역 등에 대한 지배권을 인정받고,
발트해의 패권을 장악했다. 이 조약에서 러시아는 공식적으로 '제국'이라
는 명칭을 사용했다.

　네르친스크조약은 청제국의 본격적인 '평정(平定, 너치히예머 톡토붐
비)'48을 가능하게 했다. 청제국은 1644년 입관(入關) 이후 1689년 네르친
스크조약 체결 이전까지 오보이의 난, 삼번의 난과 같은 국내문제를 해결
해야 했다. 국내문제들을 해결하고, 러시아제국과의 평화도 가능해지자 청
제국의 본격적인 팽창이 시작되었다. 강희제의 원정계획은 그의 후계자로
인정받고자 하는 그의 아들들에 의해 경쟁적으로 실행되었다.

　네르친스크조약 체결 이후 청제국의 일차적 정복 대상은 티벳의 달라
이 라마로부터 지원을 받으면서 몽골제국의 복원을 도모하던 갈단(噶爾丹,
1649－1697)이 이끌고 있던 준가르 몽골(準噶爾 蒙古)이었다.49 강희제 집
권 초기 갈단은 준가르의 통수권을 장악한 뒤 남하하여 야르칸트를 정복
했고, 러시아의 지원을 받아 청해, 서장, 막북 칼카몽골 등지를 정복하면
서 몽골족 중심의 제국을 건설했다.50 이 상황에서 강희제는 네르친스크조
약 체결을 통해 러시아와 준가르의 동맹가능성을 차단하는 데 성공했다.

　강희제는 1690년 8월부터 1697년 7월까지 4차례의 준가르원정에 나섰
다. 갈단이 러시아와 접촉하자 강희제는 네르친스크조약을 들어 갈단과 러
시아의 동맹을 차단했다. 준가르는 러시아와의 동맹을 기대했었지만, 네르
친스크조약에 서명한 후 러시아는 더 이상 준가르와의 동맹에 관심이 없었
다. 그러므로 네르친스크조약을 통해 청제국이 얻은 가장 큰 지정학적 이
익들 중 하나는 준가르의 잠재적 동맹을 제거한 것이었다.51 러시아는 준가
르에서 얻을 수 있다고 기대한 황금 대신 청과의 통상이익을 얻었다.52

　강희제 재위 말년에 청제국의 팽창은 1720년 티벳의 라싸원정으로 정
점에 달했다. 티벳원정도 준가르 몽골을 정복하기 위한 전략의 일환이었
다. 1720년 9월 24일 청제국 군대는 라싸를 장악했다. 달라이 라마는 더

이상 몽골계 부족들의 통합을 위한 후원자 역할을 할 수 없게 되었다.[53] 결국 준가르 몽골은 청제국의 '평정'에 의해 역사 속으로 사라졌다. 준가르를 완전히 정복한 것은 1750년대 말이었는데, 준가르를 정복함으로써 청제국은 준가르의 지배를 받고 있던 동투르키스탄(오늘날의 신장 위그르) 지역도 정복했다.[54]

1840년에 시작된 청·영 전쟁의 결과 체결된 난징조약(1842)은 세 가지 측면에서 네르친스크체제를 흔들어 놓았다. 첫째, 난징조약의 결과, 1689년 네르친스크조약을 통해 설정된 외부세계와의 관계가 새로운 전기를 맞이하게 되었다. 러시아제국은 난징조약을 통해 확인된 청제국의 약화를 틈타 1858년 아이훈조약을 강제함으로써 아무르강(흑룡강) 이북의 공간을 획득했다. 네르친스크조약이 획정했던 경계선 대신 획정된 새로운 경계선은 1860년 서구열강들과 청제국이 체결한 베이징조약에 의해 두만강까지 남하하게 되었다.

둘째, 네르친스크조약은 쌍방이 평등한 관계에서 체결한 국제조약이었던데 비해 난징조약은 청제국이 1840년에 시작된 청·영 전쟁에서 패배함으로써 체결된 불평등한 국제조약이었다. 1689년 신유교적인 '천하' 관념 내에서는 존재할 수 없었던 타국과의 평등조약이 네르친스크에서 체결된 것과 관련해서 청제국은 조약문 자체에 한자를 포함시키지 않는 등 한족 대중에게 네르친스크조약의 존재 자체를 은폐하는 방식으로 조약체결의 충격을 회피했다. 그러나 1842년 불평등하게 체결된 국제조약으로서의 난징조약은 신유교적인 '천하' 관념의 균열을 초래했다.

셋째, 유교적 관념을 계승하여 소수의 만주족이 다수의 한족을 지배하고 있던 청제국의 국내 통치질서는 신유교적 '천하' 관념의 붕괴와 더불어 와해되기 시작했다. 이러한 와해과정은 한족 출신으로 기독교의 영향을 받았던 홍수취안(洪秀全)이 이끄는 태평천국군의 도전에 의해 촉진되었다. 홍수취안은 프랑스가 강제했던 포교의 자유를 통해 기독교를 수용하고, 만민평등사상을 한족 대중에게 전파함으로써 큰 호응을 받았다. 특히,

만주족의 전통인 전족(纏足)을 폐지할 것을 주장하는 한편, 멸만흥한(滅滿興漢)의 구호를 내세웠다. 이 멸만흥한의 구호는 1911년 신해혁명까지 이어졌다. 1689년 이후 네르친스크평화체제 속에서 청제국의 영향권 속에서 안주하고 있던 조선은 청일전쟁으로 청제국 중심의 지역질서가 와해된 1895년 "완전무결한 자주독립"을 인정받고 1897년 대한제국(大韓帝國)을 선포했다.

Ⅳ. 결 론

몽골제국에 의해 구축된 팍스 몽골리카가 점차 와해됨과 더불어 진행된 러시아와 만주족들의 꾸준한 팽창은 17세기 후반 러·청 접전을 야기했고, 두 신흥강대국들 간의 유라시아대전이 야기될 수도 있는 위기상황을 초래했다. 1689년 체결된 네르친스크조약은 1858년 아이훈조약까지 이어진 두 신흥강대국들 간의 평화를 만들어 냈다. 예수회 신부들이 작성한 라틴어본을 정본으로 하고, 만주어본과 러시아어본을 부본으로 하여 체결된 네르친스크조약은 러·청 양국의 주권평등에 기초한 최초의 근대적 국제조약이었다. 1648년 30년 종교전쟁을 마감했던 서유럽의 웨스트팔리아 평화체제가 전근대에서 근대로의 "장엄한 문(majestic portal)"55으로 비유된다면, 네르친스크조약은 서로 다른 두 문명권들에 속한 두 신흥강대국들을 평화의 시대로 끌어들인 마력의 문(magic portal)과도 같았다.

네르친스크조약 덕분으로 조선도 러시아의 남진으로부터 보호를 받았다. 청제국의 강압에 따른 나선정벌과 같은 해외파병도 더 이상 되풀이하지 않게 되었다. 이러한 중요한 의미에도 불구하고 네르친스크조약은 제대로 인식되지 못했다. 그 원인은 영미권 중심의 역사해석, 그것을 받아들인 일본의 영향, 그리고 예수회 신부들의 영향을 폄하했던 과거 소련 공산당의 역사해석 등에서 찾아진다.

무엇보다 청제국의 만주족 황실부터 네르친스크조약이 한자문화권 내에서 널리 알려지는 것을 원하지 않았다. 평등한 국제조약이라는 개념 자체가 청제국이 명제국으로부터 계승한 지배이데올로기였던 신유교적 천하관념과 충돌하는 것이었다. 신유교적 천하관념, 즉 주자학적 천하관념에서는 이웃 국가와의 국경선이란 존재할 수 없는 개념이었다. 하늘의 아들 천자(天子)와 동등한 다른 나라의 황제란 더욱더 존재할 수 없는 것이었다. 따라서 청제국의 천자가 러시아 짜르와 대등하게 체결한 네르친스크조약을 청제국 내에 발표할 때는 주자학적 천하관념의 균열을 방지하는 방향으로 조약문이 변조되기도 했다.

　　네르친스크조약은 두 신흥강대국들 간의 평화를 만들어 냈다. 그렇지만 두 신흥강대국들의 팽창을 막아 내고 있던 약소국들에게 있어서 네르친스크의 평화는 재앙을 초래했다. 네르친스크조약을 통해 상호위협을 제거한 두 신흥강대국들은 새로운 공간으로의 팽창을 이어갔다. 청제국과의 경계를 획정한 러시아의 동진은 청제국과의 경계를 우회하여 동북방으로 계속되었다. 심지어는 태평양도 그것을 막지 못했다. 러시아의 팽창은 베링해를 건너 알래스카로 이어졌고, 일본의 북부를 위협했다.

　　네르친스크조약은 청제국의 본격적인 '평정', 즉 정복전쟁을 가능하게 했다. 결국 준가르 몽골은 청제국의 '평정'에 의해 소멸되었다. 준가르는 러시아와의 동맹을 기대했지만, 네르친스크조약에 서명한 후 러시아는 더 이상 준가르와 동맹관계를 지속하지 않았다. 준가르 몽골과 같이 청제국에 정복되어 역사에서 소멸되는 경우도 생겨났으며, 티벳과 위그르지역은 청제국에 복속되었다. 네르친스크에서 이루어진 강대국들 간의 평화(Great Power Peace)는 역설적으로 약소국들의 소멸과 복속을 초래했다.

　　1689년 네르친스크조약에 대한 재인식은 기존의 동아시아 지정학을 넘어 유라시아 신지정학의 발전을 촉진시킬 수 있다. 동유라시아의 역사를 특정국가 중심으로 서술하고자 하거나 개별국가들의 역사를 집합시켜 동아시아사라고 주장하는 역사인식이 오히려 역사분쟁을 부추긴다. 개별국가의 역사정치를 넘어서기 위해서는 역사에 개재된 정치를 판별해 내는 역사정치학적 접근이 필요하다. 동유라시아 역사에 대한 신지정학적 접근은 동아시아 담론을 특정국가 중심으로 가져가려는 역사정치를 넘어 "있었던 그대로"의 역사를 인식함으로써 진정한 평화에 기여할 수 있을 것이다.

[주 석]

1 청제국(1616-1912)은 16세기 말경부터 스스로를 만주라 칭했던 퉁구스계 민족에 의해 세워져서, 한족을 268년간 통치했던 제국이다. 임계순,『淸史: 만주족이 통치한 중국』(서울: 신서원, 2004), p. 13, p. 21; 청제국 초기 만주족의 숫자는 약 1백만명, 한족의 숫자는 약 1억명 정도로 추산되고 있다. 홍성구, "옮긴이의 글," 이시바시 다카오(石橋崇雄),『대청제국, 1616-1799』(서울: 휴머니스트, 2009), p. 280. "만주족을 멸하고, 한족을 흥하게 한다"는 멸만흥한(滅滿興漢)의 구호는 태평천국운동이나 신해혁명 당시에 공통적으로 사용되었으나 '중화민족' 개념은 '대일통'(大一統)의 관점에서 이러한 차이를 덮어버리는 개념이다. 요코야마 히로아키,『중화민족의 탄생』, 이용빈 옮김 (서울: 한울아카데미, 2009), pp. 36-46. 청제국 시기 소수의 지배자였던 만주족이 문화적 열등성 때문에 다수의 피지배자였던 한족에 동화되었다는 학계의 주장은 한자로 된 자료들뿐만 아니라 만주문자로 된 자료들을 모두 활용한 신청사(New Qing History) 학파의 최근 연구들에 의해 거의 부정되었다.

2 김한규,『天下國家: 전통 시대 동아시아 세계질서』(서울: 소나무, 2005), pp. 339-347; 김용구,『세계외교사』(서울: 서울대학교출판부, 2006), pp. 285-314; 조세현,『천하의 바다에서 국가의 바다로: 해양의 시각으로 본 근대 중국의 형성』(서울: 일조각, 2016), pp. 49-262; Seo-Hyun Park, *Sovereignty and Status in East Asian International Relations: Imagined Hierarchies* (Cambridge: Cambridge University Press, 2017).

3 "The Chinese imperial government did not have any conception of international relations corresponding to the Western idea of permanent diplomatic intercourse within a system of equal sovereign states." J.P.T. Bury, ed. *The New Cambridge Modern History*, vol. X. *The Zenith of European Power, 1830-70* (Cambridge: Cambridge University Press, 1971[1964]), p. 686. 난징조약 이후 동아시아 국제질서의 변동에 관한 한국 학계의 해석에 관해서는 강상규, 이혜정, "근대 국제정치질서와 한국의 만남," 하영선, 남궁곤 편저,『변환의 세계정치』(서울: 을유문화사, 2007).

4 러시아어로는 Нéрчинск, 한자로는 尼布楚, 만주어로는 Nibcu hoton.

5 이러한 지식적 표준의 세계화 과정에 관해서는 Gerrit W. Gong, "China's

Entry Into International Society," in Hedley Bull and Adam Watson, ed., *The Expansion of International Society* (Oxford: Clarendon Press, 1984), p. 175; Hidemi Suganami, "Japan's Entry into International Society," in *The Expansion of International Society*, pp. 190 – 95.

6 대표적으로 Pierre Renouvin, *La Question d'Extreme – Orient 1840 – 1940* (Paris: Hachette, 1946).

7 V. G. Schebenkov, *Russko – Kitayskie otnosheniya v XVII v.* (Moscow, 1960), pp. 177 – 78, Mark Mancall, *Russia and China: Their Diplomatic Relations to 1728* (Cambridge: Harvard University Press, 1971), p. 331에서 재인용. 1960년대 중·소 분열 이전까지 러시아와 중국의 역사가들은 네르친스크조약과 그 후속조약인 캬흐타조약을 양국 간 유일한 평등조약으로서 1950년대 "형제적 동맹관계"의 근원처럼 해석하기도 했었다. Peter C. Perdue, *China Marches West: The Qing Conquest of Central Eurasia* (Cambridge, MA: Belknap Press of Harvard University Press, 2005), p. 173.

8 만주(滿洲)는 원래 만주(滿珠)라고 썼다. 청제국의 동진에 따라 티벳에서 서한을 보내면서 만주사리대황제(曼珠師利大皇帝)라고 호명했다. 만주는 원래 부족의 이름이지 땅 이름이 아니다. 육비지(陸費墀) 외, 『滿洲源流考(만주원류고)』 (서울: 파워북, 2008), pp. 62 – 63.

9 최형원, "네르친스크 조약의 만주문 고찰," 『알타이학보』 제12호 (2002); 구범진, 『청나라, 키메라의 제국』 (서울: 민음사, 2012), pp. 162 – 72.

10 임계유, 『유교는 종교인가1: 유교종교론』, 금장태, 안유경 역 (서울: 지식과 교양, 2011), p. 488.

11 "대일통"의 개념에 관해서는 진관다오(金觀濤), 『中國史의 시스템理論的 分析: 超安定的 中國封建社會論』, 河世鳳 역 (서울: 新書苑, 2000), p. 24. 중국사에 있어서 "초안정적 구조"란 사실상 전제적 중앙집권국가의 구조이다. 하세봉, "중국학계의 시스템이론적 역사분석," 진관다오(金觀濤), 같은 책, p. 221.

12 Volpicelli Zenone, *Russia on the Pacific and the Siberian Railway* (London: Sampson Low, Maston & Company, 1899), pp. 100 – 108; F. W. Mote, *Imperial China, 900 – 1800* (Cambridge: Harvard University Press,

1999), p. 872; Ernest George Ravenstein, *The Russians on the Amur: Its Discovery Conquest and Colonisation* (London: Trubner and Co,, 1861[2005, Elibron Classics]), pp. 9 – 25. 16 – 17세기 코사크인들을 선봉으로 한 러시아인들의 동진을 잘 표현하고 있는 지도는 피터 C. 퍼듀, 『중국의 서진: 청의 중앙유라시아 정복사』, 공원국 옮김 (서울: 길, 2012), p. 477.

13 Geoffrey Hosking, *Russia: People and Empire* (Cambridge: Harvard University Press, 1997), p. 14; Mancall, *Russia and China*, pp. 155 – 56.

14 성종환, "해제," B. I. Tkachenko, 『러시아 – 중국: 문서와 사실에 나타난 동부국경(*Rossiya – Kitay: Vostochnaya granista v dokumentakh I faktakh*)』 (서울: 동북아역사재단, 2010), p. 10.

15 Paul W. Mapp, *The Elusive West and the Contest for Empire, 1713 – 1763* (Chapel Hill: The University of North Carolina Press, 2011), p. 179.

16 러시아의 영토방어를 위해서는 더욱 팽창해야 한다고 주장했던 에카쩨리나 2세(재위 1762 – 1796)는 "성장을 멈추는 것은 썩기 시작한다는 것을 의미할 뿐이기 때문에 팽창하든지, 아니면 사멸하든지 둘 중에 하나를 선택할 수밖에 없다"는 칙령을 반포했다. 또한 모피(毛皮) 채취를 위한 노력도 러시아의 팽창에 영향을 미쳤다. Janet Martin, *Treasure of the Land of Darkness: The Fur Trade and Its Significance for Medieval Russia* (London: Cambridge University Press, 1986); James R. Gibson, *Feeding the Russian Fur Trade: Provisionment of the Okhotsk Seaborad and the Kamchaka Peninsula, 1639 – 1856* (Madison: University of Wisconsin Press, 1969).

17 Joseph Sebes, S. J., *The Jesuits and the Sino – Russian Treaty of Nerchinsk (1689): The Diary of Thomas Pereira, S. J.* (Roma: Institutum Historicum S.I., 1961), p. 29.

18 코사크인들은 우크라이나와 러시아 남부에서 독자적 군사공동체를 형성했던 농민집단이었다. 이슬람교를 믿고 투르크계열의 언어를 사용하는 카자흐스탄의 중심 종족인 카자흐족과 달리 코사크는 기독교(러시아정교)를 믿고 러시아어를 사용했다.

19 알바진이라는 이름은 유목민들의 지도자들 중 한 명이었다가 러시아황제에게 충성을 바친 알바줌(Albajum)에서 따온 이름이라는 설과 '파란 물이 굽는 곳'

이라는 만주어에서 나왔다는 설이 있다. 각각의 설에 관해서는 Sebes, *The Jesuits and the Sino—Russian Treaty of Nerchinsk (1689)*, p. 211; 蔣兆成 (장자오청), 王日根(왕리건), 『강희제평전(康熙傳)』, 이은자 역 (서울: 민음사, 2010), p. 307.

20 Perdue, *China Marches West*, p. 1, p. 42. 영국의 거문도(巨文島 또는 巨門島) 점령사건(1885－1887)으로까지 이어지는 대영제국과 러시아제국 간의 '거대한 게임(Great Game)'의 시점(始點)은 적어도 1828년으로까지 거슬러 올라간다. 1815년 영국은 러시아와의 동맹을 통해 나폴레옹군대를 궤멸시키고 비엔나평화체제를 함께 만들었다. 영국은 러시아와의 동맹을 통해 유럽대륙으로부터의 고립적 위치를 보완하고자 러시아에 매카트니(George Macartney)를 단장으로 하는 사절단을 파견하기도 했었다. W. F. Reddaway, "Macartney in Russia, 1765－67," *Cambridge Historical Journal*, vol. 3, no. 3 (1931), pp. 261－63. 1828년 러시아제국은 페르시아제국과의 투르크멘차이(Турк манчайский) 조약을 통해 아르메니아(Armenia)를 비롯한 아라스(Aras)강 이북 지역을 차지하고, 흑해(Black Sea)와 카스피해 사이에 위치한 캅카스지역 전체를 합병함으로써, 보스포러스(Bosporus)해협과 다르다넬스(Dardanelles)해협을 통한 지중해로의 진출을 목전에 두게 되었다. 대영제국은 이슬람국가인 오스만투르크제국을 도와 크리미아전쟁(1853－1856)에서 러시아의 남진을 막았다. David Fromkim, *A Peace to End all Peace* (New York: Henry Holt and Company, 2001), pp. 27－28; A. Lobanov Rostovsky, "Anglo－Russian Relations through the Centuries," *Russian Review*, vol. 7, no. 2, 1948, pp. 41－42; Peter Hopkirk, *The Great Game: The Struggle for Empire in Central Asia* (New York: Kodansha, 1994).

21 당시 러시아 지배층의 내부 사정에 관해서는 James Cracraft, *The Revolution of Peter the Great* (Cambridge: Harvard University Press, 2003).

22 이 조약에서 러시아는 만주어로 '오로스(Oros)'라고 표기되었다. 최형원, "네르친스크 조약의 만주문 고찰," 『알타이학보』 제12호 (2002), 83; 金得楗, 『基礎滿韓辭典』 (서울: 대지문화사, 1995).

23 Sebes, *The Jesuits and the Sino—Russian Treaty of Nerchinsk (1689)*, p. 71.

24 Perdue, *China Marches West*, p. 167; Mancall, *Russia and China*, pp.

153-62. 협상에 대한 보다 상세한 묘사는 다음을 참고. Jean Baptiste du Halde, *Description géographique, historique, chronologique, politique et physique de l'Empire de la Chine et de la Tartarie chinoise. Enrichie des cartes générales et particulières de ces pays, de la carte générale et des cartes particulières du Thibet et de la Corée* (Paris: Henri Scheurleer, 1736), translated in English as *A Description of the Empire of China and Chinese-Tartary* (London, 1741), pp. 310-11; 러시아 측 연구에서도 언급 되고 있다. Praskovia Tikhonovna Yakovleva, *Perevy russko-kitaysky dogovor 1689 goda* (Moscow, 1958), p. 168.

25 Mancall, *Russia and China,* p. 101.

26 Eric Widmer, *The Russian Ecclesiastical Mission in Peking during the 18th Century* (Cambridge, MA: East Asian Research Center, Harvard University, 1976), 12; Mancall, *Russia and China*, pp. 79-80.

27 Perdue, *China Marches West*, pp. 166-67.

28 구범진, "清代 對러시아 外交의 성격과 그 변화: 締約大臣과 交換 條約文의 言語를 중심으로,"『대동문화연구』61(2008), pp. 165-98.

29 Sebes, *The Jesuits and the Sino-Russian Treaty of Nerchinsk (1689)*, pp. 71-72; Mancall, *Russia and China,* p. 141.

30 Sebes, *The Jesuits and the Sino-Russian Treaty of Nerchinsk (1689)*, p. 50.

31 Perdue, *China Marches West*, p. 167; Mancall, *Russia and China,* p. 283.

32 Mark C. Elliott, *The Manchu Way: The Eight Banners and Ethnic Identity in Late Imperial China* (Stanford: Stanford University Press, 2001), p. 292.

33 Ruth A. Roland, *Interpreters as Diplomat: A Diplomatic History of the Role of Interpreters in World Politics* (Ottawa: University of Ottawa Press, 1999), p. 7.

34 Liam Matthew Brockey, *Journey to the East: The Jesuit Mission to China, 1579-1724* (Cambridge: The Belknap Press of Harvard University Press, 2007), p. 245.

35 또 다른 지도는 피터 C. 퍼듀, 공원국 옮김,『중국의 서진: 청의 중앙유라시 아 정복사』(서울: 길, 2012), p. 477.

36 네르친스크조약의 전문은 蔣兆成(장자오청), 王日根(왕리건), 『강희제평전(康熙傳)』, pp. 347 – 49 또는 Mancall(1971), pp. 280 – 83.

37 '오로스'라는 만주어 표기는 러시아를 오랫동안 지배했던 몽골제국의 몽골어에서 유래되었다. 몽골어에서는 자음이 어두에 놓이지 않기 때문에 'R' 앞에 'O'를 두어 발음하도록 했고, 이것이 만주어에서도 그대로 계승되었다. 한자어에서는 이렇게 변형된 '오로스'를 그대로 악라사(鄂羅斯) 또는 아라사(俄羅斯)라고 표기했다.

38 이시바시(石橋), 『대청제국』, pp. 175 – 76.

39 Hugh Chisholm, ed., *Encyclopædia Britannica*, 11th ed. (Cambridge: Cambridge University Press, 1911); Halde, *Description géographique, historique, chronologique*, pp. 310 – 11; Yakovleva, *Perevy russko – kitaysky dogovor 1689 goda*, p. 168.

40 Myongsob Kim, "Why No Westphalia – Like Peace Order after the Toyotomi Hideyoshi War in Korea(1592 – 98)?" *Korea Observer* vol. 45 no. 1 (2014), pp. 117 – 52.

41 Perdue, *China Marches West*, pp. 172 – 73. 네츠친스크에서 러청 간 외교교섭과 1793년 죠지 매카나기가 실패했던 영러 외교교섭에 대한 비교연구로는 Peter C. Perdue, "Boundaries and Trade in the Early Modern World: Negotiations at Nerchinsk and Beijing," *Eighteenth – Century Studies*, vol. 43, no. 3 (Spring 2010), pp. 341 – 56.

42 네르친스크에서는 1664년 성모승천기념수도원이 세워졌고, 네르친스크조약이 체결된 지 20여 년이 지난 1712년에는 가장 동쪽에 있는 모스크바 바로크풍의 건물인 러시아정교성당이 세워졌다. 19세기 시베리아횡단철도가 네르친스크 대신 치타를 통과하기 전까지 네르친스크는 이 지역의 중심도시였다. Hugh Chisholm, ed., *Encyclopædia Britannica*, 11th ed. (Cambridge: Cambridge University Press, 1911).

43 Mancall, *Russia and China*, p. 35.

44 간티무르와 네르친스크조약의 상관성에 관해서는 Perdue, *China Marches West*, p. 165.

45 Hosking, *Russia: People and Empire*, p. 14; Mancall, *Russia and China*, p.

9; Joseph Fletcher, "Sino—Russian Relations, 1800—1862," in John K. Fairbank, ed., *The Cambridge History of China*, vol. 10 (Cambridge: Cambridge University Press, 1978), p. 318.

46 平川新, "歴史にみるロシアと日本の出会い: 日本の漂流民とロシアの対応", 『東北アジア研究』, (2), (1998).

47 Boleslaw B. Szczesniak, "Diplomatic Relations between Emperor K'ang hsi and King John III of Poland," *Journal of the American Oriental Society*, vol. 89, no. 1 (Jan.—Mar., 1969), pp. 157—61.

48 Perdue, *China Marches West*, p. 410.

49 네르친스크평화체제하에서 청제국에 정복당한 준가르제국의 강역을 보여주는 지도는 Perdue, *China Marches West*, p. 3.

50 준가리아에 관한 설명은 임계순, 『청사』, pp. 283—84.

51 Perdue, *China Marches West*, p. 172.

52 Perdue, *China Marches West*, p. 172.

53 Perdue, *China Marches West*, p. 235.

54 Perdue, *China Marches West*, pp. 270—92.

55 Leo Gross, "The Peace of Westphalia, 1648—1948," *The American Journal of International Law*, vol. 42, no. 1 (Jan., 1948).

02 한반도 평화와 동아시아 지정-지경학의 미래

박배균(서울대학교 지리교육과)

이승욱(KAIST 인문사회과학부)

지상현(경희대학교 지리학과)

Ⅰ. 머리말

　　지난 2월 말 베트남에서의 북미 협상이 결렬된 이후 많이 주춤하고 있는 상황이긴 하지만, 한국사회에서는 지난해 평창올림픽과 남북정상회담 이후 탈분단과 한반도 평화에 대한 희망적 기대감이 그 어느 때보다 고양되어 있다. 특히, 지난해 남북정상회담 직후, 한국 사회의 분위기는 평화로운 한반도와 그 이후에 펼쳐질 장밋빛 미래에 대한 기대와 흥분으로 가득하였다. 물론 북한의 비핵화를 둘러싼 동북아 정세를 냉정히 보았을 때, 탈분단과 평화의 시대가 한반도에 도래하기까지는 많은 시련과 도전을 극복해야 할 것이고, 특히 베트남 하노이 북미정상회담의 결렬 이후 북미 관계가 냉각되면서 이러한 희망적 분위기가 많이 가라앉은 것도 사실이다. 하지만, 여전히 탈분단과 평화의 상황이 실현되었을 때를 바라보는 분위기는 긍정적이며 희망적인 것 또한 사실이다.

　　현재 한국사회에서 존재하는 이러한 태도의 근저에는 통일 혹은 평화가 남북한의 경제적 번영을 가져다줄 것이라는 '희망의 지경학' 논리가 강

고하게 자리잡고 있다. 그런데, 남북관계와 통일의 문제를 '희망의 지경학'
의 관점에서 보는 것은 전통적인 안보적 관점의 통일관과는 큰 차별성이
있는 것이며, 아이러니하게도 이러한 관점이 보편화되기 시작한 것은 강
경한 대북정책을 펼쳤던 박근혜 정권 시절의 '통일대박'론이 계기가 되었
다. 그 이전 국가기구에 의해 주도된 통일 담론은 기본적으로 안보논리의
연장선에 놓여 있었다. 분단체제하의 남한 사회에서 통일은 북한 정권의
붕괴를 전제로 한 통일이었고, 남북관계개선이란 것도 안보를 해치지
않는 선에서 북한과의 교류와 관계 개선을 시도하고 이를 통해 궁극적
으로 잠재적 안보위협요인을 무력화시키자는 안보전략의 일종으로 이해되
었다.[1]
　　하지만, 2000년대가 지나면서 통일을 접근함에 있어서 경제의 논리를
보다 앞세우는 담론이 등장한다. 이전에도 통일이 미치는 경제적 효과에
대한 논의와 주장이 없었던 것은 아니지만, 통일을 전면적으로 경제적 편
익의 문제로 접근하는 담론이 등장한 것은 박근혜 정권 시절의 '통일대박'
론을 통해서 비롯되었다. 통일대박론은 2014년 1월 박근혜 대통령의 신년
기자회견에서 처음으로 언급되었는데, 통일이 되면 남북 모두 큰 경제적
편익을 얻을 것이라는 주장이었다(안문석, 2015, 196). 특히, 성장 동력이
약화되어 위기에 빠진 우리의 경제에 새로운 활력을 불어넣을 수 있는 '신
성장 동력'으로 한반도의 통일을 바라보자는 인식이 '통일대박'론의 바탕
에 깔려 있다. 이처럼 통일을 경제적 기회로 연결시킴으로써 통일은 더 이
상 국가 안보의 이슈가 아니라, 위기에 빠진 국가 경제를 새로이 도약시킬
수 있는 경제 전략으로 인식되기 시작한 것이다.[2]
　　박근혜 정권 시기부터 본격화된 통일에 대한 지경학적 접근은 문재인
정권 들어 더욱 적극적으로 받아들여져서 대북 정책의 핵심적 논리 기반을
제공하고 있다. 특히 문재인 정권이 새로운 대북 정책의 기조로 제시한 '한반
도 신경제지도' 구상은 남북관계 개선에 기반한 '지정학적(geo-political) 안
보'를 통해 한반도의 경제적 발전 및 번영을 이룩할 수 있다는 '지경학적

(geo-economic) 계산'을 바탕에 두고 있다(지상현, 이승욱, 박배균, 2019, 231). 특히, 2018년 4월의 남북정상회담 이후 열린 73주년 광복절 행사에서 문재인 대통령은 국가의 생존과 경제적 번영을 위해 분단의 극복이 필요하다고 역설하면서, 정치적 통일은 당장 이루지 못하더라도 "남북 간에 평화를 정착시키고, 자유롭게 오가며 하나의 경제공동체를 이루는 것"이 "진정한 광복"이라고 강조하였다. 또한, "평화경제, 경제공동체의 꿈을 실현시킬 때 우리 경제는 새롭게 도약할 수 있"다고 주장하면서(제73주년 광복절 경축사 (https://www1.president.go.kr/articles/4022)), 남북 관계의 개선이 경제발전의 새로운 동력이라는 지경학적 비전을 명확히 제시하였다.

　　남북정상회담의 극적인 모습과 통일의 경제적 효과에 대한 정부의 적극적 강조는 통일에 대한 희망과 경제적 욕망을 결합시키면서, 한반도의 탈분단과 평화에 대한 긍정과 희망의 기대감을 확대시키는 데 크게 기여하였다. 남북 관계를 지경학적 시선을 중심으로 바라보는 이 새로운 통일 담론은 평화로운 한반도가 제공할 수 있는 희망의 가능성을 강조함을 통해, 안보와 군사적 관점에서 남북관계를 바라보던 전통적 관점에서 벗어나 남북관계의 개선과 통일을 보다 적극적으로 지향하고 추구하게 만드는 중요한 논리적 근거를 제공하였다. 더 나아가 남북관계 개선과 통일을 지향하고 열망하는 사회적 에너지를 고양시켜, 대북 적대적 시각과 과도한 안보주의적 관점을 바탕으로 탈냉전의 길을 가로막는 다양한 국내외적 장애물들을 극복하는데 도움을 줄 수 있다.

　　하지만, 통일에 대한 이러한 희망적 논의들이 '희망의 지경학'에 지나치게 경도되어, 힘겹게 성취하게 될 탈분단과 탈냉전 이후의 한반도와 동북아가 처할 지정-지경학적 상황을 객관적으로 바라보고 차분히 준비하게 하는 데는 장애로 작용할 수 있다. 특히, 경제적 논리와 국가주의적 시각을 중심으로 탈분단 이후의 한반도가 상상되고 있는 것은 큰 문제라 아니할 수 없다. 한반도의 평화와 탈분단의 문제는 국가의 영토성을 바탕으로 한 안보의 문제나 신성장 동력을 찾기 위한 경제적 편익의 문제로만

이해될 수 있는 것이 아니다. 한반도의 탈분단은 단지 분리되었던 두 정치
체제가 연결되고, 그로 인해 새로운 경제적 기회가 만들어지는 차원의 문
제 만이 아니라, 사람의 이동과 흐름, 사회적 관계망의 형성, 정체성과 소
속감의 구성 등에서 완전히 새로운 장이 펼쳐짐을 의미한다. 즉, 안보나
경제라는 협소한 차원을 벗어난 훨씬 다양하고 복잡한 정치, 사회, 문화,
역사, 지리적 차원의 문제이므로 훨씬 더 맥락적이고 복합적인 이해가 전
제되어야 한다. 특히, 한반도의 탈분단이란 상황은 동북아 전체적으로 초
국가적인 이동과 흐름을 폭발적으로 증가시키면서, 이전과는 비교도 할
수 없을 정도로 복잡하고 다중 - 다층적인 관계망과 이동이 국가의 안과
밖에서, 그리고 국가를 관통하여, 그리고 다양한 공간적 스케일에서 형성
될 것이고, 그리고 이러한 과정의 결과로 매우 다양한 방식의 공간 정치가
창발될 것이다. 이러한 복잡한 상황을 충분히 살피지 못하고 여전히 국가
주의적 관점과 경제적 편익을 중심으로 통일 이후의 상황이 예견되고 있
어서, 탈냉전과 탈분단 이후 동북아에서 펼쳐질 지정 - 지경학의 모습을
객관적으로 바라보지 못하고 있다. 이 글은 이러한 문제의식을 바탕으로
한반도의 탈분단이란 가상적 상황에서 동북아 차원에서 나타날 수 있는
새로운 형태의 지정 - 지경학적 상황을 예측해 보고, 그런 조건하에서
동아시아 평화를 위한 과제는 무엇인지 간략히 살펴보는 것을 목적으로
한다.

Ⅱ. 영토와 경계에 대한 포스트 영토주의적 관점3

　　전통적으로 경계 혹은 국경은 인접한 주권적 영토를 나누는 선으로
인식되어 왔다. 베스트팔렌 조약과 더불어 등장한 영토적 주권 개념은 근
대 국가의 영토성을 규정하는 가장 기본적 원칙으로 인정받고 있다. 영토
적 주권의 개념에 입각한 근대적인 정치체제는 1) 통치와 주권은 영토에
기반하고, 2) 영토는 특정의 질서 체제와 연동되는데 이 영토에 기반한 질

서의 체제는 국경이라는 장벽을 기준으로 다른 영토적 질서 체제와 나뉜다는 '경계－질서 연계(border－order nexus)'의 사고에 기반하여 성립되었다(박배균, 2017, 294). 즉, 근대 국가의 영토성은 영토를 고정불변하고 완벽하게 울타리 쳐서 내외부는 완벽히 구분되고, 내부는 특정의 단일한 질서를 기반으로 완전하게 통제되고 있다는 관념과 상상에 기대고 있는 것이다(Elden, 2013). 이러한 배타적 영토적 주권론에 기반하여 근대 국가의 영토성이 제도화되면서, 국가의 경계는 가장 공식화되고 가장 견고하며 명확하게 구분되도록 설정된 경계선으로 자리잡게 되었다(Newman and Passi, 1998, 187).

하지만, 영토적 주권에 기반한 영토적 관념과 상상, 그리고 경계 만들기의 실천적 과정은 구체적 정치 현실에서 나타나는 영토적 실재(reality)와 많은 괴리를 드러내는 경우가 많다. 관련하여 최근 많은 학자들이 근대적 영토 개념에서 제시되는 이상형의 모습과 달리 실재의 영토는 고정불변한 것이 아니고 완벽하게 통제되는 것도 아니며, 많은 경우 지속적인 갈등과 논쟁 속에 놓여져서 정치－경제적 상황과 실천에 따라 끊임없이 변화하고 재구성된다는 포스트 영토주의적 관점의 주장들을 제시하고 있다(Jessop, 2016; Pauly and Grande, 2005; 박배균, 2017). 이들은 근대적 국민국가가 절대적 경계선으로 구획된 특정의 영토 공간을 배타적으로 지배하면서 영토의 모든 공간에 대해 자신의 권력을 균질적으로 행사한다는 전통적 국가 영토성에 대한 개념에 도전하면서, 국가의 주권이 실제로 행사되고 표현되는 방식은 훨씬 복합적이고, 불균등하고 이질적이면서 다층적임을 강조하였다.

특히, 국가의 영토와 경계와 관련하여 포스트 영토주의적 관점은 영토와 경계의 복합성과 다층성, 다공성(porosity), 그리고 사회적 구성물로의 성격을 강조한다. 즉, 국가의 영토와 경계는 국가라는 정치 공동체의 존재와 관련된 고정되고 자연화된 범주가 아니라, 사회적, 문화적, 정치적 과정의 구성물이라는 것이다(Newman and Passi, 1998; Elden, 2013). 이런 관점에서 보면 국경과 접경은 안보와 장벽이라는 영토화의 논리로만 설명되지 않고, 여러 영토 공간들이 만나고 교차하면서 초국경적인 이동과 연결의 힘이 적극적으로 발현되는 변화와 혼종의 공간이다. 이러한 관점은 탈분단 이후에 펼쳐질 동아시아의 새로운 지정 - 지경학을 전망하는 데 많은 도움을 준다. 특히, 국가의 영토성을 명확하고 고정된 것으로 바라보는 전통적 시각으로는 바라보지 못하는 영토와 경계의 다층성, 다공성, 역동성을 인식할 수 있게 하여, 탈분단 이후 동북아시아에서 펼쳐질 이동성과 영토성의 복잡한 충돌과 교차를 보다 예민하게 이해하는 데 도움을 준다.

Ⅲ. 동북아의 냉전적 국가 영토성과 한반도의 탈분단

1. 냉전 지정학과 동북아 국가의 영토성

한반도 탈분단 이후에 동아시아에서 나타날 지정 - 지경학을 전망하기 위해서는 한반도를 둘러싼 국가들의 영토성과 그 국가들 사이에 존재하는 경계의 현실적 의미에 대해 먼저 살펴볼 필요가 있다. 특히, 한반도를 둘러싼 국가들의 영토성이 탈식민주의와 냉전 지정 - 지경학의 맥락 속에서 형성되다 보니, 근대적 국가 간 관계에 기반을 둔 베스트팔렌적 의미의 근대적 영토성과는 상당한 차이가 있음을 이해하는 것이 중요하다. 앞서 지적하였듯이 현재 탈분단과 통일에 대한 논의는 국가주의적 인식론과 희망의 지경학 담론에 의해 크게 영향받고 있는데, 동북아시아에서 근대적 영토 개념과 거리가 먼 영토성이 작동하고 있음을 이해한다면 탈분단 이후의 상황에서 동북아의 지정 - 지경학에 영향을 줄 영토화와 탈영토화의 공간정치가 현재의 지배적인 통일 담론이 상정하는 것과는 큰 차이가 있을 것임을 쉽게 예상할 수 있고, 이를 바탕으로 탈분단 이후의 동북아에 대해 새로운 상상을 전개할 수 있을 것이다.

동아시아에서 근대국가의 출현은 100년 이상의 역사를 가지고 있지만, 20세기 초 일본의 제국주의 침략으로 인해 국가들의 영토성 확립이 지연되었다가, 2차 세계대전에서 일본 제국주의가 패망하면서 비로소 동아시아 국가들이 근대적 영토성을 확립할 수 있게 되었다. 하지만, 중국의 공산화, 한반도에서의 한국전쟁 발발 등을 계기로 냉전 지정학이 강하게 작동하면서, 동아시아에서 영토성은 기본적으로는 냉전 지정학에 의해 만들어진 소위 '자유진영'과 '공산진영' 간의 대립에 기반하여 표출되었다. 이런 맥락에서 한반도에는 남한과 북한 사이에 지구역사상 가장 견고한 영토적 경계와 방어선이 엄청난 규모의 군사력의 배치와 함께 구축되었다. 남한과 북한 사이에는 매우 견고한 장벽과 경계가 만들어지고, 그를 바탕으로 두 국가 사이에는 매우 폐쇄적인 영토성이 구축되었다. 하지만, 남북 사이의 이러한 영토성은 근대적 주권 개념에 기반한 근대적 영토성이라기보다는 냉전 지정학에 기반한 안보와 군사적 방어의 논리에 의해 구성된 것이었다. 중국과 대만 사이의 국경도 냉전적 영토성에 기반하여 형성되었다. 물론 1980년대 중국의 개혁/개방 이후 양안 관계에서 냉전적 영토성이 급격히 약화되고 초국경적 이동과 흐름의 연결망이 부활하고 있지만, 최근 들어 대만 내부에서 중국으로부터의 독립을 주장하는 정치적 목소리가 커지고 국제적으로는 미중 간의 갈등과 긴장이 심화되면서 양안 관계에서 냉전적 영토성의 영향력이 다시 커지는 양상을 보이고 있다.

한반도를 둘러싼 동북아시아 국가들의 영토성이 냉전 지정학에 의해서만 영향을 받은 것은 아니었다. 일본 제국주의에 대한 역사적 경험에 기반한 탈식민주의적 민족/국가주의와 영토적 정체성도 동북아 국가들의 영토성을 형성하는 데 중요한 영향을 주었다. 특히, 한국과 일본 사이의 영토적 경계는 탈식민주의의 맥락 속에서 형성된 민족주의적 정체성의 영향 속에서 형성되었다. 대한민국의 초대 대통령이었던 이승만은 반일적 민족주의를 정권의 정치적 정당성을 확보하기 위한 수단으로 적극 동원하였는데, 그런 차원에서 일본과의 국교를 단절하고 경제적 교류를 엄격히 금지하여 대일 관계에서 매우 폐쇄적인 영토성을 확립하였다. 즉, 한일 간의 관계에서 표면적으로는 근대적 의미의 영토적 주권의 관념이 강하게 표출되지만, 실제로 한일 간의 국경은 탈식민주의적 맥락에서 형성된 민족주의적 장벽의 성격을 더 강하게 가지고 있는 것으로 볼 수 있다. 반면, 중국과 북한의 국경은 한일 국경과 달리 적대적 감정과 민족주의적 반감보다는 보다 우호적이고 포용적인 특성을 지닌다. 전통적으로 북중 접경지대에서는 양국 간의 이동이 엄격히 통제하고 규율되기 보다는 접경지역 인근의 주민들의 경우에는 출입증 만을 가지고 양국을 쉽게 넘나드는 것이 허용되었다. 또한, 북한과 중국의 영토를 구분하는 경계인 압록강과 두만강에서 양국은 물은 공유하되 강 위의 섬 만을 각각 나누어 가진다. 이처럼 일반적인 근대적 국경보다 덜 배타적인 국경이 양국 간에 설정된 것은 중국의 국경정책에 영향을 준 전근대적 변경관리의 유산과 반제국주의 운동과 냉전의 역사적 맥락에서 중국과 북한이 혈맹의 관계를 맺고 있다는 사실 등이 영향을 주었을 것으로 짐작할 수 있다. 즉, 냉전의 지정 – 지경학과 탈식민주의의 역사적 경험 등이 중첩되어 형성된 독특한 영토성이 반영되어 중국과 북한 사이에 상대적으로 포용적인 국경이 형성된 것이다. 이처럼 한반도를 둘러싼 동북아 국가들의 영토와 국경에는 이념형의 근대적 영토성보다는 역사적 맥락 속에서 형성된 비근대적 영토성이 강하게 작동하고 있다.

　이러한 동북아 국가들의 비근대적 영토성은 특구 현상을 통해서도 잘 드러난다. 특구(special zone)은 국가 영토에서 일반적으로 적용되는 규칙과 질서와는 차별화되는 예외적인 조절의 규칙, 질서 등이 부과된 물리적으로 구획된 공간으로 규정되며, 옹(Ong, 2007)은 이런 공간을 '예외적 공간(spaces of exception)'이라 개념화하였다. 경제특구, 경제자유지역, 국제도시 등 다양한 이름으로 불리는 '예외적 공간'이 최근 많이 등장하고 있는데, 이를 신자유주의 세계화의 결과로 바라보는 논의가 그간 많이 제시되었다. 이는 근대 국가의 영토 공간 내에 예외적인 법과 제도가 허용되는 예외적 공간을 조성하는 것을 비정상적인 상황으로 바라보면서, 이러한 비정상적인 상황의 등장을 신자유주의 세계화라고 하는 구조적 변화의 결과로 바라보는 관점과 결부된다. 하지만, 이러한 인식과 달리 특구라는 예외적 공간이 동아시아 국가들에서는 1960년대부터 매우 적극적으로 조성되었다는 사실을 직시할 필요가 있다. 동아시아 발전주의 국가들은 신자유주의 세계화라는 중대한 변화가 본격화되기 이전부터 국토공간의 영토적 예외성을 인정하는 다양한 유형의 특구들(예, 산업단지, 수출자유지역, 아파트지구 등)을 적극 조성하여 자원의 배분을 특정 장소에 집중하여 국가주도 산업화와 경제발전의 효율성을 높이는 전략을 적극 사용해 왔다 (박배균, 2017). 서유럽의 국가들이 베스트팔렌적 국가 영토성의 원칙에 입각하여 국가 영토 내 질서의 균질성과 보편성을 추구하기 위해 예외적 공간의 조성에 덜 적극적이었던 반면, 경제성장의 성취를 통해 정당성을 인정받는 동아시아 발전주의 국가들은 탈식민주의와 냉전 지정학의 맥락 속에서 국가의 산업화와 경제성장을 효율적으로 달성하기 위한 방편으로 국가 영토 내부의 차별성을 강화하는 예외적 공간의 조성에 상대적으로 주저함이 덜했다.

이처럼 오래 전부터 동아시아 국가에서 널리 사용되어 온 예외적 공간 전략은 신자유주의 세계화가 본격화된 1990년대 이후 동아시아 국가들에 의해 더욱더 적극적으로 사용되고 있다. 이처럼 동아시아 국가들에서 널리 사용되고 있는 특구 전략과 그로 인한 다양한 예외적 공간의 등장 및 국가 영토와 경계에서의 다공성의 증가는 동아시아에서 국가 간 경제적 통합 정도와 정치적 통합 정도의 괴리를 설명하기 위해 사용되는 '아시아 패러독스'라는 현상을 이해하는 데 매우 중요하다. 유럽연합의 등장과 같은 지역주의 경향을 설명하면서 학자들은 국가 간 경제적 통합의 정도가 증가하면, 결국 정치적 통합의 정도도 증가하는 경향성을 발견하였는데, 이러한 경향성이 동아시아에서는 발견되지 않고 있음에 주목하였다. 오히려 1990년대 이후 동아시아 국가들 사이의 경제적 교류와 통합의 정도는 급증하고 있지만, 정치적 차원에서는 국가들 간의 영토 분쟁과 같은 긴장과 갈등이 심화되어 통합의 정도는 매우 낮음을 발견하고, 이를 '아시아 패러독스'라 불렀다. 하지만 이러한 호명은 동아시아 국가 영토성의 비근대적 특성을 비정상적인 것으로 치부하고, 경제적 세계화를 바탕으로 초국가적 차원의 영토적 통합을 달성한 유럽의 경우를 정상적 상황으로 바라보는 유럽중심주의적 관점을 드러내는 것이다. 한반도 주변 동아시아 국가들의 비근대적 영토성과 그로 인한 특구 현상의 증가는 국가 간 정치적 통합의 정도가 낮은 상황에서도 경제적 교류와 통합의 정도를 높이는 것을 가능하게 해 준 중요한 사회–공간적 조건을 제공해 준 측면이 있다. 요약하면, 동북아 지역의 국가 영토성은 베스트팔렌적 원칙에 기반한 서구적 의미의 근대적 영토성이라기보다는 포스트 식민주의와 냉전의 맥락 속에서 형성된 비근대적 영토성이었고, 그러다 보니 국가의 영토와 국경은 상대적으로 높은 정도의 다층성과 다중성, 그리고 다공성을 보여주고 있다.

2. 한반도의 탈분단과 동북아 지역의 국가 영토성의 변화

한반도를 둘러싼 동북아 국가들의 영토성이 냉전 지정학과 탈식민주의적 맥락 속에서 형성되어 상대적으로 비근대적 성격을 강하게 지니고 있음을 인식한다면, 한반도의 탈분단이란 상황이 국가 간 영토적 통합이나 일체화 혹은 고정된 국민경제 사이의 경제적 교류와 통합의 증대 등을 전제하는 국가주의적 인식으로는 제대로 이해되지 않을 것임을 쉽사리 짐작할 수 있다. 한반도에서 분단과 냉전적 갈등의 지속은 남한과 북한뿐만 아니라, 동북아 전체적으로 국가들 간의 초국경적인 이동과 흐름을 저해하는 중요한 지정학적 장애물로 작용하고 있다. 따라서, 한반도의 탈분단과 탈냉전이란 새로운 상황은 동북아의 초국경적 이동과 흐름의 힘을 억누르던 지정학적 장애가 사라짐을 의미하고, 이는 동북아 전체적으로 국가 영토성의 엄청난 변화를 초래하여 새로운 초국경적 이동과 흐름의 물결을 초래할 가능성이 크다.

하지만, 동북아 국가들에 내재된 비근대적 영토성의 역사적 전통을 고려해 보았을 때, 이러한 변화의 물결 속에서도 동북아 지역의 초국경적 이동과 흐름은 사람과 물자의 이동에 대한 국경 통제의 전면적 완화와 같은 방식으로 촉진되기보다는 특구라는 예외적 공간의 확산을 통해 이루어질 가능성이 크다. 이미 많은 사람들이 지적하고 있듯이 한반도의 탈분단 혹은 평화라는 상황이 남북간의 통일을 의미하는 것은 아니며, 오히려 남한과 북한이 독자적인 주권을 유지한 채 두 국가 사이에 정치, 경제, 사회, 문화적 교류가 증대되는 상황으로 현실화될 가능성이 훨씬 크다. 이런 상황에서 남한과 북한은 자신의 영토적 독자성은 지키고 유지한 채, 다양한 방식과 형태의 예외적 공간을 만들어 영토적 다공성을 높이는 방식으로 상호간의 교류와 이동을 촉진하는 전략을 채택할 가능성이 높다.

북한은 일찍이 김일성 주석 시대부터 외자유치를 통한 경제발전을 위해 경제특구 전략을 적극 사용해 왔다(조성찬, 이승욱, 김은혜, 박배균, 2017). 1984년 재일동포 자본 유치 목적으로 합영법을 제정하고, 이어 김일성 주석의 중국 션전 경제특구 방문 이후 1991년 최초의 경제특구인 라진, 선봉 자유무역지대를 설치하였다. 김정일 국방위원장 시기에는 남북경협이 본격화되면서 2000년 개성공단을, 2002년에는 금강산관광지구를 설치하였다. 그리고, 2010년에는 라선 및 황금평·위화도 특구를 북한과 중국이 공동 개발할 것을 합의하였다. 2012년 이후 김정은 시대가 오면서 북한은 더욱 적극적으로 경제특구 개발을 추진하여, 기존에 추진되던 5개 중앙특구개발에 더욱 박차를 가하고, 새롭게 전국에 걸쳐 27개의 경제개발구(중앙급 8개 + 지방급 19개)를 신설하였다(연합뉴스 12월 23일, https://www.yna.co.kr/view/GYH20181223000400044). 이러한 예외적 공간 전략에 대한 북한 내부의 학습과 연구도 적극 진행되고 있는데, 예를 들어 리명숙(2017, 120)은 '김일성종합대학학보'에서 경제개발구에 대해 "국가가 특별히 정한 법규에 따라 경제활동에서 특혜가 보장되는 특수한 경제지대"라고 정의하고, "국내외의 자금과 기술, 생산수단들을 적극 받아들이고 그것을 보다 효과적으로 리용하기 위하여 국내의 일반지역과 분리시켜 일정한 구획을 갈라 놓고 그 안에서 투자와 경영활동에 보다 유리한 경제적 및 법률적 환경을 조성하며 여러 가지 특혜와 편의를 제공해 주는 특수경제지대를 경제개발구"라고 부연설명을 제시하고 있다. 이처럼 북한은 특구 전략이 국가의 영토성을 지키면서 동시에 영토의 다공성을 높여 초국경적 이동과 흐름의 경제에 효과적으로 연결될 수 있는 공간적 수단임을 잘 인지하고 적극 활용하고 있다. 따라서, 정권의 안정적 보장을 가장 중요하게 여기는 북한 정권이 탈분단 이후에도 이를 적극 활용할 것임은 쉽게 짐작할 수 있다.

표 1　　시기별 북한의 외자유치 정책 및 경제특구 설치

구분	1단계 (1984~1997년)	2단계 (1998~2011년)	3단계 (2012~현재)
정권별	김일성 주석 시기	김정일 국방위원장 시기	김정은 국무위원장 시기
특징	재일동포 및 對중국 투자 유치 저조	남북경협의 부침과 북중경협 지속	전방위적 특구정책 시행
주요 내용	• 합영법 도입(1984년) • 최초 경제특구 설치: 　라진 · 선봉자유무역 　지대(1991년)	• 남북경협 본격화(1998년) • **개성공단(2000년)** 및 금강산관 　광지구 설치(2002년) • 신의주 특구 실패(2002년) • **나선 · 황금평 개발 노력(2010년)**	• 기존 5대 중앙특 　구 개발 지속 • 21개 경제개발구 　신설

출처: 이부형 외. "북한 외자유치 정책의 성과와 한계." 현대경제연구원. 『현안과 과제』, 16 – 37호 2016.9.5. 1쪽의 표를 일부 보완함.

| 그림 1 | 북한의 경제특구 |

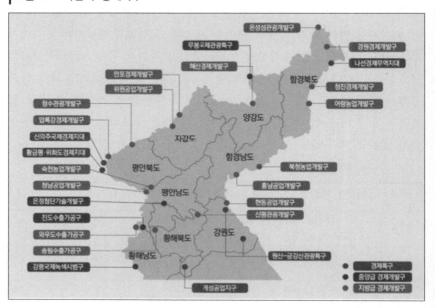

남한 정부도 수출자유지역, 산업단지, 경제자유구역 등 다양한 경제특구를 해외 자본의 유치를 통한 경제발전을 위해 적극 활용하였고, 특히 남북 간의 교류 확대를 위해서도 개성공단, 금강산 특구 같은 예외적 공간의 조성과 같은 공간적 수단을 중요하게 인식하고 있다. 노무현 정부 시절에는 남북정상회담을 통해 해주경제특구, 공동어로구역과 평화수역 등이 포함된 '서해평화특별지대'라는 예외적 공간의 설치를 북한과 합의하기도 하였고, 상대적으로 대북강경책을 펼쳤던 이명박, 박근혜 정권 시절에도 남북 교류와 관련해서는 'DMZ 세계평화공원'과 같은 예외적 공간의 건설이 주로 논의되었다. 문재인 정권은 남북정상회담 이후 '한반도 신경제지도'라는 새로운 지경학적 비전을 발표하면서 특구 전략을 적극 활용할 의사가 있음을 드러내었다.

그림 2　　서해평화협력특별지대 조성계획도

출처: http://www.pressian.com/news/article.html?no=61396

그림 3　　한반도 신경제지도

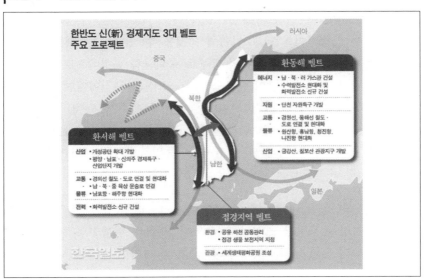

이처럼 남한과 북한 모두 꽤 오랜 기간 동안 특구 전략을 적극 활용하였던 경험이 있음을 고려할 때, 탈분단 이후에도 남북간 교류가 허용되는 다양한 특구들이 남한과 북한에 의해 조성될 것으로 예상할 수 있다.

논리적으로 남한과 북한에 조성될 특구들은 다양한 유형이 있을 수 있다. 어떠한 유형이 가능한지 몇 가지 예를 들어 보면 다음과 같다.

1) 우선 북한의 주권적 영토 내에 남한 자본의 투자가 허용되는 특구를 상상할 수 있는데, 개성공단이 그 대표적 예이다. 중국의 개혁개방 시기에 경제특구를 건설하고 해외 자본의 유치를 추진하면서, 중국 화교 자본을 특별 대우하여 적극 유치, 시도하였던 것처럼, 북한도 민족 화해와 협력의 차원에서, 그리고 보다 효과적인 자본의 유치를 위해 남한 자본에게만 특별히 허용되는 특구를 북한의 영토 내에 확대 건설할 수 있다.

2) 남한의 주권적 영토 내에 북한 노동자의 고용이 허용되는 특구가 조성될 수 있다. 중국의 북중 접경지역에 북한 노동자들이 집단으로 고용되어 일하는 특구가 있는데, 이와 비슷한 형태의 특구가 남북 접경지역의 남한 지역에 조성될 수 있다. 초반에는 북한 노동자들이 북한에서 남한의 특구로 출퇴근하는 형식으로 근무를 하겠지만, 좀 더 시간이 흘러 남북 간의 신뢰가 깊어지면 북한 노동자들이 특구의 기숙사나 숙소에서 머물면서 특구 내의 직장으로 출퇴근하는 형식으로 진화될 수 있다. 최근 정부에서 논의한 경기도 파주 '장단공업단지' 등과 같은 통일경제특구가 대표적인 예라고 할 수 있다.

3) 북한의 영토 내에 남한의 자본뿐만 아니라 다양한 국가의 자본이 투자하는 특구가 조성될 수도 있다. 북한의 비핵화와 탈분단을 달성하기 위한 남북, 북미, 북중, 북러 등 다양한 국가들 사이의 협상

이 어떻게 진전되는가에 따라 어느 국가가 북한의 개혁 개방과 경
제발전에 보다 깊이 연루될지가 결정될 것이고, 그 결과에 따라 북
한 내에 다양한 국가의 자본이 투자하는 특구가 어떤 식으로 조성
될지 결정될 것이다. 그런데, 이 유형의 특구는 첫 번째 유형 특구
의 진화된 형태로 만들어질 수도 있다. 중국 개혁 개방의 초창기처
럼 한반도에 탈분단이 오고 북한이 개방 정책을 펼친다고 하더라
도 아직까지 북한의 체제와 비즈니스 환경에 대해 충분한 신뢰를
못하기 때문에 당장 북한에 투자하러 나서는 해외의 민간자본이
그렇게 많지 않을 수 있다. 개성공단의 사례에서 잘 나타나듯이,
이런 상황에서 북한의 입장에서는 남한과의 경제협력이 중요하게
되고, 이에 대응하여 남북 교류를 촉진하려는 남한 정부의 노력과
민족적 동질성과 문화적 유사성을 활용하려는 남한 자본의 이해관
계가 만나면서 첫 번째 유형의 특구가 조성될 것이다. 그리고 이
첫 번째 유형 특구의 운영방식에 대한 간접체험과 경제적 성과를
바탕으로 다양한 국가의 자본들이 북한에 투자할 의향을 가지게
되면서, 세 번째 유형의 특구가 추가적으로 조성될 수 있다.

4) 남한의 주권적 영토 내에 북한을 포함한 다양한 국적 노동자의 고
용이 허용되는 특구가 조성되는 것도 가능하다. 물론 이러한 특구
는 남한 내의 일자리 문제와 결부되면서 현실화되기에는 많은 장
애물을 넘어야 하겠지만, 북한 노동자의 고용이 허용되는 상황에
서 그 외 다른 국적 노동자의 고용이 허용되는 상황도 논리적으로
상상가능하다. 일차적으로는 북한 노동자의 고용을 허용하기 위해
활용된 민족 공동체라는 담론이 확대 적용되면서 중국 국적의 조
선족, 중앙아시아 국적의 고려인들의 취업이 허용될 수 있다. 이러
한 경험의 누적은 다양한 국적 노동자들의 취업을 허용하는 특구
의 조성으로 확대될 수 있다.

5) 또 하나 상상 가능한 특구는 공용지 원칙에 따라 만들어지는 초주
권적 특별구역이다. 박근혜 대통령이 2015년 'DMZ 세계평화공원'
사업을 제안하면서 비무장지대를 한국인뿐만 아니라 세계의 모든
이들에게 열려있는 공간으로 만들자고 주장하였는데, 이 주장을
좀 더 확대하면 비무장지대와 같은 일부 특수한 공간에 대해서는
남한과 북한 모두 영토적 주권을 포기하고 글로벌하게 공유되는
초주권적 공용지라는 지위를 부여할 수도 있다. 이러한 유형의 특
구는 전통적인 국가 영토성으로 인해 배제되고 억압받는 주체와
장소들에게 새로운 해방적 기회를 제공할 수 있는 공간적 장치로
기능할 수 있어, 기존 국민국가와의 갈등을 빚고 있는 곳에서 적극
활용될 수 있다.

이러한 예외적 공간들의 형성과 공간적 확산 과정은 매우 높은 정도
의 공간적 선택성을 보이면서 전개될 것이다. 탈분단과 남북 교류가 본격
화되는 초창기에 이들 특구들은 남북 접경지역과 해안지역을 중심으로 주
로 형성될 것으로 쉽사리 예측할 수 있다. 이들 접경과 해안의 특구들을
중심으로 남북 및 다양한 국가들의 자본과 노동이 교류, 협력, 통합, 혼종
하는 과정이 발생할 것이다. 시간이 지나면서 특구들이 접경과 해안 지역
을 벗어나 양 국가의 영토 내부로 확산될 것인데, 남북을 연결하여 한반도
를 관통하고 중국과 러시아와 연결되는 철도와 도로망을 따라 특구의 확
산이 이루어질 가능성이 크다. 그리고 이들 특구를 중심으로 남북 간, 그
리고 동북아를 가로지르는 초국경적 자본, 노동, 자원의 이동과 흐름이 이
루어질 것이다. 즉, 한반도의 탈분단 이후에 펼쳐질 남북 교류는 남한과
북한의 전국토에서 전면적으로 이루어지는 것이 아니라, 상당히 높은 수
준의 공간적 선택성을 지닌 채 일부의 공간과 장소에 편중되어 펼쳐질 것
이라는 것이다. 특히, 남북을 넘나드는 인구의 이동이 이들 특구들을 중심
으로 펼쳐지면서, 인구 이동과 이주의 회랑 혹은 군도가 형성될 가능성이

크다. 그리고, 한반도에 형성될 이들 이주의 회랑과 군도는 동북아 전체를 관통하는 초국가적 이동과 흐름의 경제가 펼쳐지는 중요 무대로 기능할 가능성이 크다.

　　이처럼 한반도를 둘러싼 동북아 국가들의 영토와 국경의 비근대적 특성은 탈분단과 탈냉전의 지정－지경학 시대에 더욱 강화되어 국가 영토와 국경의 다층, 다중성은 더욱 강화될 것이다. 특히 국가의 국경을 넘어 이동과 흐름을 우회적이고 유연하게 관리하는 다양한 공간적 장치들이 등장하면서 국가 영토성의 다중화, 다층화, 예외화는 더욱 심화될 것이다. 무엇보다 다양한 유형의 특구들이 남북한의 영토 내에 설치되면서, 다양한 국적의 노동과 자본이 복잡하고 차별적으로 섞이는 공간들이 늘어나고 국가 영토 내 이질성과 차별성이 증가할 것이다. 따라서, 이러한 특구들을 통해 한반도와 동북아를 넘나드는 새로운 지정－지경학적 동학과 그와 연결된 공간 정치가 창출될 가능성이 높다.

Ⅳ. 탈분단 이후 동북아 지정-지경학의 재편

1. 미시적 스케일의 '공포 지정학(geo-politics of fear)'의 등장 가능성

　　한반도에서 냉전과 분단의 논리가 지배하는 상황에서 안보와 영토성의 논리는 주로 국가 스케일에서 동원되고 표출되었다. 국가 스케일에서 규정되는 영토를 중심으로 소속감과 정체성이 형성되고, 동시에 국가 영토의 외부에서 국가 경계 내부의 영토화된 질서를 위협하는 '외부'와 '타자'가 규정되었다. 그리고 이러한 국가적 차원에서 규정된 '외부'와 '타자'의 위협으로부터—특히, 한반도의 분단과 적대적 남북 관계의 맥락에서 주로 '북한'이라는 외부의 위협으로부터—영토를 지켜야 한다는 안보의 논리가 '공포의 지정학'을 지배하였다.

한반도의 탈분단과 탈냉전은 이러한 상황에 큰 변화를 초래할 것이다. 하지만, 이러한 변화는 현재의 통일 담론을 지배하는 '희망의 지경학' 논리가 암시하는 것과 같이 안보와 영토성의 논리에 기댄 '공포의 지정학'이 더 이상 유효하지 않고 한반도에는 번영과 평화의 상태가 도래하는 상황을 필연적으로 의미하지는 않는다. 오히려 안보와 영토성의 논리가 사라지기보다는 새로운 형태와 방식으로 변화하여 작동할 가능성이 크다. 특히, 국가 영토성의 다중화, 다층화, 예외화가 심화되고, 다국적의 자본과 노동이 복잡하고 차별적으로 섞이는 공간이 늘어나고 국가 영토 내 이질성과 차별성이 증가하면서, 안보와 영토성의 논리가 더 미시적 스케일에서 작동하고 표출될 가능성이 크다. 영어의 security가 국가 스케일에서는 안보로 변역되지만, 보다 미시적 스케일에서는 보안, 안전 등으로 번역되는 것처럼, 안보의 논리가 국가 영토의 보호라는 맥락에서 규정되기보다는 보다 작은 미시적 스케일의 장소와 영토를 지키고 보호하자는 보안과 안전의 의미로 사용되는 경우가 증가할 것이다. 최근 제주에서 예멘 난민들을 대상으로 한 혐오와 배제의 정치가 표출되었던 것처럼, 한반도의 곳곳에서 새롭게 등장하는 이주자, 난민들의 공간적 밀집에 놀라고 두려움을 느끼면서, 자신의 영토화된 장소를 지키기 위한 '공포의 지정학' 혹은 '님비 지정학'이 표출될 가능성이 크다. 특히, 오랜 기간 동안 지속되어 온 민족적 동질성에 너무나 익숙하여 다문화에 대한 감수성이 취약하고 다양성에 대한 관용과 포용의 정도가 낮은 한국 사회에서 이러한 작은 스케일의 장소에서 표출되고 동원될 '공포의 지정학'은 향후 한국의 지역사회와 정치에서 중요한 이슈가 될 가능성이 크다.

2. 동북아 경제공간의 변화와 지정-지경학적 스케일 재편의 가능성

한반도의 탈분단은 동북아의 한가운데를 철옹성처럼 가로막고 있던 냉전적 장벽이 사라짐을 의미하고, 이는 기존의 막혀 있던 경제적 흐름이

열리도록 하고 이를 바탕으로 새로운 경제적 기회의 공간들이 만들어지면서 동북아 경제지도의 획기적 변화를 초래할 수 있다. 특히, 이미 여러 기관들과 보고서들이 전망하고 있듯이, 남한은 더 이상 한반도 남쪽의 닫혀 있는 섬이 아니라 북한을 통해 유라시아 대륙에 직접 연결되면서 새로운 흐름의 경제에 접속할 수 있게 될 것이다. 이러한 과정을 통해 한반도가 대륙과의 연결성을 강화하게 되면, 일본 또한 한반도와의 연결성을 강화함을 통해 유라시아 대륙에서 형성되는 흐름의 경제에 더 직접적으로 접속하기를 희망할 수 있다. 한반도를 통해 대륙과의 연결성을 강화하고 싶은 일본 자본의 욕망이 커지면, 그동안 여러 차례 구상되고 제안되었지만 현실화되지 않은 한일 해저터널 프로젝트가 더 강력한 동기 속에서 부활하여 추진될 수도 있다.

이러한 다양한 변화들이 누적되면서 동북아에서 중요 도시들을 중심으로 국경을 뛰어넘어 형성되는 초국경적 광역도시권 경제의 중요성이 증가하고, 궁극적으로 국가를 중심으로 형성된 국민경제의 통합성을 약화시킬 가능성이 있다. 예를 들어, 한반도의 탈분단과 남북 교류의 증대는 서울을 중심으로 한 수도권 경제의 공간적 확장을 가져와, 남으로는 충남의 아산, 탕정에서 북으로는 개성, 황해도까지 연결되는 거대한 광역경제권의 형성을 초래할 수 있다. 그리고, 이 수도권 경제지역은 남으로는 대전, 북으로는 평양, 그리고 서쪽으로는 바다 건너 중국의 산동지역과 직간접으로 연결되는 거대한 경제권역으로 확장되면서, 한반도를 중심으로 한 동북아 경제의 중요한 중심축으로 작동할 가능성이 있다. 반면, 이러한 초국경적인 수도권 경제지역의 등장은 남한 국민경제 내부에서 수도권과 부산, 울산, 경남을 중심으로 한 전통적 산업벨트 사이의 연계를 약화시켜 그러지 않아도 침체 중인 남동임해지역의 구산업도시들에 더 큰 경제적 어려움을 가져다줄 수 있다. 이러한 상황 속에서 만약 한일 해저터널이 건설된다면, 이는 부산/영남 경제지역이 일본의 후쿠오카, 큐슈 등과 초국경적 연결을 강화하게 만드는 계기로 작용하여, 한국의 부산/영남지방과 일본의 큐슈가 연결되는 초국경적 경제권의 등장을 초래할 수도 있다. 그리고 한반도의 북쪽에서는 북한의 나진, 선봉, 중국의 훈춘, 러시아의 하산 지역이 연결되는 두만강 경제지역의 등장이 본격화될 수 있으며, 압록강 쪽으로는 중국의 단동과 북한의 신의주를 중심으로 한 초국경적 경제권이 형성되어 길게 남으로 북한의 평양과 연결되는 형태로 발전해 갈 수 있다. 이외에도 다양한 초국경적 광역 도시경제권이 한반도의 탈분단의 조건 속에서 등장할 가능성이 있다. 그리고, 이러한 상황은 동북아에서 국민경제라는 기존의 영토화된 정치 – 경제적 결합체의 독점적 지배력이 약화되고, 중요 도시들을 중심으로 새롭게 영토화된 정치 – 경제적 결합체가 좀 더 중요하게 부상함을 의미하며, 이는 궁극적으로 동북아에서 새로운 다층/다중적인 성격의 지정 – 지경학의 지형이 형성될 수 있음을 의미한다.

V. 결론: 탈분단 시대, 평화의 가능성은?

통일과 한반도 평화에 대한 최근의 논의들은 대부분 탈분단 이후 남과 북이 경제적 번영을 누릴 것이란 국가주의적 '희망의 지경학'에 기반하여 이루어지고 있다. 그러다 보니 한반도의 탈분단 이후에 동북아 국가들의 영토와 경계의 다층성, 다중성, 예외성이 더 심화되어 매우 복잡하고 차별적인 정치 – 경제적 공간들이 형성될 수 있음을 이해하지 못하여, 탈분단 이후 동북아에서 펼쳐진 새로운 지정 – 지경학의 과정을 객관적으로 차분하게 예견하지 못하게 방해한다. 본 장은 이러한 문제의식을 바탕으로 포스트 영토주의 관점에 입각하여 한반도 탈분단 이후의 동북아의 지정 – 지경학적 상황이 어떻게 전개될 것인지를 시론적으로 예측해보는 시도이다.

본 장의 주요 주장은 다음과 같다.
1) 냉전 지정 – 지경학이 맹위를 떨치던 시절의 한반도의 영토성은 베스트팔렌적 원칙에 기반한 서구적 의미의 근대적 영토성이기보다는 포스

트 식민주의적 맥락 속에서 등장한 냉전적 영토성이었다.

2) 이러한 동북아 국가 영토와 국경의 비근대적 특성은 탈냉전 지정 –
지경학의 시대에 더욱 강화되어, 국가 영토와 국경의 다층, 다중성은 더욱
강화될 것이다. 특히, 국가의 국경을 넘어 이동과 흐름을 우회적이고 유연
하게 관리하는 다양한 공간적 장치들이 등장하면서 국가 영토성의 다층
화, 다중화, 예외화는 더욱 심화될 것이다. 무엇보다 다양한 유형의 특구
들이 남북한의 영토 내에 설치되면서, 다양한 국적의 노동과 자본이 복잡
하고 차별적으로 섞이는 공간들이 늘어나면서 국가 영토 내 공간적 이질
성과 차별성이 증가할 것이다.

3) 한반도에서 평화체제의 정착은 국가 스케일에서의 안보논리를 약
화시키겠지만, 국가 영토 내의 이질성과 차별성이 증가하면서, 안보논리에
기댄 영토성은 미시적 스케일에서 더욱 강화될 가능성이 높다.

4) 남북 간의 교류가 확대되면, 연달아 한반도의 여러 상이한 지역들
의 중국 혹은 일본과의 연결성도 강화되면서, 동북아 전체적으로 초국경
적인 경제권의 형성이 활성화될 것이다. 그 결과로 다양한 경제권이 등장
하면서, 국민경제의 중요성은 약화되고, 도시나 지역 중심의 경제권의 중
요성이 증가할 것이다. 이로 인해 궁극적으로 동북아에서 국가 중심의 영
토성이 쇠퇴하고, 도시나 지역 중심의 영토성에 기반한 새로운 지정 – 지
경학이 등장할 가능성이 있다.

결론적으로 남북교류의 확대와 한반도의 탈분단은 동북아 국가들의
'비근대적 영토성'을 강화할 것이고, 이는 1) 다양한 유형의 특구 등장, 2)
초국경적 이주의 증가로 인한 국민국가의 영토적 투과성 증가, 그리고 3)
국가주의적 영토성의 약화 등과 같은 현상으로 표출될 것이다. 그 결과로
한반도와 둘러싼 지정 – 지경학의 스케일적 재편이 발생할 가능성이 있는

데, 이는 국가 스케일의 지정 – 지경학보다 국가보다 작은 도시 수준이나, 혹은 초국경적 광역 도시권 수준에서 지정 – 지경학적 긴장, 경쟁, 갈등의 발생으로 표출될 수 있다. 결국, 동북아의 평화는 이제까지의 국가주의적 접근을 넘어서, 새로운 차원의 이해와 노력을 필요로 한다. 특히, 도시, 지역, 국가, 초국경적 광역도시권 등을 포괄하는 다중, 다층적 평화의 거버넌스 구축이 필요하며, 이를 위해서는 지금부터라도 다자적 국제협력뿐만 아니라, 도시와 지역을 중심으로 한 새로운 초지방적 협력관계 구축의 연습과 실험을 시도하는 것이 유효할 수 있다.

[주 석]

1　김대중 정부가 그 이전의 보수 정부와 달리 북한과의 화해와 협력을 우선시하는 통일정책을 폈지만, 이를 "햇볕정책"이라 이름 붙인 것도 '강한 바람(강경정책)' 보다는 '따뜻한 햇볕(유화정책)'이 겨울 나그네와 같은 북한의 마음을 녹여 남북관계개선과 북한의 개혁, 개방을 이끌어 내고, 궁극적으로 잠재적인 안보 위협 요인을 없애겠다는 안보 전략적 측면이 강조된 것이었다. 따라서, 전통적으로 남북 간의 경제적 협력과 관계의 개선 등은 경제적 논리에 따른 지경학적 전략이었다기보다는 국가 안보의 논리를 우선시한 지정학적 전략이었던 것이다.

2　하지만, 박근혜 정권의 '통일대박'론은 정권 내부의 안보 논리 중심의 전통적이고 현실주의적인 통일관과 충돌하면서 제대로 실현되지 못하였다. 박근혜 정권 내의 강경한 안보주의자들은 북한붕괴론에 기반한 흡수통일론을 드러내는 데 주저함이 없었다. 이는 북한 핵실험에 대해서도 강경책 위주의 대응과 첨단 공격무기의 적극 개발 등과 같은 공격적 현실주의 대북정책으로 표출되었다(안문석 2015). 이처럼 박근혜 정권은 한편에서는 통일이 경제적 기회이니 적극 준비하자고 주장하면서, 다른 한편으로는 북한에 대하여는 적대적 안보관에 기반한 정책으로 일관하였다. 그 결과 통일이 주는 경제적 편익에 대한 막연한 기대감만 높였을 뿐 실제로 통일을 어떻게 구현할 것인가에 대한 논의와 전략이 부족하였다.

3　이 장은 지상현, 이승욱, 박배균(2019)의 이론 부분을 재정리한 것임을 밝힌다.

[참고 문헌]

박배균. 2017. "동아시아에서 국가의 영토성과 예외적 공간: 동아시아 특구의 보편성과 특수성." 한국지역지리학회지 23(2), 288–310.

조성찬·이승욱·김은혜·박배균. 2017. "동아시아 특구전략의 변화와 개괄." 박배균·이승욱 편. 『특구: 국가의 영토성과 동아시아의 예외공간』.

이부형 외. 2016. "북한 외자유치 정책의 성과와 한계." 현대경제연구원. 『현안과 과제』 16–37호.

이승욱. 2018. "접경지역의 도시지정학: 경기도 파주시 대북전단 살포 갈등을 사례로." 대한지리학회지 53(5), 625–647.

리명숙. 2017. "대외경제관계의 확대발전에서 경제개발구가 노는 역할과 개발과제." 김일성종합대학학보 63(3).

지상현·이승욱·박배균. 2019. "한반도 경계와 접경지역에 대한 포스트 영토주의 접근의 함의." 공간과 사회 29(1), 206–234.

Elden, S. 2013. The Birth of Territory, Chicago: University of Chicago Press.

Grande, E. and Pauly, L. W. 2005. Complex sovereignty and the emergence of transnational authority, Complex sovereignty: Reconstituting political authority in the twenty–first century, Edited by Grande, Edgar. and Pauly, Louis W. Toronto: University of Toronto Press, 285–299.

Jessop, B. 2016. Territory, politics, governance and multispatial metagovernance. Territory, Politics, Governance, 4(1), 8–32.

Newman, D. and Paasi, A. 1998. Fences and neighbours in the postmodern World: boundary narratives in political geography, Political Geography, 22(2), 186–207

Ong, A. 2007. Neoliberalism as exception: mutations in citizenship and sovereignty, Durham: Duke University Press.

P A R T

02 기억과 주체성의 신지정학

03 평화를 위한 동북아시아 기억의 지형

서정민(연세대학교 정치외교학과)

I. 서론: 기억의 국제정치학

동북아시아에 대한 대중적인 담론은 한국, 중국, 그리고 일본이 포함된 이 지역을 아시아의 다른 지역과 확연이 구별되는 독특한 영역으로 묘사한다. 그러나, 제2차 세계대전 이후에 등장한 동북아시아라는 개념은 하나의 관점으로 개념화하기에 어려움이 있다. 아파두라이(Appadurai)와 아차랴(Acharya)는 "지역(region)은 고정된 지리적 구분이 아니라 시각에 따라 다양한 지리적 개념화가 이루어지는 맥락"[1]으로 파악되어야 한다고 주장한다. 또한 카젠스타인과 실(Katzenstein and Sil)은 "지역은 물리적 대상으로만 존재하는 것이 아니기에 상상을 통해서 구성되며 이는 정치적인 노력에 의해서 새롭게 탄생하기도 한다"[2]고 주장한다. 이들에 따르면 동북아시아 또는 동아시아는 몇몇 정해진 국가의 모임이라기보다는 특정한 역사적, 정치-경제적 맥락을 통해 구성되는 것이다. 즉, 동북아시아를 바라보는 각자의 이해와 시각에 따라 동북아시아는 다른 모습으로 이해된다.

이 장은 공유된 기억과 역사로서의 동북아시아가 가지는 패러독스에 대한 설명이다. 기억의 장으로서의 동북아시아는 안보체[3]로서 또는 경제적 공동체[4]로서의 동북아시아와 확연이 구별된다. 안보와 경제로 이해되는 동북아시아는 '생존'과 '이해'라는 시각을 통해 그려진다. 이에 반해 기억과 역사를 공유하는 지역으로서의 동북아시아는 각 민족국가의 정체성과 역사적 정의에 대한 감정적인 영역으로 추상적이지만 매우 역동적이다. 또한, 과거에 대한 기억과 역사를 바라보는 시각은 각 민족국가가 미래를 어떻게 그리고 있는지에 대한 청사진이기도 하다. 이 때문에 기억과 역사의 영역은 각 민족국가의 대내적 정치정당성의 핵심요소이다. 이 장은 기억과 역사의 장으로서의 동북아시아는 상대의 존재 자체가 자신의 생존에 위협으로 여겨지는 정체성들로 구성되어 있는 패러독스의 공간으로 설명한다.

Ⅱ. 동아시아에서 민족서사들의 충돌

동북아시아가 집단기억과 역사의 공동체라는 것은 각 민족국가들이 과거에 일어난 사건들에 대해 유사한 기억을 가지고 있기 때문이 아니라 동일한 사건에 대해 각기 자신들만의 기억을 재구성하면서 그 결과로 나타난 상이한 입장들이 갈등의 근본적 원인이 되고 있다는 역설적인 현실에 기반한 것이다. 한 민족국가의 집단 기억과 역사는 그 구성원들에게 입장이나 관점이 아닌 사실 또는 진실로 인지되고 이와 동시에 동일한 사건에 대해 다르게 서술된 다른 민족국가의 집단기억과 역사에 대해서는 또 다른 형태의 사실 또는 진실이 아니라 정치적 목적을 위한 왜곡과 거짓으로 간주한다. 많은 일본 학자들과 정부 관료들은 한국이 서술하는 식민지 시대에 관한 역사는 한국의 정치엘리트가 대중의 지지를 획득하기 위한 수단이며 중국의 남경대학살에 대한 끊임없는 문제제기는 개혁개방시기 급격히 변화하는 중국사회에서 중국공산당이 사회주의적 정통성이 아닌 민족주의적 정통성을 강조하기 위해서라고 믿고 있다. 반대로 한국과 중국의 지식인과 대중은 우경화된 수정주의적 역사인식이 일본사회에서 점차 확대되는 것은 일본이 평화헌법을 폐지하고 재무장하기 위한 이념적 기반을 마련하기 위한 것이라고 생각한다. 문제는 동아시아의 민족국가들이 근현대로 접어들면서 겪었던 중요한 사건들은 스스로의 민족정체성의 형성에 중요한 요소인데 그 사건들에 대해 다르게 진술된 이웃 국가의 집단 기억은 한 국가에게는 존재론적 위협으로 인지되는 것이다. 그러한 점에서 동아시아에서 집단기억과 역사의 공동체는 상이한 기억들에 의해 구성된 민족정체성 자체가 상호 적대를 전제하는 공동체인 것이다.

　　일본의 민족 정체성은 그 자신을 서양과 아시아로부터 동시에 구별해 내려는 한 세기가 넘는 노력을 통해 형성되어 갔다. 일본이 서양에 의해 타자화(otherized)되었을 때, 일본의 지식인들은 한국과 중국에 대해 철저한 타자화를 하는, 즉 오리엔탈리스트적(Orientalistic) 전략을 고안해 내었다. 일본은 근대 서양의 보편주의적 주장을 막아 내는 아시아의 한 민족국가인 동시에 동아시아 민족국가들을 문명과 인종이라는 서양 근대의 기준으로 위계화하는 데 앞장섰다.5 이와 마찬가지로 한국의 민족 정체성은 그 자신을 중국, 일본과 구별해 내는 장기간의 투쟁의 결과이다.6 "유목민족" 과 "기마민족"이라는 담론은 한반도를 중국과 분리시켰다. 또한, 유교문명의 정통을 이어받은 조선에 대한 서사는 일본의 군국주의적 역사와 대비되었다. 중국은 오랜 기간 동안 문명으로서의 정체성과 민족으로서의 정체성에 혼란을 겪었다. 제국의 유산으로써 국경 안의 중국화하지 않은 영토와 인구는 민족주의적 정체성을 추구하기 어렵게 하였고 아편전쟁 이후 서구 제국주의에 대한 저항의 역사는 중국으로 하여금 보편적 문명에 기반한 제국의 기억을 약화시켰다. 특히 청일전쟁에서 중일전쟁으로 이어지는 일본의 중국침략은 중국에게 조공체계로 대변되는 전통적 세계관이 완전히 붕괴되는 결정적 계기가 되었다. 이와 같이 전반적으로 동북아시아의 민족국가들은 자신의 공고한 민족정체성을 유지하기 위해 서로의 이미지에 대해 깊게 의지하고 있는 것이다.

　　동북아시아에서 현대적 의미에서 역사와 정체성의 문제는 19세기 서구 근대의 침략으로 시작되었다. 그러나 공동의 기억과 역사의 공동체로서의 동북아시아는 식민지시대(1895 – 1945)와 전쟁기(1937 – 1945)를 다룰 때 그 갈등의 구조를 명확히 드러내는데 이는 전후 새롭게 등장한 국가들의 정통성이 이 시기에 대한 기억에서 비롯하기 때문이다.7 한국과 중국에서는 독립 직후 민족국가의 형성과정에서 일본제국주의에 대한 저항이 국가의 정통성을 설명하는 가장 중요한 기반을 이루게 되었다. 이는 비록 냉전기에 반자본주의와 반공산주의라는 새로운 정권정통성에 의해 도전받기도 하였으나 냉전이후 오늘날까지 한국과 중국에서 국가의 기원을 독립을 위한 투쟁에서 모색하는 것은 대중에게 매우 당연하게 여겨지고 있다. 동시에 한반도와 중국의 정치엘리트들에게 일본 제국주의에 대한 저항 경력은 가장 중요한 정치적 자원으로 인식되었다. 일본은 군국주의 역사의 정당성을 부정하는 것이 전후 일본의 평화적이고 문명적인 국가정체성을 위한 전제조건이었다. 동시에 제2차 세계대전에서의 패전은 일본이 군대를 보유할 수 없는 "비정상상태"로 전락한 계기이기도 하다. 일본의 비정상상태에 대한 해결이 중국과 북한의 위협으로부터 스스로를 방어하기 위한 군사적 재무장이라는 현재 일본 집권측의 인식이 최근 일본의 "정상국가론"의 기초가 되고 있다. 문제는 현재의 일본이 비정상 상태라면 "정상상태"이었던 일본의 역사를 과거에서 찾아야 하는데 제2차 세계대전을 제외하더라도 메이지 유진 이후 일본의 역사는 운양호사건/강화도조약 (1876)과 청일전쟁/대만 병합(1895)으로 시작되어 한일합방(1910)과 만주국수립(1932)에 이르기까지 일본이 한반도와 중국으로의 팽창을 통한 제국주의의 건설의 과정이기 때문에 일본에게 "정상국가"로 여겨지는 이 시기는 한반도과 중국에게는 민족의 가장 "비정상상태"와 맞물려 있는 것이다. 따라서 메이지 유신 이후 어느 시대에 대한 일본의 자기긍정도 한반도와 중국에게는 치욕의 역사와 분리될 수가 없다. 따라서 전후 일본의 국가정체성 역시 식민지 시기와 전쟁기에 대한 집단기억의 재구성과 깊게 연관되어 있다.8

　　다시 언급하자면 식민지 시기와 전쟁기의 집단 기억이 동북아시아 민족국가들의 민족정체성의 근원이라는 사실이 각 민족국가가 동일한 형태와 내용의 기억을 가지고 있다는 것을 의미하는 것이 아니다. 역설적으로 각 민족국가가 동일한 시기에 대한 역사적 해석에 너무나 많은 정치적 무게가 실려 있기 때문에 동북아시아의 기억의 정치는 각 민족국가들이 적대적 집단기억과 마주할 때 스스로의 정통성 자체를 부정해야 하는 위기에 직면하는 존재론적 안보문제(Ontological Security)를 발생하게 한다.9 따라서, 일본 정치인의 야스쿠니 방문의 문제, 전쟁범죄를 왜곡, 축소하는 일본 역사교과서의 문제, 남경대학살의 규모를 둘러싼 논쟁을 위시하여 동북아시아에서 끊임없이 계속되는 과거사를 둘러싼 정치적 긴장은 역사적 사건들을 현재의 정치적 이익에 이용한다는 단순한 도구론적 수준을 넘어선 것이다. 역사를 둘러싼 수많은 논쟁의 중심에는 각 민족국가의 역사에 대한 주장이 스스로가 진실이라고 믿는 신념에서 비롯한다. 따라서, 기억과 역사를 공유하는 공동체로서의 동북아시아는 근본적인 역설을 내포한다. 한 민족국가의 정체성은 다른 민족국가의 역사에 대한 신념을 부정함으로서야 비로소 가능한 것이다.

　　최근 아베 신조로 대변되는 일본의 보수우익 정치세력의 식민지시기와 전쟁시기 역사에 대한 수정주의적 성향으로 인해 동북아시아에서 역사를 둘러싼 기억의 정치는 더욱 치열해지고 있다. 한국 및 중국에서도 일본의 이러한 도발에 대하여 적극적으로 대응하면서 해결의 실마리를 보이고 있지 않다. 역설적이게 이 문제의 근원에는 진실을 기록한 역사와 진실을 왜곡한 역사에 대한 이분법적 사고가 있다. 언론뿐만 아니라 학계에서도 오랜 기간동안 일본 보수우익 세력의 정치화된 역사해석에 대해 강하게 비판하고 있다. 그러나, 문제는 정치화된 역사해석 자체에 있는 것이 아니라 "비정치적인 역사"에 대한 신념이 역사를 둘러싼 정치적 긴장의 원인이라는 점이다. 역사학에서 점차 영향력이 확대되어 가는 후기 구조주의적 관점에 따르면 과거는 그 자체로 역사적 기록을 남기는 것이 아니라 현재의 정치적 (넓은 의미에서의) 영역에서 다양한 정치적 주체들 간의 협상과 투쟁을 통하여 서사구조를 갖추게 되는 것이다.10 한국사회의 민주화와 여성주의의 등장은 위안부문제를 '소수의 불행'에서 '공동체 전체의 고통'으로 재구성하였다. 남경대학살에 대한 집단 기억은 중국공산당이 혁명정당에서 경제개발의 주체로 변모함에 따라 크게 바뀌었다. 문화혁명시기까지 남경대학살은 일본제국주의군에 의한 중국 자본주의의 중심지에 대한 테러로 묘사되었으나 개혁개방 이후 중국공산당은 남경대학살을 항일전쟁기 중국 민족 수난의 상징으로 재구성된 서사를 수립하였다. 과거의 사건에 대한 공동체의 집단 기억이 재구성되는 것은 단순히 숨겨졌던 사실이 드러나는 일이 아니다. 과거를 기억하고 공식적으로 기록할 수 있는 역사적 주체가 끊임없이 바뀌기 때문이다. 여성의 정치적 주체화는 과거 여성의 고난을 민족의 고난으로 기록할 수 있게 하였다. 중국 사회에서 계급혁명이 중단되고 국가경제발전이 공동체 최우선의 목적이 됨에 따라 국민당 치하의 부유한 도시였던 남경은 중국 민족 전체의 고난을 대표하는 장소가 되었다.

　　이와 같이 역사의 서술이 무엇을 쓰느냐가 아닌 누가 쓰느냐의 문제로 치환될 경우 역사와 정치(넓은 의미에서)의 영역은 중첩될 수밖에 없다. 프라젠짓 두아라(Prasenjit Duara)의 주장대로 역사란 시간과 변화에 대한 이론적 객관화가 아니라 민족중심의 서사에 포섭된 사건과 사실로 이루어져 있기 때문에 근본적으로 반이론적(anti-theoretical)이다.11 이는 과거에 대한 해석이 객관성에 대한 우리의 신념에도 불구하고 현재의 정치적 요구에 부합하는 역사적 지식을 생산할 때만이 역사학은 사회에 공헌하는 것으로 이해되고 있는 현실과 긴밀히 연결된다.12 정치적 주체성을 바탕으로한 주관성과 과거 사건들에 대한 객관적 증거가 혼재되어 역사가 정치적 투쟁의 중심이 된다면 동북아시아의 역사에 대한 분쟁의 과정에서 역사를 정치화한다는 비난은 근본적으로 무의미한 것이다. 민족서사를 중심으로 한 역사는 민족국가를 만들기 위한 가장 중요한 요건이기 때문에, 또한 민족공동체를 구성하고 상상하는 것이야말로 근대의 가장 정치적인 과정이기 때문에 민족을 중심으로 한 역사서술은 그 자체가 본질적으로 정치적이기 때문이다.

Ⅲ. 국가담론과 민족담론의 비타협적 공존

한국 사회의 정치공동체를 상상할 때 국가와 민족은 비슷하면서도 서로 모순된 모습을 가지고 있다. 이는 건국절 담론을 중심으로 대한민국의 건국을 바라보는 관점과 임시정부의 상징성 아래 잃어버린 국가를 찾기 위해 싸우는 민족의 연속성을 강조하는 입장의 갈등구조를 만들어 낸다. 1990년대 중반까지 한중 국교정상화로 인해 한국사회에 등장하기 시작한 조선족 동포들은 민족통일의 서론으로 여겨졌으나 경제위기를 겪고 청년실업율이 위험스러운 수준에 이른 최근 조선족 동포들은 남아시아와 동남아사아에서 온 이주노동자들과 함께 국가이익에 반하는 외부자들로 묘사되고 있다.13 기본적으로 국가를 중심으로 한 담론은 병역, 세금과 같은 국민으로서의 의무를 다하는 구성원들의 독점적 지위를 강조하나 민족을 중심으로 한 담론은 민족사를 통해서 그려진 민족구성원들의 추상적이고 초월적인 정체성을 중심으로 구성된다.

필자가 이 책의 전편인 통일의 신지정학에서 서술하였듯, 대한민국에서 국가의 이익을 중시하는 통일담론과 민족의 대의를 바탕으로 한 통일담론은 관점에서 보는 통일은 구조적으로 상이하다. 중국과 일본 역시 민족담론과 국가담론은 상호 긴장관계에 있다. 국민당이 삼민주의를 통해 민족으로 구성된 중국인의 개념을 적극적으로 포섭한 것에 반해 중국 공산당은 계급혁명의 과정을 통하여 혁명의 주체인 인민의 개념을 발전시켰다. 그러나, 혁명이후 공산당의 의한 일당체제가 지속됨에 따라 인민은 피지배층으로 전락하였고 이에 반하여 1990년대 이후 중국 내에서 점차 강화되기 시작한 민족주의의 열풍은 중화민족이라는 개념이 그 영향력을 확대하게 만들었다. 이에 따라 중국 사회 주류인 한족의 소위 오천 년의 역사와 56개의 민족으로 이루어진 다민족 국가 간에 긴장관계는 21세기 들어 더욱 커지고 있다. 예컨대, 중국 공산당은 "황제의 후손"이라는 표현을 소수민족을 소외시킬 수 있기에 공식적으로 사용하는 것을 금지하고 있음에도 불구하고 동시에 중화민족의 상징인 산시성의 황제능에 대한 성역화 작업을 1980년대부터 꾸준히 진행하고 있다. 이는 공민권을 가진 국민으로 이루어진 중국인이라는 개념과 대만인과 화교들을 포함한 중화민족으로서의 초국가적인 집단으로서의 중국인이라는 개념이 갈등관계 속에서 동시에 존재한다는 것을 의미한다.

  메이지 유신에서 종전까지 일본인은 헌법에 의해 국가가 아닌 군주의 지배를 받는 신민으로 규정되었다. 패전 이후 일본사회는 스스로를 "전후(post-war)"라는 특수한 상황에서 반전(anti-war)과 반군국주의(anti-militarism)을 중심으로 일본이 유일하게 전쟁을 부인하는 국가라는 정체성을 발전시켰다. 그러나, 1980년대 이후 문화적 민족주의(cultural nationalism)와 종족적 민족주의(ethnic nationalism)가 결합된 형태로 일본인론(日本人論-Nihonjinron)이라는 대중적 담론이 보편화되었다. 동시에 중국의 성장에 따라 평화, 반전보다 안보의 이슈가 중요해지며 스스로 무장할 수 있는 보통국가론이 점차 영향력을 확대하게 되었다. 일본의 민족주의가 종족의 단일성을 강조하는 종족적 민족주의, 일본의 평화지향적 민족성을 강조하는 자유주의적 민족주의, 또는 민족의 단일성 속에 개인의 자율성을 강조하는 시민 민족주의 등 다양한 형태를 가지는 데 반해14 1980년대 이후 보통국가론으로 대표되는 일본의 국가주의는 일본 사회와 국제사회 속의 일본의 역할에 대해 비교적 일관된 입장을 가지고 있다. 이는 기존의 소극적 평화주의가 아니라 일본 국가가 국제사회에서 적극적 개입을 통해 평화를 달성해야 하는데 이를 위해서 전쟁을 포기하는 일본 헌법 9조의 수정이 필수요건이 된다. 이보다 더욱 근본적인 문제는 국민의 통합 기제로서 국가를 강조하는 담론 속에서 국가의 무오류성에 대한 신념이 전면적으로 대두되었다. 이에 따라 일본 자민당의 주류 세력은 제2차 세계대전 중 일본의 국가폭력을 반성하는 입장을 자학사관이라고 비판하며 이를 극복하기 위해서 국가의 과거 행위에 대한 부정적 인식을 적극적으로 제거하고자 하였다. 바로 이러한 점 때문에 아베 수상을 비롯한 일본 자민당의 지도층들은 위안부 문제에 대해 위로금을 지급하려는 의지는 있으나 이 문제에 대한 일본국가의 법적 책임은 적극적으로 부정하는 것이다.

일본의 국가주의는 과거 국가행위의 무오류성을 개진한다는 점에서 여타 국가주의와 비교하여 특이한 담론구조를 가지고 있다. 한국정부가 4.3사건을 비롯한 과거 국가의 행위에 대해 사과하는 입장을 보이거나 대중이 조선 패망의 원인을 무능한 왕조의 책임으로 인식할 수 있는 것은 영속적 존재로 인식되는 민족의 무오류성의 바탕 위에 부정적인 역사적 사건에 대해서는 민족의 이익을 수호해야 할 국가의 무능력함 또는 책임 방기로 해석하기 때문이다. 중국 역시 가깝게는 1950년대 대약진 운동이나 1960년대 문화대혁명 시기 중국공산당과 국가의 실책을 인정하고 중국 민족 수치의 시대를 연 아편전쟁 이후 서양 제국주의 앞에서 청왕조의 무능함을 인정하는 것은 중국민족을 보호해야 할 왕조, 국가 또는 공산당의 오류를 공식적으로 시인하는 것이다. 역사적 존재로서의 민족과 대비되는 국가는 현재적이면서 현세적이기 때문에 이전의 공화국이나 왕조로 시대적 구분이 지어지는 과거 국가에 대한 도덕적, 정치적 책임을 질 필요가 없다. 이는 현재 독일의 국가가 나치 시대 독일 국가행위에 대해 아무 거리낌 없이 반성하고 사과할 수 있는 이유이다.

이에 반하여 일본의 국가주의는 과거의 부정적 국가행위를 적극적으로 부정하는데 이는 역설적으로 군국주의 시대의 일본 국가와 전후 평화주의로 상징되는 일본 국가가 역사적, 정치적, 그리고 상징적으로 분리되어 있지 않다는 점을 보여준다. 독일 사회에서 히틀러 치하에 독일 국가의 행위는 독일 민족을 보위해야 할 국가가 일탈행위를 하였다는 것을 의미하는 데 반해 일본 국가는 패전 이전의 국가행위에 대해서도 국가의 무오류성을 시도한다는 점에서 일본의 수정주의적 역사인식은 과거의 문제가 아니라 현재 일본 국가의 성격을 드러낸다는 점에서 매우 위험한 현상인 것이다. 국가 행위에 오류가 없다는 것은 현재적이고 현세적이어야 할— 그래서 때로는 실수를 하는 것이 당연한—국가가 신성한 존재로 인식되는

것을 의미하는데 이는 현재와 미래의 일본의 국가행위가 시민사회의 견제
와 제약 없이 무조건적으로 국민에게 받아들여져야 하는 것으로 20세기
전반 파시스트적 국가관과 동일하기 때문이다.

영속적 존재로 인식되는 민족은 현재적이고 현세적인 국가에 대한 정
당성을 제공하는 역할을 한다. 동시에 민족국가 내에서 국가는 민족의 이
익을 보호함으로써 그 정당성을 확보하게 된다. 그러나 영속적, 상징적 존
재인 민족의 이익은 초월적이고 추상적이기 때문에 국가 내 사회의 각 세
력들은 스스로가 민족의 이익을 대변한다고 주장하며 서로 경쟁, 대립, 각
축하는 것이 민족주의 정치의 대표적 양상이 되는 것이다.15 민족의 이익
이 초월적이고 상징적이라고 해서 국가가 민족의 이익을 자의적으로 조작
할 수는 없다. 1930년대 일본의 젊은 장교들의 국가전복 시도나 1980년대
중국 청년들의 천안문 시위 그리고 1980년대 민족주의에 기반한 한국의
민주화운동 모두 국가가 민족의 이익을 보호하고 있지 못하다고 믿는 대
중들에 의해 촉발된 것이다. 따라서, 역사교과서나 헌법전문과 같이 민족
국가의 정체성과 관련이 있는 역사담론과 이로 인해 발생하는 주변국과의
상징정치의 영역에서는 국가의 정책이 민족이라는 상징체로부터 자유로
울 수 없다. 이러한 점에서 집단기억과 역사인식에서 비롯한 갈등은 아무
리 성실한 관료들의 국제적 노력에도 해결되기가 어렵다. 이 같은 갈등의
근본적 해결은 각 민족국가의 정체성이 새로운 집단기억으로 재구성되어
야 하는데 이는 현재적이고 세속적인 국가의 권한을 넘어서는 것이기 때
문이다.

Ⅳ. 비국가/비민족 기억의 발견과 확장을 통한 중첩적 집단 기억 구조의 형성

근대적 민족정체성은 인위적으로 만들어진 것이 아니다. 학자들에 따
라 민족정체성의 등장은 산업화의 과정, 근대국가의 형성 또는 인쇄술의

발달에 따른 시간개념의 변화 등 다양한 인과관계로 설명되지만 19세기 근대적 민족정체성은 마을, 부족, 종교, 왕조 등 수많은 종류의 정체성들과 경쟁하면서 가장 중요한 정치적 정체성으로 확립되었다. 민족정체성이 인위적으로 만들어진 것이 아니기에 이를 인위적으로 해체하는 것 역시 불가능하다. 몇몇 학자들이 예견하듯 민족정체성이 미래의 어느 시점에서 가장 영향력 있는 정체성이 아닌 것으로 변모한다면 이는 다른 범주의 정체성이 민족정체성과 경쟁하여 승리하였기 때문일 것이다.

　　현재 동북아시아에서 집단기억과 역사가 만들어 내는 지형은 상호 적대적인 민족국가들로 구성된다. 그리고 집단기억과 역사는 민족정체성의 근간이 되기에 동북아시아에서는 각 민족국가의 정체성 자체가 상호 적대적일 수밖에 없다. 비록 이러한 점을 인지하더라도 민족국가 간의 갈등을 해소하는 방안으로 각 국가의 민족정체성의 성격을 인위적으로 변화 시키는 것은 위에서 언급하였듯 불가능한 작업이다.

　　최근 이와 같은 난관을 극복하기 위해 동북아시아의 시민사회들이 공동으로 집단기억을 만들어 내는 시도가 있었다. 2001년 일본에서 우경화된 입장에서 군국주의시대 일본의 전쟁범죄를 부정 또는 누락하는 역사교과서(후쇼샤 출간)가 문부성의 검정을 통과하자 이에 대응하여 "한중일 3국 공동역사편찬위원회"가 2005년 한국, 중국, 그리고 일본에서 동시에 출간한 동아시아 공동 역사교재 『미래를 여는 역사』가16 대표적 사례이다. 같은 위원회는 2012년에는 각국의 인식의 괴리가 큰 근현대사를 중심으로 새로운 교재 『동아시아 근현대사』17를 출간하였다. 두 저서 모두 출간 직후 한국, 중국, 일본의 집단기억들을 병렬적으로 나열하였다는 비판을 들었으나 각기 다른 민족국가의 입장을 유지한 채 대화를 통하여 공동의 교재를 작성하였다는 점에 큰 의의가 있다. 특히, 민감하고 3개국 사이의 공감대가 적은 근현대사를 다룬 『동아시아 근현대사』가 고대사에서 현대사까지를 총괄하는 『미래를 여는 역사』에 비해 더욱 자연스러운 서술이 이루어졌다는 평가가 다수이다. 이는 전자에 비해 후자가 민중사라는 구체적인 입장을 가지고 민족국가 중심의 서술에서 일정 부분 벗어날 여지가 있었기 때문이다.

　민중사의 시각이 어느 정도라도 민족국가 중심의 역사에서 벗어나 초국경적 경험을 서술할 수 있다면 역사 서술의 다른 주체에 관해서도 더욱 많은 관심을 기울일 필요가 있다. 유교적 질서, 전쟁, 그리고 급격한 산업화를 겪은 동북아시아에서 여성의 경험은 국경을 넘은 서사를 구성할 수 있을 것이다.18 봉건적 계급사회에서의 차별이 산업사회에서의 차별로 이어진 동북아시아 농민들의 경험 역시 국경과 무관하게 수많은 공통의 서사를 발견할 수 있을 것이다. 요코하마의 중국인, 오사카의 조선인, 인천의 화교, 그리고 연변의 조선인과 같이 민족국가의 밖에 민족의 정체성을 유지하고 삶을 영유하는 이방인들의 경험 역시 하나의 맥락으로 서술될 수 있다. 이와 같이 민족국가를 초월한 기억의 발견은 초민족적 정체성의 재구성과 일맥상통하는 것이다.

　결론적으로 동북아시아에서 각각의 민족국가의 정체성은 상호간의 적대적 집단 기억에 의존하고 있기에 민족국가의 해체라는 비현실적인 방법을 통하지 않고는 근현대사를 바라보는 근본적으로 다른 관점에서 비롯한 민족국가간 갈등을 완전히 해결할 수 없다. 따라서 이러한 갈등의 완전한 해결이 힘들다면 민족국가의 집단기억을 동북아시아 기억의 지형에서 중첩된 다양한 주체들의 기억들로 이루어진 중층적 구조로 편입시켜 상대화해야 하면서 관리되어야 한다. 이러한 과정을 거친다면 동북아시아 기억의 지형은 민족국가의 경계선을 따라 나뉘는 것이 아니라 경험을 공유하는 다양한 초국가적 주체들의 복잡한 연결망으로 재구성될 것이다.

[주 석]

1 Arjun Appadurai, "Grassroots Globalization and the Research Imagination," *Public Culture*, vol. 12, no. 1 (2000), p. 7; Amitav Acharya, "Global International relations and Regional Worlds," *International Studies Quarterly*, volume 58, no. 4 (2014), p. 650.

2 Peter J. Katzenstein and Rudra Sil, "Rethinking Asian Security: A Case for Analytical Eclecticism," in J. J. Suh, Peter J. Katzenstein, and Allen Carlson eds. *Rethinking Security in East Asia: Identity, Power, and Efficiency* (Stanford University Press, 2004), pp. 23–24.

3 안보체(security complex)에 대한 고전적 논의는 Barry Buzan, Ole Waever, and Jaap de Wilde, *Security: A New Framework for Analysis* (Boulder, CO: Lynne Rienner Publisher, 1998) 참조.

4 경제공동체로서 동아시아의 가능성에 대한 논의는 Shaun Narine, "State Sovereignty, Political Legitimacy and Regional Institutionalism in the Asia–Pacific," *The Pacific Review*, vol. 17, no. 3 (2004); William W. Grimes, "East Asian Financial Regionalism: Why Economic Enhancements undermine Political Sustainability," *Comparative Politics*, vol. 21, no. 2 (2015), 참조.

5 Stefan Tanaka, *Japan's Orient: Rendering Pasts into History* (Berkeley, CA: University of California Press, 1993)

6 Andre Schmid, *Korea between Empires, 1895–1919* (New York: Columbia University Press, 2002)

7 Sebastian Conrad, "The Dialectics of Rememberance: Memories of Empires in Cold War japan," *Comparative Studies in Society and History,* vol. 56, no. 1 (2014), pp. 4–33,

8 Linus Hagström, "The 'abnormal' state: Identity, norm/exception and Japan," *European Journal of International Relations*, vol. 21, no. 1 (2015), pp. 122–145.

9 Karl Gustafsson, "Memory Politics and Ontological Security in Sino–Japanese Relations," *Asian Studies Review*, vol. 38, no. 1 (2014), pp. 71–86.

10 Hayden White, *Metahistory: The Historical Imagination in Nineteenth—Century Europe* (Baltimore: Johns Hopkins University Press, 1973).

11 Prasenjit Duara, "Why is History Antitheoretical?" *Modern China* 24(2), pp.106—07

12 Harry Harootunian, History's Disquiet: Modernity, Cultural Practice, and the Question of Everyday Life (New York: Columbia University Press, 2000), p. 15.

13 Byoungha Lee, Jun Young Choi, Jungmin Seo, "Korean—Chinese Migrant Workers and the Politics of Korean Nationalism," *Pacific Focus*, vol. 29, no. 3 (December 2014).

14 Kevin Doak, *A History of Nationalism in Modern Japan: Placing the People* (Leiden: Brill, 2007).

15 Prasenjit Duara, *Rescuing History from the Nation: Questioning Narratives of Modern China* (Chicago: the University of Chicago Press, 1997).

16 한중일 3국 공동역사 편찬위원회, 『미래를 여는 역사』 (서울: 한겨레신문사, 2005).

17 한중일 3국 공동역사편찬위원회, 『동아시아 근현대사』 (서울: 휴머니스트, 2012)

18 이와 같은 문제의식으로 대담하게 시도된 저서가 2011년 출간되었다. 한일여성공동역사교재 편찬위원회, 『여성의 눈으로 본 한일 근현대사』 (서울: 한울아카데미, 2011)

04 남과 북 서로주체적 통합의 지정학*

김학노(영남대학교 정치외교학과)

Ⅰ. 여는 말

이 글은 남과 북의 서로주체적 통합이 한반도를 둘러싼 강대국들(미국과 중국)의 지정학적 관점과 현실적으로 어울리는 방안임을 주장한다. 한반도의 운명은 주변 강대국들의 국제정치에 의해서 크게 영향을 받아 왔다. 미국과 중국은 오늘날 한반도를 둘러싸고 있는 양대세력이다. 한반도의 지정학적·전략적 의미를 우리의 입장이 아니라 중국과 미국의 입장에서 먼저 살펴볼 필요가 있다. 나는 그들의 입장에서 볼 때 한반도가 갖는 전략적 가치가 우리가 통상적으로 생각하는 것만큼 크지 않다고 주장할 것이다. 아울러 중국이나 미국 모두가 남과 북으로 분리되어 있는 한반도의 현상태 유지를 통일국가 형성이라는 현상변경보다 선호한다고 본다. 미국이나 중국이 한반도의 현상변경이 자국에 위협적이지 않다고 판단될 경우 현상변경을 받아들일 가능성도 있다. 한반도에서 남과 북이 하나가

* 이 글은 김학노(2018, 특히 8장)에서 제시한 발상을 보완하여 발전시킨 것이다. 이 글을 2018년 한국정치학회 연례학술회의(12월 8일, 서울)에서 발표하였다. 소중한 토론을 해 주신 진영재, 서정민, 김상배, 신범식, 김태환 선생님께 감사의 말씀을 드린다.

되고자 노력할 때 이러한 중국과 미국의 관점에 어울리는 방안을 모색해
야 할 것이다.

　한반도의 지정학적 의미를 우리가 아니라 미국과 중국의 입장에서 먼
저 고찰해야 하지만, 그럴 경우에도 한반도의 지정학적 의미는 고정되어
있지 않다. 그들(미국과 중국)의 입장에서 볼 때 이곳(한반도)의 지정학적
의미는 그들의 국내 및 국제 정치적 관계에 의해서 달라질 수 있지만, 동
시에 이곳에 살고 있는 우리(남과 북)가 어떻게 하느냐에 따라서도 달라진
다. 남과 북의 서로주체적 통합 방안은 한반도의 지정학적 의미가 남과 북
의 관계에 따라서 크게 달라질 수 있다는 점에 주목한다. 또한 남과 북의
분리라는 현상태를 유지하면서 동시에 점진적 통합을 추진함으로써 '현상
유지 속 현상변경'을 추구한다. 서로주체적 통합 방안에서 남과 북은 미국
과 중국의 관계가 좋아지거나 나빠지는 데 따라서 유연하게 대응할 수 있
으며, 현상을 유지하는 가운데 현상변경을 동시에 진행함으로써 미국이나
중국 모두가 받아들일 수 있도록 한다.

　이 글의 구성은 다음과 같다. 먼저, 남과 북의 서로주체적 통합 구상
을 간략하게 소개한다. 서로주체적 통합 방안의 핵심은 '둘이면서 하나'인
복합체제의 구축에 있다. 남과 북이 각각 별개의 국가로 공존하면서 동시
에 점진적 통합을 구축해 가는 방식이다. '하나'를 추구하는 기존의 통일방
안들과 차이가 있다. 다음으로, 중국과 미국의 시각에서 한반도가 갖는 전
략적 의미를 검토한다. 미국과 중국에게 한반도는 우리가 생각하는 것만
큼 중요하지 않을 수 있다. 한반도에 대한 그들의 기본 입장을 잘 이해하
는 것이야말로 남과 북의 관계개선과 통합을 위해 필요하다. 끝으로, 한반
도에 대한 강대국의 지정학적 관점을 고려할 때 서로주체적 통합이야말로
현실적이고 바람직한 방안이라는 주장을 제시한다. 특히 한반도의 국제정
치 현실을 고려하여 대두되었던 중립화 통일방안보다 서로주체적 통합이
보다 현실적인 방안임을 강조할 것이다.

II. 남과 북의 서로주체적 통합 방안

'서로주체'는 '홀로주체'와 대립되는 개념이다. 이들은 너와 나의 만남의 방식이나 자세를 지칭한다. 홀로주체적 만남에서 나는 너의 주체성을 인정하지 않는다. 타자인 너는 주체적 존재가 되지 못하고 홀로주체인 나의 목적을 추구하기 위한 대상이나 객체가 될 뿐이다. 서로주체적 만남은 너와 내가 서로의 주체성을 인정한 바탕 위에서 동등한 주체로 만난다. 서로주체적 통합에서 너와 나는 서로 동등한 주체로 만나고, 동시에 각자의 개별주체성이 우리의 공동주체성에 의해서 억압되거나 매몰되지 않는다 (김상봉 2007, 36-37; 문승익 1970, 112-142; 김학노 2011 참조).

남과 북의 서로주체적 통합은 남과 북의 평화공존과 점진적 통합을 병행하는 방안이다. 평화공존은 남과 북의 서로주체적 자세와 관계를 바탕으로 한다. 남과 북이 서로를 자기 이익을 위한 수단이나 대상으로 대하지 않고, 상대방을 자신과 똑같은 주권을 가진 국가이자 주체적 존재로 인정하고 만나야 한다. 동시에 서로주체적 자세를 바탕으로 단순히 평화적으로 공존하는 '서로주체적 분리'에 머물러서는 안 된다. 평화공존과 통합을 동시에 병행해야 한다. 현실적으로 통합은 가능한 영역에서부터 점진적으로 추진해야 할 것이다. 점진적 통합을 통해 남과 북이라는 국민국가 위에 새로운 층위에서 통합 사회 및 국가를 만들어 나간다. 남과 북 상층에서 형성되어 가는 새로운 통합 사회 및 국가를 '통합한국'이라고 부르자. 남과 북에 비해 통합한국은 대아(大我, 큰 우리)에 해당한다.

남과 북의 서로주체적 통합을 위한 구체적 방안은 수평적 차원과 입체적 차원으로 나누어서 생각할 수 있다. 수평적 차원에서는 남과 북이 서로 주권을 가진 주체인 동체(同體)이며, 서로 동체로서 평등과 자유를 추구하는 동등(同等)과 동존(同存)의 원칙을 구현해야 한다(문승익 1970, 112-142). 즉 (1) 남과 북이 서로 상대의 주체성을 인정하고 서로를 통합의 기본 단위이자 자신과 동일한 주체로 받아들이고(동체의 원칙), (2) 상대의 주체성을 인정하지 않는 홀로주체적 방식을 지양하고 대화를 통해 동등하게 합의를 모색하는 과정을 제도화하고(동등의 원칙), (3) 궁극적으로 남과 북의 관계를 적대적 대치에서 평화적 공존으로 바꾸는 제도와 문화를 만들어 나가도록 한다(동존의 원칙). 이 원칙들을 구현하기 위해 (1) 남과 북의 관계정상화(남북기본합의서를 남북기본조약으로 대체), (2) 남과 북 사이의 정부간 대화기구의 제도화(부문별 및 총체적 정부 간 협의기구), (3) 남과 북의 평화공존체제 구축(남북평화협정 체결) 등을 추진할 수 있다.

입체적 차원은 남과 북의 수평적 관계에 더하여 통합한국과의 관계를 포함하는 차원이다. 남과 북이라는 소아(小我, 작은 우리)와 통합한국이라는 대아는 서로에 대하여 개별주체와 공동주체의 관계에 있다. 입체적 차원에서 서로주체적 통합은 개별주체와 공동주체가 함께 주체적으로 공존하는 '복합통합체제'의 구축을 상정한다. 복합통합체제는 남과 북이 공존하면서 그 위에 새로운 공동의 초국가적 기구와 공간을 마련하는 구상이다.

복합통합체제 구상은 통일방안에 관한 기존의 논의들이 남한 위주 통일, 북한 위주 통일, 또는 남북한의 혼합 및 중립화 통일의 세 가지 사고방식에 입각해 있는 것과 다르다. 남과 북 또는 중립(또는 혼합) 중 어느 하나를 선택하는 것이 아니다. '둘(남과 북)이면서 하나(통합한국)'이며 '개별성(복수성＝남과 북)과 공동성(단일성＝통합한국)'을 동시에 갖고 있는 방식이다. 남과 북 어느 한쪽에 치우치지 않으면서 동시에 중립화나 혼합체제도 아니다. 기존의 통일방안은 모두 남과 북이 '하나'가 되는 것을 지향한다. 혼합체제나 중립체제도 남과 북이 중간 어디쯤에서 만나거나 서로의 속성을 혼합한 체제를 상정하지만 결국 남과 북이 하나가 되는 것을 지향하는 점에서 마찬가지다. 서로주체적 통합 방안이 그리는 복합통합체제는 남과 북이 각자 자기 자리에 있고 새롭게 공동의 공간을 만들고 공유한다. 남과 북이 각자 존재하면서 공동의 공간을 공유하는 점에서 '둘이면서 하나'인 체제다. 남과 북이 '하나'가 되는 기존의 생각틀과 차이가 있다. 한마디로, 남과 북이 개별성을 유지하면서 공동주체를 복층으로 구축해나가는 복합체제다. 복합통합체제는 점진적으로 추구되어야겠지만 평화공존과 함께 병행해야 한다는 점에 주의해야 한다. 서로주체적 통합 방안은 '선평화 후통합'이 아니라 '평화와 통합의 병행' 전략이다.

　　복합통합체제는 사회의 모든 분야에 걸쳐서 적용될 수 있다. 정치적으로 남과 북의 개별국가와 공존하면서 통합한국이라는 (초기에는 아주 초보적인) 복합국가를 공유한다. 경제적으로도 남과 북의 개별 경제가 공존하면서 초보적인 공동경제에서 시작해서 점차 확대해 나간다. 국제정치 차원에서 마찬가지로 남과 북의 서로주체적 통합은 '복합통합외교'의 수립과 추진으로 나타난다. 정치제도의 측면에서 느슨하고 중층적인 복합통합국가를 만들어 가는 것처럼 복합통합외교의 원칙에 입각해서 복수적이고 중층적인 복합 대표권을 수립해 나가는 구상이다. 남과 북이 각자 단독 대표권만 주장하는 것은 통합에 장애물이 될 수 있다. 그렇다고 남과 북이 독자적인 대외 관계를 구축해 온 역사를 무시하고 통합한국이 새로운 단독 대표권을 주장하는 것도 대단히 어렵고 비현실적이다. 복합통합외교는 남과 북이 각자 기존의 대표권을 보유하고 동시에 통합한국 정부(남과 북의 공동정부)가 대표권을 중층적으로 발휘하는 방식이다. 둘(남과 북 개별 주체들의 대표권)이면서 하나(통합한국 즉 공동주체의 대표권)인 복합체제를 대외관계에 적용한 것이다.

　　복합 대표권은 중층구조다. 우선 남과 북이 쉬운 사안부터 부문별로 통합한국의 공동 대표권에 합의할 수 있다. 남과 북의 개별 대표권이 지속하는 영역도 있다. 사안에 따라서는 개별 대표권과 공동 대표권의 구분이 모호하게 중첩될 수도 있다. 이는 마치 유럽연합이 회원국들과 별도로 남북한과 외교관계를 맺고 있는 것과 유사한 모습이다. 유럽연합은 회원국들과 별도로 또는 중복하여서 세계무역기구(WTO: World Trade Organization)와 같은 국제기구에 참여하고 국제 무대에서 주요 행위자로 활동한다. 남과 북의 복합통합국가도 남한과 북한이라는 개별 정부들과 통합한국이라는

공동 정부가 때로는 별도로 때로는 중층적으로 중첩적인 복합외교를 수행
할 수 있다. 점차 남과 북의 개별 대표권의 범위가 줄고 남과 북 및 통합한
국의 중층적 복합외교 범위가 확대될 것을 기대하지만, 그것이 단선적인
발전일 수는 없을 것이다.

　　서로주체적 통합에서 구상하는 복합 대표권은 남과 북 각각의 통일방
안보다 더 현실적인 방안이다. 남한이 주장하는 남북연합이나 북한이 주
장하는 낮은 단계의 연방제는 그 속도에 있어서 차이가 있겠지만, 모두 외
교권의 점진적인 중앙집중화를 요구한다. 남북연합이나 낮은 단계의 연방
제 모두 남북한 각자의 국가 전부를 통째로 대상으로 하는 점에서 전면적
이다. 반면에 서로주체적 통합 방안에서 주장하는 복합통합외교는 남과
북이 합의할 수 있는 사안부터 개별 대표권 위에 공동 대표권을 부분적으
로 쌓아가는 방식으로서, 대단히 점진적이다. 남과 북이 자신의 개별 대표
권을 상실하는 것도 아니므로 통합을 추진하면서 갖는 자아 상실의 두려
움도 적다. 그만큼 서로 합의하기도 쉽고 남북연합이나 연방제보다 더 현
실적인 방안이다.

Ⅲ. 중국과 미국의 시각에서 본 한반도

　　우리는 한반도가 대륙세력과 해양세력이 만나거나 충돌하는 전략적
요충지라고 생각하는 경향이 강하다. 임진왜란 이후 중국이나 러시아(소
련)의 대륙세력과 일본이나 미국의 해양세력이 바로 한반도에서 충돌하고
부딪친 역사가 적지 않다. 특히 동아시아가 서구의 근대국제질서에 편입
하면서 청일전쟁, 러일전쟁이 한반도를 중심으로 일어났고, 2차대전 이후
에는 미소 냉전의 최전선이 한반도에 그어졌으며 한국전쟁에서 중국과 미
국이 격돌하기도 했다. 오늘날의 국제정치에서 한반도는 다시 미국과 중
국의 패권 경쟁이 충돌하는 지점으로 생각된다. 하지만 우리가 한반도를
중심으로 보면 해양세력과 대륙세력이 한반도에서 만나지만 좀더 넓은 시

각에서 보면 이들이 반드시 한반도에서 만나야 할 필요는 없다.

　한반도의 전략적 가치는 한반도 중심의 사고가 아니라 좀더 넓은 시야에서 보아야 한다. 한반도를 전략적 요충지라고 한다면, 누구에게 전략적 요충지라는 말인가? 그것은 이곳에 살고 있는 우리(남과 북)에게 그렇다기보다는, 이곳을 둘러싸고 있는 그들(주변 강대국들)에게 전략적으로 중요하다는 뜻이다. 이 점에서 우리가 한반도를 해양세력과 대륙세력이 만나거나 충돌하는 전략적 요충지라고 지레 생각하기 전에, 그들 강대국의 입장에서 한반도가 갖는 지정학적 가치와 의미를 검토할 필요가 있다. 미국과 중국의 대한반도 전략과 입장도 우리 중심의 시각이 아니라 그들의 시각에서 볼 필요가 있다. 그런데 미국이나 중국의 시각에서 볼 때 한반도는 그 자체로 독자적인 대외정책의 우선 목적이 아니다. 이현휘가 강조하듯이, "미국의 대한반도 정책은 그 자체가 목적으로 설정되는 것이 아니라 미국의 대중국 정책을 효과적으로 수행하기 위한 수단으로 설정"되며, "중국의 대한반도 정책도 그 자체가 목적이 되는 것이 아니라 중국의 대미국 정책을 효과적으로 수행하기 위한 수단이 된다"(이현휘 2017, 331). 한반도의 전략적 위상은 우리에 대해 한반도가 갖는 가치가 아니라 미국과 중국 같은 주변 강대국들이 부여하는 가치에 의해서 정해진다. 이곳에 살고 있는 우리의 지정학적 전략을 수립하기 위해서도 우리가 아니라 먼저 그들의 입장에서 한반도를 바라보아야 한다.

　미국이나 중국에게 한반도의 전략적 가치는 우리가 생각하는 것보다 작을 수 있으며, 모두 한반도의 현상유지 즉 남북한의 분리상태를 기본적으로 선호한다. 한반도는 미국과 중국에게 독자적인 전략적 가치를 갖는 것이 아니라, 미중관계 속에서 전략적 가치가 정해진다. 미국과 중국이 한반도의 현상 유지를 선호하는 근본적인 이유도 한반도 자체의 독자적인 가치 때문이기보다 남북한의 분리 상태가 미중관계 속에서 차지하는 의미 때문이다. 미국과 중국은 남북한 통일로 인한 한반도의 현상변경을 현상유지보다 좋아하지 않지만 현상변경을 받아들일 수도 있다. 다만 그 같은 현상변경이 자국에 위협이 되지 않는 조건에서 그렇다. 중국과 미국의 입장을 각각 살펴보자.

1. 중국

중국은 기본적으로 자국에 우호적인 북한이 미국과의 사이에 완충지대 역할을 하는 현상유지를 선호한다. 보통 중국의 한반도 정책의 핵심으로 (1) 한반도 평화와 안정 유지, (2) 한반도 비핵화, (3) 한반도의 자주적 통일 지지, (4) 중국의 성장 지속을 위한 우호적 대외환경 확보, (5) 한반도 문제에 대한 중국의 발언권 제고 등을 든다(정재호 2013, 210; 배기찬 2017, 519-520). 이를 중국의 입장에서 보면, 중국은 세계 패권국가로의 부상을 위해 한반도를 포함한 주변의 안정을 우선적으로 선호한다고 하겠다. 한반도 통일보다 분단의 현상유지를 근본적으로 선호하는 것이다.

우선, 중국에게 한반도는 우리가 생각하는 것만큼 중요하지 않을 수 있다. 이동률에 따르면, 중국은 1970년대 초 미국과의 데탕트를 구축하면서 한반도 문제를 사후적 관리 대상에 불과한 것으로 보았다고 한다. 오늘날 세계 패권국을 노리는 중국이 과거에 비해서 한반도를 더 중시해야 할 이유가 많다고 생각하기 어렵다(이동률 2015, 82). 중국은 육상에서 14개 국가와 국경을 접하고 있으며, 역사적으로 이들과 대부분 적대적 긴장관계를 유지해왔다(정의길 2018, 413-428). 특히 남동 방면의 해상세력보다 서북 방면으로부터 유목민족의 침략에 시달려온 역사가 많다. 우리의 시각에서 볼 때 한반도가 해양세력의 중국 침략을 위한 발판 역할을 할 수 있는 점에서 대단히 중요하지만, 중국의 입장에서 볼 때 한반도나 남중국해를 통한 해양세력의 공격은 북으로부터의 몽골과 이를 대체한 러시아(소련)의 팽창 위협 그리고 티벳을 둘러싼 인도와의 갈등 등 사방으로부터의 다양한 안보위협 중 하나에 불과하다. 중국에 대한 한반도의 전략적 가치를 폄하하려는 것이 아니라, 그것을 과도하게 부풀리지 말아야 한다는 얘기다.

현재 중국은 한반도가 위치한 동쪽보다 서쪽 방면으로의 진출을 더 중시하고 있다. 중국이 표방하고 있는 '일대일로' 정책을 보자. 일대일로 정책의 핵심은 서진(西進)이다. 중국은 일대일로에 어느 국가나 참여할 수 있는 개방형으로 설정했지만, 미국의 대중국 견제로 일대일로의 국제 범위를 유라시아와 아프리카로 먼저 설정했다. 즉 동아시아와 유럽을 두 축으로 하고 '유라시아+아프리카'를 일대일로의 범위로 명시했다. 중국은 2001년 출범한 상하이협력기구(SCO: Shanghai Cooperation Organization)를 통해 서진을 시작했다(이창주 2017, 36, 172-175). 동쪽의 미일동맹 해양세력과 충돌을 피하면서 육상과 해상 두 통로로 서쪽으로 진출하는 정책이다. 전체적으로 동쪽을 관리하면서 서쪽으로 진출하는 '동관(東管), 서진(西進), 남개(南開), 북화(北和) 전략'이다(김흥규 2016, 75-78). 이병한은 중국의 서진과 함께 세계질서의 근본 축이 바뀌고 있다고까지 주장한다. 19세기 대서양 시대에서 20세기 태평양 시대로 세계의 중심 축이 움직였다면, 21세기 그 축이 다시 유라시아로 이동하고 있다는 것이다(이병한 2016, 167-175).

중국의 세 확산을 위한 그림에서 한반도가 차지하는 위치는 우리가 생각하는 것만큼 크지 않다. 대륙에서의 세 확산을 위해서도 중국에게는 동북아시아보다 서쪽의 중동과 유럽이 더 중요하다. 중국의 일대일로 계획에 없는 동북아 라인을 형성하자는 김흥규의 주장은, 우리의 입장에서는 바람직해 보일 수 있으나 중국의 입장에서는 그만큼 긴요하지 않을 수 있다(김흥규 2016, 86). 중국이 해양으로 뻗어 나아가고자 할 때에도 한반도가 중요한 요충지가 아니다. 중국에게 태평양도 중요하지만 그보다 더 중요한 것이 인도양이다. 중국이 아프리카와 유럽 및 중동 지역과 연결하는 데 중요한 바다가 인도양이며, 인도양 전역에서 중국은 자신의 거점 항구 및 군사기지 개발과 확보를 위해 노력해 왔다(정의길 2018, 441-447). 인도양과 남중국해는 특히 중국이 자원 확보를 하는 데 중요하다. "석유와 광물질이 풍부한 사하라사막 이남 아프리카 지역"과 "탄화수소가 풍부한 아랍-페르시아권"을 중국에 이어 주는 것이 바로 인도양과 남중국해이기

때문이다(카플란 2017, 295). 태평양으로 진출할 때에도 중국이 한반도를
경유해야 하는 것은 아니다. 미국과 중국이 태평양을 놓고 대면하는 제1
열도선과 제2열도선 모두에서 한반도는 제외되어 있다.

중국에게 한반도의 전략적 가치가 우리가 통상 생각하는 것보다 적을
수 있지만, 그럼에도 중국은 한반도를 잘 관리할 필요가 있다. 서쪽으로
진출을 하기 위해서도 동쪽의 안정적인 관리가 필요하며 미국과의 패권
경쟁의 차원에서도 한반도가 중국에 불안과 위협이 될 수 있는 위험을 경
계하고 관리해야 한다. 임진왜란과 청일전쟁 및 한국전쟁의 역사적 경험
을 통해 중국은 한반도가 해양세력이 중국 대륙을 공략하는 주요 경로가
될 수 있음을 잘 알고 있다. 한반도의 남부 지역에 주둔하고 있는 미군은
태평양의 다른 미군 기지들과 성격이 다르다. 태평양의 미군기지들은 대
부분 섬에 위치해 있고 기본적으로 미국 대륙을 바다에서부터 방어하는
방어선의 의미가 강하다. 반면에 주한미군은 대륙의 일부인 한반도에 발
을 붙이고 있고, 이는 중국대륙으로 머리를 들이밀고 있는 형국이다. 이
점에서 "한국은 세계의 패권국가 미국이 유라시아 대륙 동쪽에서 군사력
을 전개하려 할 때 이용할 수 있는 유일한 교두보이자 전략적 전초기지이
다. 한국과 이곳에 주둔하는 주한미군 등 군사력은 중국과 러시아에게는
유사시에 자신들을 직접 위협할 수 있는 공격 발진지이자 공격전력이다"
(정의길 2018, 478). 1970년대 초 미국과의 데탕트를 추구할 때도 중국은
미군의 철수가 일본군의 한반도 진출로 이어질 가능성을 우려했다. 당시
데탕트 합의에서 중요한 부분이 바로 남한에서 미군이 점진적으로 철수하
는 대신 일본군이 미군을 대체하지 않는다는 조건이었다(조동준 2015, 196;
손열 2015, 89; 홍석률 2005, 325). 해양세력의 군사력이 한반도에 진출하는
것은 중국에게 위협적인 존재가 아닐 수 없는 것이다.

한반도 통일 문제와 관련해서는 중국 내에서 '통일이익론'과 '통일위
협론'이 대립해 왔다. 현실적으로 한반도의 통일이 남한 위주로 진행될 가
능성이 많고, 그러한 흡수통일은 중국의 전통적인 지정학적 이익에 부정

적 영향을 미친다는 것이 통일위협론이다. 통일위협론자들은 한반도의 통일도 혼란도 원하지 않고(不統不亂, 不熱不冷), 평화로운 현상의 유지 즉 남과 북의 평화로운 분리상태를 지지한다. 통일이익론은 경제성장과 민주주의 발전으로 남한의 높아진 국제적 위상과 1992년 국교수립 이후 급속도로 성장한 한중 경제교류의 규모를 놓고 볼 때, 한반도의 통일이 중국에게 전체적으로 도움이 된다는 생각이다. 이 시각에서는 북한이 더 이상 완충지대로서 의미가 없고 오히려 중국에게 부담만 된다는 '북한부담론'이 힘을 얻는다(문대근 2009, 320-326, 426-428).

한반도 통일 문제에 대한 중국 내 시각 중 우위에 있는 것은 여전히 통일위협론이다. 남한 위주로 한반도가 통일이 되고 미군이 주둔하고 있는 국가와 국경을 마주하는 것을 중국이 받아들이기는 쉽지 않다. 중국에게 북한은 특별한 의미를 갖는다. 북중관계의 특별한 친밀성에 대해 여러 요인을 생각할 수 있지만, 그중 가장 중요한 것이 순망치한(脣亡齒寒)의 관계라는 전략적 요인이다. 중국과 미국 사이의 갈등이 심해질수록, 중국은 북한이 완충지대로서 갖는 전략적 중요성을 더욱 절감할 것이다(정재호 2013, 200-207). 남한 내 사드(THAAD) 배치에 대해 중국이 보복조치를 취한 데서 보듯이, 중국의 핵심이익에는 여전히 변화가 없으며 미중 갈등이 심한 국면에서는 완충지대로서 북한의 전략적 가치를 다시금 확인하게 된다. 중국의 입장에서 자국에 우호적인 북한의 지정학적 가치는 대단히 크다. 중국의 방대한 전체 국경을 접하고 있는 10여 개의 국가들 중 북한은 예외적이라고 할 정도로 지속적으로 우호적인 관계를 유지해 왔다. 북한은 한반도에서 해양세력의 대륙 진출을 막는 완충지대 이상의 지정학적 의미를 갖고 있다. 중국의 발전이 집중된 서해안 방면의 황해에 대한 제해권을 확실히 하는 데에도 완충지대로서 북한의 의미가 있다. 만약 한반도 전체에 걸쳐서 중국에 적대적인 정치권력이 존재한다면, 황해에 대한 중국의 제해권이 크게 위축될 것이기 때문이다(정의길 2018, 479-480). 결국 "북한은 살리되, 한반도에서의 전쟁은 회피한다는 두 가지 요소가 중국의 한반도 전략이다"라는 이수혁의 판단은 여전히 유효하다(이수혁 2011, 180).
결정적인 국면에서는 중국 내에서 통일이익론보다 통일위협론이 월등히
우세해지는 것이다.

중국이 한반도의 현상유지를 기본적으로 선호하지만, 경우에 따라서
는 한반도의 통일을 받아들이고 지지할 수도 있다. 남한의 경제적 위상 상
승과 남한과의 교류 증대로 중국에서 한반도 통일을 보다 긍정적으로 생
각하는 통일이익론이 점점 세를 확산하고 있다(김흥규 2016, 79-80). 물론
사드 배치처럼 안보 문제가 직결되는 결정적인 순간에 중국의 입장은 통
일이익론보다 통일위협론으로 기울어진다. 또 북한의 급변사태 발생시에
도 중국은 남한 중심의 흡수통일에 적극 반대할 가능성이 크다(정재호
2013, 213). 다만 통일된 한반도가 중국에 위협이 되지 않는다는 것이 보
장된다면, 중국의 입장에서 한반도 통일을 지지하고 수용할 수도 있다. 한
마디로 "중국의 관점에서 볼 때 통일된 한국은 받아들일 수 있지만, 그것
은 어디까지나 통일 한국이 동시에 미국 세력의 연장선(배후의 일본을 발판
으로 한)이 아닐 경우에 한해서이다"(브레진스키 2000, 245). 혹은, 조성렬
의 주장처럼, 중국은 통일한국이 중국에 우호적이거나 중립적이 되도록
조종하거나, 이것이 불가능할 경우 (1) 한반도 비핵화, 주한미군의 북한
지역 배치 제한, 통일한국군의 감축, (2) 북한과 중국의 기존 조약과 협정
승계, (3) 한미동맹의 재정의 등을 요구하면서 한반도 통일을 조건부로 승
인할 수도 있다(조성렬 2012, 80-82).

2. 미국

중국과 마찬가지로 미국에게도 한반도는 우리가 생각하는 것만큼 전
략적으로 중요하지 않을 수 있다. 미국은 일본이나 영국과 같은 단순히 해
양세력이 아니다. 미국은 "광대한 땅을 가진 최초의 패권국가"로서 "세계
에서 가장 큰 두 대양을 향해 열려 있는 대륙국가"이다(커밍스 2011, 24).
1840년대 멕시코 전쟁을 통해 남부 영토를 합병하고 캘리포니아를 획득함

으로써 "대륙주의" 팽창을 완성한 미국은 태평양으로 팽창함으로써 해양 세력으로 성장하였다(커밍스 2011, 107－182). 한반도(정확하게는 남한)의 전략적 가치는 미국의 태평양과 아시아의 방어선이라는 큰 틀 속에서 이해해야 한다. 태평양과 아시아의 방어선은 한편으로 미국 대륙의 방어라는 차원과 미국의 세계 차원의 헤게모니 유지 및 확대라는 차원에서 의미를 갖는다.

태평양 또는 아시아에서 잠재적 헤게모니 도전자에 대항하는 방어선을 어디에 그어야 하는가의 문제에 대해서 미국의 정책은 역사적으로 일관되지 않았다. 1820년대에는 서북미에, 1840년대에는 하와이에, 이후 태평양의 여러 섬들을 '징검다리' 삼아서 하와이와 필리핀을 잇는 선을 구축하고, 애치슨 라인에서는 남한을 배제하고 한국전쟁 때는 다시 남한까지(나아가 압록강까지?), 때로는 알류산 열도－일본－하와이 선으로 후퇴하는 등 미국의 태평양 방어선은 일관되지 않았다(그린 2018, 27－29).

마찬가지로 미국은 남한이나 한반도가 미국에 대해 갖는 전략적 중요성에 대한 판단에서도 일관되지 않았다. 역사적으로 처음 아시아에 접근할 무렵 미국은 중국과 일본에 관심을 집중하였고, 조선에 대해서는 관심이 거의 없었다. 당시 일본을 대륙 진출의 교두보로 확보하려고 할 때도 한반도는 전략적으로 중요하게 고려되지 않았다(그린 2018, 65－94). 2차대전 종료 즈음해서도 남한에 미군을 장기간 주둔한다는 생각을 거의 하지 못했다. 1945년 미국의 전략적 개념이 선회하여, "방어선은 전진해서 그어져야 한다"는 입장에서 그은 일본－타이완－필리핀 방어선과 일본－괌－남서 태평양의 방어선에서도 한반도는 제외되어 있다(그린 2018, 300). 대공산권 봉쇄 전략을 구상한 조지 케넌이 "우리의 정책은 손실을 줄이고, 우아하지만 가급적 신속하게 거기서[한반도에서] 빠져나오는 것이어야 한다"고 언급했듯이, 미국의 입장에서 한반도에 발을 걸치고 있는 것은 전략적 가치보다 부담으로 작용한 측면이 크다(그린 2018, 380－384, 인용문은 382쪽에서 재인용).

'애치슨 선언'에서 한반도를 미국의 방어선 밖에 위치한 것으로 본 것

과 관련하여, 미국이 북한의 전쟁 준비 상황과 심지어 개전 일자까지 알고
있었으며(김동춘 2000, 70), 애치슨 선언은 남한을 미국의 방어선 밖에 놓
이게 함으로써 북한의 전면 선제공격을 유도한 전략적 계획, 또는 '공격에
의 초대'라는 음모론 입장에서의 반론이 가능하다. 커밍스에 따르면, 남한
이 침공받을 경우 미국이 아무것도 안 할 것이라는 것이 애치슨이 의미한
것이 아니었으며, 북한도 남한이 애치슨의 방어선 안에 포함된 것으로 이
해했다고 한다(Cumings 2002, 408－438; 장순 2016, 301－310; 신복룡 2006,
618－622 참조). 하지만 관련 문헌과 자료를 검토한 이철순(2005)의 종합
적 판단에 따르면, 한국전쟁 이전 미국은 남한의 군사전략적 가치가 크다
거나 (일본에 대해) 경제적으로 중요하다고 보지 않았다. 다만 공산주의와
의 대결에서 차지하는 남한의 의미나 미국 세력권 내 국가들에 대한 미국
의 위신 등의 측면에서 남한의 '상징적 가치'는 크게 인식했다고 한다.

　　하와이에서 인도－태평양을 관장하는 미국 인도－태평양 사령부
(USINDOPACOM: United States Indo－Pacific Command) 시각에서 볼 때,
미국 본토 보호를 위해 태평양을 지키는 데 있어서 일본 열도에서 오키나
와를 거쳐 필리핀 열도로 이어지는 선이 일차적으로 중요해 보인다. 맥아
더가 '미국의 호수'인 태평양을 보호하기 위해서 '필리핀－류큐열도(오키
나와)－일본－알류산 열도'로 이어지는 일련의 '역외 섬 방어선(offshore
island perimeter)'의 구축을 강조했을 때(바인 2017, 57－58), 한반도는 여기
에 들어가지 않는다(신복룡 2006, 625－628). 미국에게 한반도가 갖는 전략
적 가치의 정도는 한국전쟁 이후 때때로 미국이 주한미군 철수를 논의하거
나 시도한 사실에서도 알 수 있다(오버도퍼 2002, 136－174; 해리슨 2003,
212－302). 미중 데탕트를 추진하는 과정에서 닉슨은 미중 간 적대관계를
청산하는 데 몰두하여 "한반도의 정세는 전혀 고려하지 않았던 것으로 보"
였으며, 이에 놀란 남북한 정권이 처음으로 스스로 남북문제를 해결하기로
마음을 굳히게 되었다고 한다(오버도퍼 2002, 36). 또한 미중 데탕트를 주도
한 키신저는 주한미군의 주둔을 미국의 핵심이익으로 여기지 않았고, 주한

미군 철수가 원래 예상보다 상당히 앞당겨질 수 있다고 말하기도 했다(마상윤 2015, 30-33). 카터 대통령 시절 미국이 주한미군 감축 및 철수를 시도한 것도 같은 맥락에서 이해할 수 있다(김일영 2005a 참조).

　　그렇다고 남한이 미국에 대해 갖는 전략적 가치를 과소평가해서는 곤란하다. 우선, 개디스가 9·11공격 이후 관찰한 것처럼, 전략적 기습을 당했을 때 미국은 해외에서 안보 의무를 축소하기보다는 오히려 전진, 확장하는 경향이 있다. 한국전쟁 때도 그랬다(그린 2018, 398). 그린은 이를 "태평양에서 도전받았을 때 전략적 충동은 미국의 방어선을 전진해서 규정하는 것이었다"라고 일반화한다(그린 2018, 762). 오늘날 한반도 남쪽 지역에 주둔하는 미군은 미국의 태평양 방어선에서 빠지지 않는 일본의 방어를 위한 전진기지로서, 그리고 유사시 대륙 진출의 발판 구실을 할 수 있는 전진기지로서 의미가 크다(여기서 미국이 중국 대륙으로의 진출을 위해 한반도를 거쳐야 하는 것이 아님을 상기할 필요가 있다. 미중관계의 데탕트에서 보듯이, 미국은 곧바로 중국으로 진출할 수 있다. 한반도를 경유해야 하는 것이 아니다). 한동안 남한의 전략적 가치는 딱 그 정도, 즉 미국의 방어에 핵심인 일본의 방어에 중요한 정도에 머물렀다.

　　오늘날 남한이 미국에 대해 갖는 전략적 위상은 훨씬 더 높다. 남한이 빠른 속도의 경제성장과 함께 정치적 민주주의를 이루면서 남한의 정치적, 경제적, 상징적 중요성이 높아졌다. 『거대한 체스판』에서 브레진스키는 "남한의 증대된 경제력으로 인해 남한은 어느 때보다도 중요한 '공간'이 되었고, 남한에 대한 통제는 더욱 값진 것이 되었다"(브레진스키 2000, 72)고 평가한다. 그는 유라시아라는 '거대한 체스판'에서 주요 플레이어와 함께 지정학적 추축(pivot)을 거론하는데, 여기에 우크라이나, 아제르바이잔, 터키, 이란 등과 함께 남한이 포함된다. 하지만 여전히 남한이 '극동지역의 지정학적 추축'인 중요한 이유가 주한미군이 일본을 보호하는 한편 일본의 군사 강국화를 저지하는 역할을 하는 데 있다고 보는 점을 주목할 만하다(브레진스키 2000, 51-82).[1] 그린은 미국에 대한 남한의 가치에 대해 더 호의적이다. 남한은 "민주주의를 지지하고 촉진하는 우리[미국] 국가 목표에 사활적인 구성 요소"로서 핵심적인 가치를 갖는다는 것이다(그린 2018, 677). "바로 케넌이 봉쇄 개념 초기에 독일과 일본을 보았던 방식과 동일하"게 남한은 세계 12대 경제대국으로서 그리고 민주주의 국가로서 미국에 필수적인 "강력한 지점"으로 보아야 한다고 한다(그린 2018, 782).

한반도 통일 문제와 관련하여서 미국은 중국과 마찬가지로 기본적으로 남북 분단의 현상유지를 선호한다. 미국이 북한을 중국으로부터 떼어내고 자기 편으로 끌어들일 경우 북한의 지정학적 위치로 말미암아 중국의 취약점이 직접 노출될 수 있다. 미국이 북한과 관계 정상화를 통해 우호적인 관계를 수립할 수 있다면 대륙으로의 진출을 위한 전초기지를 확보하는 전략적 이점과 함께 중국에 대한 유용한 견제 카드로 활용할 수 있는 것이다(박건영 1999, 85, 95, 135). 그러나 이는 중국과의 관계를 악화시킬 위험이 크고, 북미관계의 역사에서 신중히 고려할 만한 선택지가 아니다. 한반도의 전략적 가치가 그렇게까지 크지 않은 상황에서 미국은 남과 북이 분리된 현상유지를 현상변경보다 선호한다.

재미있는 것은, 중국이 통일한국에 대해 두려움을 갖듯이 미국도 한반도의 통일에 대해 두려움을 갖고 있다는 점이다. 중국이 한반도 통일을 두려워하는 근본 이유는 통일이 남한 위주로 이루어질 가능성이 많고 이는 곧 주한미군과 미국의 북진을 의미한다고 보기 때문이다. 아이러니하게도 미국은 통일한국이 친중국으로 기울 것을 우려한다. 가령 빅터 차와 데이비드 강은 『북핵 퍼즐』에서 다음과 같이 미국의 일반적인 시각을 정리한다. 통일한국은 (1) 주한미군의 철수를 요구하고, (2) 중국과 대륙적 연대를 모색할 것이며, (3) 역사적 숙적 관계인 일본 대신 중국 편에 설 것이고, 결국 (4) 다른 아시아 국가들로부터 고립된 일본이 이 지역에서 미국의 마지막 전초기지가 될 것이다. 남북한의 통일이 한중관계의 강화와 한일관계의 약화로 이어질 것이라는 전망이다(차·강 2007, 243–244).

한반도 통일이 주한미군의 철수로 이어지고, 주한미군이 없는 통일한국은 점차 중국의 정치적 영향권으로 편입될 가능성이 크다는 게 미국 측의 두려움이다(브레진스키 2000, 245-246).

요컨대 중국이 한반도의 통일을 위협으로 인식하듯 미국도 한반도의 통일을 위협으로 인식하는 경향이 강하다. 중국이 한반도의 통일을 자기에게 유리한 조건에서, 또는 적어도 자기에게 불리하지 않은 조건에서 받아들일 수 있듯이, 미국도 그런 조건에서 한반도의 통일을 받아들일 수 있다. 중국이나 미국이나 모두 우선은 남과 북이 분리되어 있는 현상유지를 선호한다.

IV. 서로주체적 통합의 지정학

지금까지 한반도의 지정학적 의미를 우리가 아니라 미국과 중국의 입장에서 먼저 고찰해 보았다. 이 과정에서 한반도의 행위자들을 고려에서 제외했다. 하지만 그들(미국과 중국)의 입장에서 볼 때 이곳(한반도)의 지정학적 의미는 그들의 국내 및 국제 정치적 관계에 의해서 달라질 수 있지만, 동시에 이곳에 살고 있는 우리(남과 북)가 어떻게 하느냐에 따라서도 많이 달라진다. 남과 북의 서로주체적 통합 방안은 한반도의 지정학적 의미가 남과 북의 관계에 따라서 크게 달라질 수 있다는 점에 주목한다. 또한 남과 북의 분리라는 현상태를 유지하면서 점진적 통합을 추진함으로써 현상변경을 동시에 추구한다. 서로주체적 통합 방안에서 남과 북은 미국과 중국의 관계가 좋아지거나 나빠지는 데 따라서 유연하게 대응할 수 있으며, 현상유지와 현상변경을 동시에 진행함으로써 미국이나 중국 모두가 받아들일 수 있도록 한다. 여기서는 먼저 국제정치 및 외교의 차원에서 서로주체적 통합의 모습을 살피고, 중립화 통일방안과의 비교를 통해 그 현실성을 강조한다.

1. 현상유지와 현상변경의 동시 진행

한반도의 전략적 가치는 고정되어 있지 않다. 무릇 특정 공간의 지정학적 전략적 가치는 상황에 따라서 그리고 평가자에 따라서 달라지고 다양하기 마련이다. "전략적 가치는 시대상황에 따라서는 물론 평가자의 입장에 따라서 달라지는 것이기 때문에 일의적으로 규정될 수는 없는 것이다"(강광식 2008, 37). 한반도도 마찬가지다. 한반도의 지정학적 전략적 가치는 상황과 평가자에 따라서 달라진다. 이 과정에서 신지정학(비판지정학)이 강조하는 '공간의 재현'도 중요하다(지상현 2017, 175－176). 또 하나 그 공간을 구성하는 행위자들의 힘과 관계 및 전략에 의해서도 달라진다. 한반도의 전략적 가치는 한반도 주위의 세력관계에 의해서도 달라지지만 한반도 내의 정치세력의 힘과 전략 및 관계에 따라서 달라질 수 있다. 오늘날 한반도를 차지하고 있는 남과 북의 국력과 전략 및 상호 관계가 한반도의 지정학적 의미를 구성하는 주요 요인이다. 미국과 중국의 입장에서 볼 때도 한반도의 전략적 가치는 이곳에 있는 우리들이 어떻게 하느냐에 따라서 달라질 수 있다.

남과 북의 관계에 따라서 한반도가 대륙과 해양을 연결하는 전략적 요충지가 될 수도 있지만 그렇지 않을 수도 있다. 남과 북의 관계에 따라서 한반도가 강대국들이 부딪치는 전선이 될 수도 있고 서로 교류하고 화합하는 소통의 거점이 될 수도 있다. 이는 남과 북의 관계가 한반도를 둘러싸고 있는 강대국들의 관계에 의해서 큰 영향을 받는다는 사실을 부정하는 것이 아니다. 남과 북은 주변 강대국들의 국제정치에 의해서 구속된다. 하지만 그 구속력이 절대적인 것은 아니다. 남과 북이 한반도를 둘러싼 국제정세에 대해서도 일정 정도 구성력을 발휘할 수 있는 것이다. 주변 강대국들의 시각에서 볼 때도 남과 북의 관계에 따라서 한반도가 그들에게 갖는 전략적 가치와 의미가 달라진다.

우리는 경의선을 복원하여 한편으로 시베리아횡단철도(TSR: Trans－

Siberian Railway)와 중국횡단철도(TCR: Trans－China Railway)에 연결하고 한편으로 해저터널로 일본에 연결하는 구상이나, 러시아의 천연가스를 남북한을 통하여 일본에까지 해저터널로 연결하는 구상을 그리곤 한다. 이때 한반도는 대륙과 해양 세력을 잇는 가교로서 중요한 위상을 갖는다. 그런데 러시아에서 바로 일본으로 연결하는 구상 또한 가능하다. 도쿄－홋카이도－사할린－시베리아로 연결되는 철도나 파이프라인을 연결하는 구상이 실현되면 가교로서의 한반도의 전략적 위상은 타격을 받게 된다. 2016년 12월 러시아의 푸틴의 일본 방문을 앞두고 꺼낸 시베리아 대륙횡단 철도의 홋카이도 연결 구상은 한반도를 우회하는 길이 얼마든지 있음을 보여준다.2 당시 러시아의 시각에서 볼 때 남과 북의 얼어붙은 관계로 인해 한반도를 경유하는 길이 사실상 막혀 있는 상태. 러시아가 일본과 직접 연결하는 지정학적 구상을 하는 것이 더 합리적으로 보였을 것이다.

　　반면에 남북관계가 우호적으로 발전하면 주변 강대국들의 입장에서도 한반도가 유라시아 대륙과 일본 또는 태평양을 연결하는 전략적 가교로서 중요하게 보일 수 있다. 최근 랴오닝성에서 발표한 발전계획이 한 예다. 랴오닝성은 2018년 9월 공표한 "일대일로, 종합 시험구 건설 방안"이라는 문건에서 북한과 남한 및 일본과 몽골을 아우르는 '동북아 경제 회랑'을 조성하겠다고 밝혔다. 특히 북한의 신의주와 접해 있는 단둥(丹東)에서부터 평양과 서울을 거쳐 부산까지 연결되는 철도와 도로 및 통신망을 구축하는 사업 방안이 눈에 띈다. 이는 이미 5월에 한중일 정상회담에서 리커창(李克强) 중국 총리가 언급한 서울－신의주－중국을 잇는 철도 건설 구상을 구체화한 것으로 보인다.3 북미관계가 아직 정상화되지 않았고 북한에 대한 국제 제재가 풀리지 않았음에도 불구하고 2018년 급속히 가까워진 남과 북의 관계가 중국으로 하여금 한반도를 관통하는 발전 구도를 그리게 한 것이다. 남과 북의 관계 개선에 따라서 중국의 입장에서 볼 때 한반도의 지정학적·지경학적 위상이 높아진 사례다.

　　남과 북의 서로주체적 통합 방안은 이처럼 남과 북의 관계가 한반도의 지정학적·지경학적 전략적 가치와 의미에 영향을 미친다는 인식에 바탕해 있다. 남과 북이 서로 상대방을 주체로 인정하지 않는 홀로주체적 자세를 견지할 때, 한반도는 대륙과 해양의 연결 기능을 수행하지 못한다. 이때 한반도라는 공간은 하나의 지역으로 존재하지 않는다. 두 개의 국가가 대치하는 두 개의 공간이 있을 뿐이다. 그때 남한은 더 이상 반도가 아니라 섬에 불과하게 된다. 북한도 해양으로 진출하거나 교류할 수 없는 점에서 사실상 봉쇄되어 있다. 반면에 남과 북이 서로주체적 자세를 가지고 만날 때 한반도는 비로소 대륙과 해양을 연결하는 기능을 수행할 수 있으며, 그와 같은 가교로서 전략적 가치가 높아진다. 이때 한반도는 하나의 지역으로 존재하고 연결고리 역할을 수행하고 역량을 발휘할 수 있다.

    남과 북의 서로주체적 통합 방안은 앞 절에서 살펴본 중국과 미국의 한반도 시각에 비추어서도 국제정치의 현실에 적합한 방안이다. 서로주체적 통합 방안은 남과 북이 개별주체로서 공존하면서 동시에 중층적인 통합한국을 점진적으로 구축해 가는 복합국가체제를 구상한다. 이는 현상유지와 현상변경의 두 요소를 모두 갖고 있다. 남과 북이 그대로 존재하는 점에서 현상태를 유지하는 것이며, 동시에 복합국가체제를 구축해 가는 점에서 현상태를 변경하는 것이기도 하다. 앞에서 살펴보았듯이 중국과 미국은 각각 남과 북이 분리되어 있는 현상태의 유지를 선호하면서, 자국에게 불리하지 않다는 조건이 충족되는 선에서 한반도의 현상변경을 받아들일 수 있다. 남과 북의 서로주체적 통합 방안은 남과 북의 현상을 유지하면서 점진적 통합한국의 구축을 통해서 현상변경을 동시에 추구한다. 남과 북의 공존은 중국과 미국에게 서로에 대한 완충지대가 존속하는 것을 의미한다. 따라서 통합한국의 점진적 구축을 통한 현상변경이 동시에 진행되어도 미국이나 중국에게 위협으로 다가가지 않는다. 각자에게 가까운 남과 북이 완충지대로서 계속 존재하기 때문이다.

    나아가 서로주체적 통합 방안은 유연한 복합통합외교를 통해 국제관계의 새로운 지평을 열 수 있다. 우리는 국제관계 속에서 우리의 행동반경을 협소하게 생각하는 경향이 있다. 다른 한편 이를 극복하려는 발상도 한다. 가령 배기찬은 우리의 국제정치 위상에 상상력을 동원하여 '중추적 중견국가'로서 자기 위상을 강화할 것을 강조한다. 중추적 중견국가로서 우리는 동북아시아의 '요충'에서 '중추'적인 '균형추' 역할을 하는 위상과 정체성을 분명히 해야 한다고 한다. 이를 위해 해양과 대륙을 모두 고려하는 전략이 필수적이며, 한미동맹을 굳건히 유지하면서도 반중(反中) 연대나 반일(反日) 연대에 가담하지 않도록 해야 한다고 한다(배기찬 2017, 592–602). 남한이 한미동맹을 유지하면서 중국과 실질적인 협력을 강화하는 '중첩외교'가 바람직하다는 목소리도 커지고 있다(윤영관 2012, 146; 하영선 2010, 29). 하지만 이들은 여전히 우리의 행동반경을 상당히 좁게 상상한다. 배기찬은 우리의 지정학적·국제정치적 위치상 남한이 할 수 있는 것은 반대륙·친해양 외교 전략과 균형외교 전략 두 가지뿐이라고 한다. 한반도가 분단되어 있는 상태에서 남한에게 대륙중심 외교 전략은 구조적으로 그 가능성이 배제되어 있다는 생각이다(배기찬 2017, 585–592). 통일이 된 이후에도 우리의 국제정치 행동반경은 협소하게 상상된다. 대체로 남북한이 통일할 경우 (1) 미국과의 동맹, (2) 중국과의 동맹, (3) 비동맹, (4) 중립국화 가운데 하나를 선택할 것으로 본다(이수혁 2011, 157). 이는 통합한국이 단일한 대표권을 갖는다는 생각에 기반한다.

　　하지만 발상을 전환해서 중층적인 복합 대표권을 상상하면 반드시 친미나 친중 또는 제3의 길(비동맹이나 중립화) 중 하나를 선택하지 않아도 된다. 서로주체적 통합 과정에서 북한은 중국과 더 가깝고 남한은 미국과 더 가까운 현상을 유지하면서 남과 북이 기존의 친중 및 친미 관계를 지속하는 가운데, 사안에 따라 통합한국의 공동 정부가 미중 사이에서 중립을 취하거나 어느 한쪽에 가까운 입장을 오가면 된다. 남한이 한미동맹을 유지하면서 중국과 실질적인 협력을 강화하는 중첩외교가 바람직하듯이, 통합한국에서도 남과 북의 개별 정부와 공동 정부가 중층적으로 중첩외교를 수행할 수 있다. 남과 북이 분리된 현상태에서 남한 정부의 중첩외교가 바람직하고 실현 가능하다면, 서로주체적 통합을 추진하면서 남과 북이 각각 그리고 공동으로 중첩외교를 수행하는 것이 바람직하고 실현 가능하다. 배기찬이 우려하듯이 남한이 미국과의 관계보다 중국과의 관계를 강화하는 것이 구조적으로 불가능한 것이 현실이라면, 이러한 현실 위에서 남한은 기존의 한미관계를 유지하고 북한은 북중관계를 유지하면서 중층적인 복합통합외교를 전개하면 된다.

　　복합통합외교는 남북한이 각각 기존의 한미관계와 북중관계를 유지하면서 남북통합을 추진하는 장점이 있다. 양성철은 동북아 안보의 핵심이 평화적 미중관계의 수립에 있다고 보고 '중국－북한 안보 탯줄 떼기'의 가능성을 탐색한다(양성철 2010, 171-176). 하지만 이것이 바람직한지 의문이고, 바람직하더라도 지극히 어려운 일이다. 앞에서 보았듯이, 결정적인 순간에 중국은 완충지대로서 북한과의 순치(脣齒)관계를 중시한다. 탈냉전 이후 러시아가 한반도에 균형외교를 취하면서 북한에게는 중국과의 동맹 관계가 유일하였다. 미국의 폭넓은 동맹관계를 통해서 간접적으로 다른 국가들과도 연결되어 있는 남한과 달리 북한은 안보의 측면에서 마치 고립된 섬과 같은 위치다(박종희 2015, 208-213). 북한에게도 중국과의 안보 협력 관계를 떼어놓는 것은 쉽지 않다.4 양성철의 구상에서와 달리, 서로주체적 통합에서는 중국과 북한을 떼어놓을 필요가 없다. 북중 간 긴밀한 관계를 유지하면서 동시에 남북의 점진적 통합을 추진하고 궁극적으로 동북아시아의 평화 구축에 기여할 수 있다.

　　미중관계의 변화에도 유연하게 대처할 수 있다. 일반적으로 미중관계가 악화되면 남북의 통합지향 세력이 약해질 것으로 예상한다(이호재 외 2005, 43-47, 346). 하지만 미중관계가 악화될 경우에도 남북이 각각 미국 및 중국과 우호관계를 유지하면서 공동 정부가 애매한 입장을 취하면서 남북통합의 속도를 조절하고 국내의 서로주체적 통합 세력을 유지할 수 있다. 이 점에서 서로주체적 통합 방안은 단순한 평화공존을 지향하는 서로주체적 분리보다 국제정치의 구조적 구속력을 극복하는 힘을 더 많이 내장하고 있다. 미중 간 적대적 관계가 심화되면 서로주체적 분리가 추구하는 평화관계도 그만큼 위협받기 쉽다. 반면에 남과 북의 서로주체적 통합은 미중 관계가 경직될 경우에도 그 구속력을 완화할 수 있다. 친미적 남한, 친중적 북한, 그리고 중립적이거나 애매한 태도를 유지하는 중첩적인 통합한국의 모습을 그릴 수 있다. 지역 강대국들의 관계에 의해서 큰 영향을 받는 서로주체적 분리와 달리, 서로주체적 통합은 강대국들의 관계가 악화될 경우에도 남과 북의 정부 그리고 통합한국의 정부가 중층적인 협조를 통해 보다 안정적인 평화관계를 유지할 수 있다.

2. 중립화 통일방안과의 비교

　서로주체적 통합 구상이 비현실적이라는 비판을 예상할 수 있다. 남북한이 서로주체적 관계를 수립하면서 동시에 점진적 통합을 하는 것도 힘든데, 국제정치 차원에서 대외적으로 개별 대표권과 공동 대표권의 중층구조를 형성하는 것이 지난하다는 반론이 가능하다. 하지만 오히려 남과 북이 국내정치는 물론이고 대외적 대표권을 완전히 하나로 통일하는 것이야말로 너무나 급진적인 변화를 요구하는 점에서 비현실적이다. 우리 사회에 여전히 강력하게 남아 있는 흡수통일 구상은 남한의 국력으로 그것을 실현할 수 있을지도 문제지만, 설령 그것이 실현 가능하다고 할지라도 국제정치 현실에 비추어 볼 때 비현실적이다. 중국과 미국이 이를 받아들이거나 용인하지 않을 가능성이 너무 크기 때문이다(홍석률 2012, 37; 김일영 2005, 211; 정재호 2013, 213; 이수혁 2011, 177). 여기서는 중국과 미국 등 한반도 주변의 강대국들 사이의 국제정치 현실을 진지하게 고려한 대표적인 통일방안으로 중립화 통일방안과의 비교를 통해 서로주체적 통합방안의 장점을 강조한다.

　한반도의 중립화는 조선이 서구의 근대 국제질서에 편입되던 시절부터 제시되었던 상당히 오래된 구상이다(황인관 1988; 윤태룡 2013; 강광식 2010). 한반도를 둘러싼 여러 강대국들의 틈바구니에서 조선이 독립을 유지하기 위한 하나의 방편으로서 중립화 방안이 모색되었던 것이다. 남과 북으로 나뉜 뒤에는 하나의 유력한 통일방식으로서 중립화 방안이 힘을 얻어 왔다. 중립화 통일방안은 한반도를 둘러싼 국제정치의 냉엄한 현실 인식에 바탕을 두고 있다. 강대국들의 영향을 크게 받는 한반도에서 통일 국가를 수립하기 위해서는 주변 강대국들의 용인을 필요로 하며, 어느 쪽에도 치우치지 않는 중립화 통일방안이 강대국들 사이에 우리가 하나될 수 있는 거의 유일한 방안이라는 생각이다(박정원 2007, 81−85). 특히, 독일통일의 경우와 달리 남북한이 통일되더라도 주변에 위협적인 존재가 될 정도의 강대국이 아니므로, 중립화만 보장된다면 강대국들이 동의할 가능성이 높다고 한다(황인관 1988, 64−74). 오늘날 남한의 경제력과 북한의 군사력 등 한반도 전체의 국력이 대단히 신장되었지만, 국력이 신장된 통일한국도 주변 강대국들에게 위협이 되지 않는 중립화가 최선이라고 생각한다. 중립화를 표방함으로써 통일한국이 한반도 주위의 해양세력과 대륙세력 사이의 세력균형을 유지해야 한다는 주장도 있다(강종일 2014, 146−148).

　아이러니하게도 중립화 통일방안의 가장 큰 약점은 그것의 실현 및 유지 가능성 부분이다. 즉 통일한국의 중립화가 실제 가능하겠는가와 통일한국이 과연 중립을 유지할 수 있는가의 문제가 심각한 약점으로 남는다(조순승 1960; 박정원 2007, 91에서 재인용). 한반도의 국제정치를 고려할 때 중립화 통일방안이야말로 주변 강대국들이 모두 받아들일 수 있는 현실적인 통일방안으로 보이지만, 막상 그 실현 가능성과 유지 가능성은 그리 크지 않아 보인다.

　우선, 남북한이 중립화에 합의하고 실천하기가 쉽지 않다. 중립화 통일방안은 '선통일 후중립'론과 '선중립 후통일'론 중 후자에 방점이 찍혀 있다. 단순히 통일한국이 주변 강대국 사이에서 영구중립으로 생존하자는 구상에 머물지 않고, 남북한의 통일을 이루기 위해서 중립화가 현실적으로 바람직한 길이라고 제안한다. 중립은 통일로 가는 방안으로서 통일 이후가 아니라 통일에 앞서서 수행해야 할 과제다(황인관 1988, 111－139; 강종일 2014, 277－293). 그런데 남북한이 통일 이전에 중립화에 합의하는 것 자체가 쉽지 않은 문제다. 현재 한반도를 둘러싼 양대 세력인 중국과 미국 사이에서 중립화란 단지 국제정치적으로 중립을 지키는 문제에 그치지 않는다. 각각 미국 및 중국과 대단히 가까운 남과 북의 두 체제와 문화 및 이념의 중도 수렴이 수반되어야 한다. 지극히 어려운 일이다. 남과 북이 중도 수렴의 난해한 공식을 풀었다고 치자. 그래도 남과 북 각각의 내부에서 이에 대한 합의를 이끌어 내는 것은 더욱 어려운 일이다. 나아가 단순히 중립적인 체제통합에 그치는 것이 아니라 사람의 통합 즉 중립적 사회통합을 수반해야 한다. 중립화 통일방안이 '체제의 통일'에 중점을 두고 '사람의 통일'을 등한시했다는 조배준의 비판은 이런 맥락에서 심각하게 받아들여야 한다(조배준 2015, 106－109).

　　다음으로, 국제정치 차원에서도 중립화 통일을 실현하고 유지하기가 쉽지 않다. 중립화 통일이야말로 우리 주변의 강대국들이 합의할 수 있는 방안이라고 했지만, 강대국들은 한반도에 중립화 통일이 이루어질 경우 그것이 자국에 유리하도록 영향력을 행사할 것이다. 동시에 중립화된 통일한국이 특정 강대국에 기우는 경향을 보일 경우 이에 대해 대단히 민감하게 반응할 것이다. 앞 절에서 보았듯이, 중국이나 미국이나 모두 한반도에 대해 핵심적인 전략적 이해관계를 가지지 않을 수 있으나, 두 나라 모두 한반도가 통일될 경우 상대편에 기울 것을 걱정한다. 중립화된 통일한국이 친미가 될지, 친중이 될지 불확실하다. 미국과 중국이 받아들이기 쉽지 않은 이유다(윤태룡 2013, 96). 그러한 위협 의식이 남북한의 통일에 걸림돌이 되기 때문에 중립화를 통해 이를 극복하겠다는 발상이지만, 미국이나 중국의 입장에서 막상 중립을 표방한 통일한국이 상대방에 기우는 우려를 불식시키기는 쉽지 않다.

　　한반도에서 중립화 통일을 이루었다고 하더라도 이를 지속적으로 유지하는 것이 가능한지 또 바람직한지도 분명하지 않다. 현재로서는 가까운 미래에 미국과 중국의 힘의 관계에 근본적인 변화나 역전이 일어날 것 같지 않아 보이지만, 한반도를 둘러싼 국제정세가 어떻게 변할지는 알 수 없는 일이다. 우리가 강대국에 편승해야 할 필요가 있을 때 중립 지위를 유지하는 것이 가능하지 않을 수도 있고 또 바람직하지 않을 수 있다. 이춘근이 우려하듯이, 미중 관계가 극도로 악화되어서 통일한국에 어느 한 쪽을 강요함에도 우리가 중립을 지킬 경우, 두 나라 모두 우리를 선제적으로 공격하여 점령하는 전략을 전개할 수 있다. 미중 관계의 변화에 따라 한반도의 지정학적 중요성이 높아졌을 때 두 강대국이 우리의 중립 의지를 존중해 줄지 의문인 것이다(이춘근 2016, 14).

남과 북의 서로주체적 통합 방안은 중립화 통일론의 소중한 통찰을 유지하면서 동시에 이와 같은 문제점들을 피해 갈 수 있다. 중립화 통일론의 가장 중요한 통찰은 남북한의 통일이 한반도에 관심을 가지고 있는 주변 강대국들의 이해가 수렴할 때에 비로소 성취될 수 있다는 점이다. "한반도 통일의 첫째 목표는, 한국의 분쟁에 말려 들어가는 것을 회피하려는 4강대국의 현상유지를 만족시킬 수 있는 통일공식을 발견하는 일이다"(황인관 1988, 95). 즉 한반도 통일은 주변 강대국들 각자의 이익을 만족시키면서 이들 사이에서 어느 한 쪽으로 기울어지지 않았다고 느낄 만큼 균형이 잡혀 있어야 한다. 중립화 통일과 달리 서로주체적 통합은 남과 북이 특정 체제나 이념에 합의할 필요가 없고, 주변 강대국들에 통합한국의 체제나 이념이 중립적이라는 점을 드러내 보일 필요도 없다. 남과 북이 각각 중국이나 미국, 일본이나 러시아 등과 각자의 관계를 유지하면서, 공동으로 수행할 수 있는 부분만 서서히 통합해 가는 방식이기 때문이다.

이 관점에서 볼 때 중립화 통일 방안과 서로주체적 통합 방안의 가장 큰 차이점은 전자가 하나의 '단일체'로서의 통일한국을 상상하는 반면에, 후자는 '둘이면서 하나인' 복합국가체제를 통합과정 전반에 걸쳐서 상상한다는 점이다. 조배준에 따르면, 대부분의 중립화 통일방안은 3－5단계의 방안을 제시한다고 한다(조배준 2015, 99－100). 3단계든 5단계든 이들은 모두 하나의 단일체로서 통일한국을 상정하고 있다. 이들 단계에서 연합제나 연방제 같은 복합국가체제를 상상하기도 하지만, 하나의 단일한 통일국가로서 그러한 복합국가체제를 상상한다. 이들과 달리 서로주체적 통합 방안은 통합의 전 과정을 거쳐서 복합국가체제를 상정한다. 남과 북이 각각 친미와 친중의 국제관계를 유지하면서 서서히 수립되어 가는 통합한국이 이들 사이에 유연한 조율을 수행할 수 있다. 이때 남과 북은 물론 통합한국 정부도 중립을 표방하거나 지향할 필요가 없다. 국제정세와 우리의 공동이익에 따라서 때로는 미국에, 때로는 중국에, 또 때로는 중간에 기우는 정책을 전개할 수 있다.

V. 맺는 말

한반도의 지정학적·전략적 의미는 이곳에 살고 있는 우리의 입장이 아니라 우리를 둘러싸고 있는 강대국들의 입장에서 먼저 살펴볼 필요가 있다. 나는 미국과 중국의 입장에서 볼 때 한반도가 갖는 전략적 가치가 우리가 통상적으로 생각하는 것만큼 크지 않다고 주장했다. 중국이나 미국 모두가 남과 북으로 분리되어 있는 한반도의 현상태 유지를 통일국가 형성이라는 현상변경보다 선호한다. 다만 한반도의 현상변경이 자국에 위협적이지 않다고 판단될 경우 미국이나 중국은 한반도의 현상변경을 받아들일 가능성도 있다. 한반도의 지정학적 의미를 우리가 아니라 미국과 중국의 입장에서 먼저 고찰해야 하지만, 동시에 그들에게 한반도가 갖는 의미는 이곳에 있는 우리가 어떻게 하느냐에 따라서도 많이 달라진다. 미국과 중국의 시각에서 한반도를 바라보려고 애쓰면서도, 남과 북의 서로주체적 통합 방안은 미국이나 중국에 대한 한반도의 지정학적 의미가 남과 북의 관계에 따라서 크게 달라질 수 있다는 점에 주목한다.

서로주체적 통합은 남과 북의 평화공존과 점진적 통합을 동시에 추구한다. 통일에 대한 기존의 사고가 남한 위주 통일, 북한 위주 통일, 또는 남북한의 혼합 및 중립화 통일의 세 가지 방식에 입각해 있는 것과 달리, 서로주체적 통합은 남과 북이 그대로 공존하면서 상위 층위를 하나 더 만들어서 공동의 공간을 공유하는 방식이다. 이는 남과 북 또는 중립(또는 혼합) 중 어느 하나를 선택하는 것이 아니다. '둘(남과 북)이면서 하나(통합한국)'이며 '개별성(복수성＝남과 북)과 공동성(단일성＝통합한국)'을 동시에 갖는 방식이다. 통일방식에 대한 기존의 세 가지 사고방식이 모두 '하나' 됨을 추구하는 것과 달리, 서로주체적 통합은 '둘이면서 하나'인 상태를 지향한다.

'둘이면서 하나'인 점에서 서로주체적 통합이 그리는 '현상유지 속 현상변경' 또는 '현상유지와 현상변경의 동시 진행'은 미국이나 중국 모두가 받아들일 가능성이 높다. 서로주체적 통합 방안에서 남과 북은 미국과 중국의 관계가 좋아지거나 나빠지는 데 따라서 유연하게 대응할 수 있다. 기존의 통일방안이 친미나 친중, 중립(비동맹 포함)의 세 가지 중 하나를 선택하는 것과 달리, 서로주체적 통합은 때로는 친미, 때로는 친중, 또 때로는 중립을 오가고, 혹은 남과 북이 각각 친미와 친중을 유지하는 가운데 통합한국은 친미, 친중, 중립 사이를 자유롭게 오갈 수 있는 방안이다.

서로주체적 통합은 현상유지와 현상변경을 동시에 포함한다. 남과 북의 개별국가를 유지하는 점에서 현상을 유지하면서, 점진적 통합한국을 구축해가는 현상변경을 도모한다. 남과 북의 공존은 중국과 미국에게 서로에 대한 완충지대가 존속하는 것을 의미한다. 그들이 선호하는 현상유지다. 이를 바탕으로 그 위에 통합한국의 점진적 구축을 통한 현상변경을 동시에 진행하여도 미국이나 중국에게 큰 위협으로 다가가지 않는다. 현상변경이 현상유지를 바탕으로 하고 있기 때문이다. 이 점에서 남과 북의 서로주체적 통합은 한반도를 둘러싼 강대국의 지정학적 이해관계에 현실적으로 적합한 방안이다.

[주 석]

1   미국이 일본의 군사대국화를 제어하는 역할을 한다는 소위 '병마개(bottle cap)론'에 대해서는 페퍼(2005, 138)와 손열(2015, 92, 98) 참조.

2   한겨레, 2016년 10월 3일 등록. "'도쿄~홋카이도~사할린~시베리아' 러, 일본에 대륙횡단 철도 건설 제안." (http://www.hani.co.kr/arti/international/japan/763952.html#csidxbb224a27e563a3c8878148d16820376, 최종 검색: 2018년 11월 22일).

3   연합뉴스, 2018. 9. 15 송고. "中, 일대일로 차원 북중 철도·도로 연결 추진한다" (http://www.yonhapnews.co.kr/bulletin/2018/09/15/0200000000AKR20180915026700089.HTML, 최종 검색: 2018년 11월 22일).

4   물론 북한이 중국에 대해서도 자주적이고 도발적인 태도를 보일 때가 자주 있고, 북핵 문제와 관련하여 트럼프의 요청과 압박에 따라 최근 중국의 대북한 피로감이 높아지는 경향이 강하다. 하지만 북중관계가 소원해지는 틈을 보이는 동시에 푸틴의 러시아가 북한을 옹호하는 듯한 모양새를 자주 취하고 있다. 중국-북한 안보 탯줄을 제거한다고 해도 북한에게는 러시아라는 새로운 옵션이 부각되고 있는 상황이다.

[참고 문헌]

강광식. 2008. 『통일 한국의 체제 구상: 국제적 위상과 복합국가체제』. 서울: 백산서당.

강광식. 2010. 『중립화와 한반도 통일』. 서울: 백산서당.

강종일. 2014. 『한반도 생존전략: 중립화』. 서울: 해맞이미디어.

그린, 마이클 J 지음. 장휘·권나혜 옮김. 2018. 『신의 은총을 넘어서: 1783년 이후 미국의 아시아 태평양 대전략』. 서울: 아산정책연구원.

김동춘. 2000. 『전쟁과 사회: 우리에게 한국전쟁은 무엇이었나?』. 서울: 돌베개.

김상봉. 2007. 『서로주체성의 이념: 철학의 혁신을 위한 서론』. 서울: 길.

김일영. 2005. "이승만 정부의 북진·반일정책과 한미동맹의 형성." 하영선·김영호·김명섭 편. 『한국외교사와 국제정치학』, 193 – 228. 서울: 성신여자대학교 출판부.

김일영. 2005a. "미국의 안보정책 및 주한미군 정책 변화와 한국의 대응: 주한미군에 관한 '냉전적 합의'의 형성과 이탈 그리고 '새로운 합의'의 모색." 하영선·김영호·김명섭 편. 『한국외교사와 국제정치학』, 383 – 429. 서울: 성신여자대학교 출판부.

김학노. 2011. "'서로주체적 통합'의 개념." 『한국과 국제정치』 27권 3호, 29 – 61.

김학노. 2018. 『남과 북의 서로주체적 통합』. 서울: 사회평론아카데미.

김흥규. 2016. "미중관계 변화와 한국의 외교." 경남대학교 극동문제연구소 편. 『분단 70년의 국제관계』, 53 – 90. 서울: 선인.

마상윤. 2015. "적에서 암묵적 동맹으로: 데탕트 초기 미국의 중국 접근." 하영선 편. 『1972 한반도와 주변4강 2014』, 13 – 44. 서울: 동아시아연구원.

문대근. 2009. 『한반도 통일과 중국』. 서울: 늘품플러스.

문승익. 1970. 『주체이론: 서문』. 아인각.

바인, 데이비드 지음. 유강은 옮김. 2017. 『기지국가: 미국의 해외 군사기지는 어떻게 미국과 세계에 해를 끼치는가』. 서울: 갈마바람.

박건영. 1999. 『한반도의 국제정치: 평화와 통일을 위한 새로운 접근』. 서울: 오름.

박정원. 2007. "한반도 통일모델의 탐색: 중립화통일론의 적용가능성." 『통일정책연구』 16권 2호, 75－96.

박종희. 2015. "동맹, 무역, 그리고 원조 네트워크 속의 북한." 윤영관·전재성·김상배 엮음. 『네트워크로 보는 세계 속의 북한』, 203－246. 서울: 늘품플러스.

배기찬. 2017. 『코리아 생존전략』 2판. 고양: 위즈덤하우스.

브레진스키, 즈비그뉴 지음. 김명섭 옮김. 2000. 『거대한 체스판: 21세기 미국의 세계 전략과 유라시아』. 서울: 삼인.

손열. 2015. "미중 데탕트와 일본: 1972년 중일 국교정상화 교섭의 국제정치." 하영선 편. 『1972 한반도와 주변4강 2014』, 87－105. 서울: 동아시아연구원.

신복룡. 2006. 『한국분단사연구 1943~1953』 개정판. 파주: 한울.

양성철. 2010. "중국－북한 안보 탯줄 떼기는 가능한가?" 임동원·백낙청 외. 『다시 한반도의 길을 묻다』, 171－176. 서울: 삼인.

오버도퍼, 돈 지음. 이종길 옮김. 2002. 『두 개의 한국』. 고양: 길산.

윤영관. 2012. "한반도의 평화와 통일을 위한 대외 전략과 국내 사회적 기반." 『지식의 지평』 13호, 138－153.

윤태룡. 2013. "국내외 한반도 중립화논쟁의 비교분석: 찬반논쟁을 넘어서." 『평화학연구』 14권 3호, 73－101.

이동률. 2015. "중국의 1972년 대미 데탕트: 배경, 전략, 역사적 함의." 하영선 편. 『1972 한반도와 주변4강 2014』, 45－85. 서울: 동아시아연구원.

이병한. 2016. 『반전의 시대: 세계사의 전환과 중화세계의 귀환』. 파주: 서해문집.

이수혁. 2011. 『북한은 현실이다』. 파주: 21세기북스.

이창주. 2017. 『일대일로의 모든 것』. 파주: 서해문집.

이철순. 2005. "한국전쟁 이전 미국의 한국의 가치에 대한 평가." 하영선·김영호·김명섭 편. 『한국외교사와 국제정치학』, 163－191. 서울: 성신여자대학교 출판부.

이춘근. 2016. 『미중 패권 경쟁과 한국의 전략』. 서울: 김앤김북스.

이현휘. 2017. "미국 대외정책의 관습과 21세기 미중관계의 전망." 이동수·이현휘 편. 『동아시아 갈등의 역사와 미래 전망』, 327－381. 고양: 인간사랑.

이호재·정광하·송대성·엄상윤·남광규·이현경. 2005. 『한국적 국제정치이론의 모색』. 서울: 화평사.

장순 지음. 전승희 옮김. 2016. 『미국의 한반도 개입에 대한 성찰』. 서울: 후마니타스.

정의길. 2018. 『지정학의 포로들』. 서울: 한겨레출판.

정재호. 2013. "중국의 부상과 한반도 통일." 윤영관 편저. 『한반도 통일』, 195－225. 서울: 늘품플러스.

조동준. 2015. "데탕트 국면에서 박정희 행정부의 선택." 하영선 편. 『1972 한반도와 주변4강 2014』, 169－239. 서울: 동아시아연구원.

조배준. 2015. "한반도 중립화 통일방안에 대한 반성적 고찰." 『통일인문학』 61집, 89－118.

조성렬. 2012. 『뉴한반도 비전: 비핵·평화와 통일의 길』. 서울: 백산서당.

조순승. 1960. "한국중립화는 가능한가." 『사상계』 8권 12호.

지상현. 2017. "신지정학 논쟁과 통일." 서울대학교-연세대학교 통일대비국가전략연구팀 편. 『통일의 신지정학』, 171－189. 서울: 박영사.

차, 빅터·데이비드 강 지음. 김일영 옮김. 2007. 『북핵 퍼즐: 빅터 차 vs. 데이비드 강 관여전략 논쟁』. 서울: 따뜻한 손.

카플란, 로버트 D. 지음. 이순호 옮김. 2017. 『지리의 복수』. 서울: 미지북스.

커밍스, 브루스 지음. 박진빈·김동노·임종명 옮김. 2011. 『미국 패권의 역사: 바다에서 바다로』. 파주: 서해문집.

하영선. 2010. "2031 북한선진화의 길: 복합그물망국가 건설." 하영선·조동호 편. 『북한 2032: 선진화로 가는 공진전략』, 13－33. 서울: 동아시아연구원.

해리슨, 셀리그 지음. 이홍동 외 옮김. 2003. 『코리안 엔드게임』. 서울: 삼인.

홍석률. 2005. "1970년대 전반 북미관계: 남북대화, 미중관계 개선과의 관련 하에서." 하영선·김영호·김명섭 편. 『한국외교사와 국제정치학』, 319－353. 서울: 성신여자대학교 출판부.

홍석률. 2012. 『분단의 히스테리』. 파주: 창비.

황인관 지음. 홍정표 옮김. 1988. 『중립화통일론』. 서울: 신구문화사.

Cumings, Bruce. 2002. *The Origins of the Koren War Volume II: The Roaring of the Cataract 1947-1950*. Seoul: Yuksabipyungsa.

PART

03 통일 인식과 평화

05 인식조사에 나타난 '통일'과 '평화':
'공존' 선호자와 '통합' 선호자들의 행태 차이를 중심으로

진영재(연세대학교 정치외교학과)

I. 문제의식

2015년 이후 '신지정학' 공동 연구팀에 참여했던 연구자들은 두 권의 단행본을 출간하게 되었다. 첫 번째 단행본의 연구 주제는 '통일의 신지정학'이란 제목으로 2017년에 출간하였다. 두 번째 단행본은 본 책자로서 제목은 '평화의 신지정학'이란 제목으로 2019년에 출간하게 되었다. '평화의 신지정학'은 앞서 출간된 '통일의 신지정학'의 후속 연구결과물이다. 이러한 관점에서 해당 연구는 '평화'라는 개념과 '통일'이라는 개념의 연계 속에서 신지정학을 다루어 보고자 한다.

'신지정학'의 시각적 특성들에 대해서는 '통일의 신지정학'에 이미 소개되어 있다. 남북한의 관계설정에서 '통일'과 '평화'라는 개념은 시각에 따라서는 상호 조화로울 수도 있지만, 상충적일 수도 있다. 김대중 정부에서 통일부 장관을 역임하였던 강인덕 전 장관은 "북한 김정은 체제를 경계하며 비핵화를 이끌어 내고자 하는 궁극적 목표는 남북통일이며, 이 목표의식이 없으면 한반도 문제 논의에서 북한에 주도권을 빼앗기고 바깥 사정에 휘둘릴 것"이라고 하였다.[1] 그 단적인 이유는 "김정은이 '평화'의 이름으로 '투 코리아' 전략을 내세울 수도 있기 때문이다." 여기서 '투 코리아 전략'이란 사실상 '영구분단체제'를 의미한다. 이는 남한 및 미국, 중국과 정상회담을 통해서 "북한이 평화의 이름으로 '투 코리아' 전략을 내세우며 사실상 영구분단체제를 요구할 가능성이 높다"는 것이다.[2] 만약, 강인덕 전 장관의 언급처럼 "북한의 핵실험장 폐쇄 선전은 핵무력의 완성을 선언한 것"이며, 북미회담 및 남한과의 평화무드조성이 "북한으로서는 이제 자체 핵능력을 갖춘 만큼 더 이상 무력시위를 할 이유가 없다는 결론을 내리고 대화를 통해 경제적 이득을 얻으려는 것"이라면 이는 대한민국의 앞날을 위해서 바람직한 상황은 아니라고 생각한다.

신지정학 공동연구팀은 '통일'과 '평화'라는 각각의 이름으로 신지정학의 구체적인 관련 사안들을 해석하고 있다. '평화의 신지정학'은 '통일의 신지정학'과 연계되어 발전되는 것이 바람직할 것이다. 만약 '평화'의 섣부른 강조가 '통일'을 포기하고 '남북한 영구분단체제'를 의미한다면 이는 결코 바람직한 상황이 될 수 없다. 평화라는 것이 통일로 가는 조화로운 과정으로만 인식되는 것이 아니고 남북한의 관계 설정 속에서 통일과는 반작용의 힘으로 유지된다면 이는 체제 경쟁에서 우위에 있는 대한민국에 바람직한 상황이 될 수 없다. 대한민국은 북한과의 관계 설정에서 통일과 평화의 가치 모두를 소홀히 할 수 없다. 그래서 남북관계 설정은 쉽지 않다.

현재 남한 국민과 북한 국민은 서로 다른 헌법체계 아래에서 생활하고 있다. 한 곳은 다정당의 선거경쟁과 시장경제가 존재하는 '자유주의체제'이고 또 다른 한 곳은 유일정당만이 존재하는 '세습체제'이다. 극단의 상이한 두 체제가 자신의 입장을 포기하기 어려운 상태에선 남북한의 관계설정이 결코 평화로운 과정이 되기 쉽지 않다. 북한 핵문제 해결에 어려움이 많은 것도 이러한 맥락이기 때문이다. 단지 무력도발이나 전쟁상황이 없다고 해서 그것이 곧 평화의 상태는 아니다. 상대방의 공격을 상정하고 군사적 대치를 하는 상태 그 자체도 '긴장' 내지는 '준(準)전시' 상태로 정의될 수 있다. '통일'이란 결과물을 만들어 내는 과정에서 '평화' 상태가 불안정하거나 일부 파괴될 수도 있다. 통일이후에도 일정 기간 사회적 불안정과 혼란은 일정수준 야기될 수밖에 없을 것이다. 통일을 선택한다고 할 때, 어떠한 수단을 통해서도 통일을 이룩하면 된다는 논리는 받아들이기 어려울 것이다. 통일이후에 형성된 체제가 '자유주의체제'가 아니라면 이것 역시 받아들일 수 없을 것이다. 대립하고 반목하는 두 개체 간에 평화공존이 선행될 때, 한 개체로의 통합에 연착륙할 수 있다. 통일이 하나의 개체화를 뜻할 수밖에 없다면, 평화상태가 앞서 강인덕 전 장관의 언급처럼 사실상 영구분단체제로서 '투 코리아'가 존재할 가능성도 경계하여야 할 것이다. 규범적 이유를 차치하고라도, 대한민국의 앞날을 위해서 영구분단체제를 받아들이기 어렵다. 남북한 분단체제에 소비되는 정치적, 경제적, 군사적 손실은 가히 상상을 초월한다. 현재 남한사회에서 심각한 사회문제로 제기되는 보수-진보의 이념갈등은 바로 분단대치상황에서 비롯된다. 국제정치상황에서 우리의 입지는 근본적으로 남북한 분단상황이란 변수로 인해 왜소해지곤 한다. 통일이 민족과제라는 것은 단순히 감성적 구호가 아닌 것이다.

　　현재 남한의 인식조사에서 소위 '통일 선호자'로 분류할 수 있는 사람들과 '평화 선호자'로 분류할 수 있는 사람들 사이에 어떠한 행태적 차이점이 있는지를 파악하는 것은 의미가 있다. 본 연구는 2016년 서울대학교 통일평화연구원의 남한 국민인식조사를 분석한다.3 본 연구의 방향은 세 가지로 정리된다. 첫째, 통일에 대한 '당위론'과는 별도로 설문인식조사를 통해 나타난 '실재론'에서 '평화' 선호자와 '통일' 선호자의 행태적 특성들을 경험적으로 구분해 보고자 한다. 둘째, 평화 선호 인식과 통일 선호 인식의 차이에 영향을 미치는 제반 독립변수들을 파악해 보고, 그 의미가 무엇인지 해석해 보고자 한다. 셋째, 해당 연구의 목적은 거시적으로 두 대학의 프로젝트의 주제어인 '신지정학'을 매개변수로 사용하고자 한다. 즉, 통계분석의 결과 평화 선호 인식과 통일 선호 인식의 차이점에 통계적으로 유의미하게 도출된 변수들이 신지정학의 관점에서 어떤 의미를 갖는지 파악해 보고자 한다.

'평화선호자'와 '통일선호자' 간의 서로 중첩되는 의미가 많아서 경험적 조사분석과 해석에 어려움이 있다. 통계분석에 바람직한 개념 조합은 조합내에서 개념이 상호배타성을 이루어야 한다는 것이다. 즉, 평화로운 통일과정을 원하는 사람들이 대다수인 경우, 이는 평화선호자와 통일선호자로 분류하기 어렵다. 따라서 본 연구의 의도에 맞추어, 통일과 평화의 개념을 최대한 퇴색시키지 않으면서도 상호 개념적 배타성을 지닌 새로운 용어로 '평화선호집단'과 '통일선호집단'을 재명칭할 필요가 있을 것이다. 신지정학의 시각적 특성들은 2017년에 출간된 '통일의 신지정학'에 소개되어 있다. 본 장에서는 특히 대한민국의 다양한 사회적 균열(societal cleavage) 축들과 연관되어 두 집단 간의 차이가 어떠한 의미를 갖는지 살펴보고자 한다.

Ⅱ. 연구방법

먼저 연구조사자는 설문응답자 개인들이 포괄적 개념이라고 할 수 있는 '평화'와 '통일'을 어떻게 이해하고 있는지를 파악하는 것이 선행되어야 한다. 이를 위해서 중요한 것은 ① 각각의 개념에 대한 공통의 확고한 정의 아래에서 이해하고 있는지, 또한 ② 두 개념 사이에 교호점(交互点; interaction term)이 없이 '상호 배타적(mutually exclusive)' 개념으로 존재하는지를 파악하여 조사행위를 하고, 이를 토대로 조사결과를 분석하여야 한다. 통계분석 과정에서, 설문항목내의 몇 개의 유목값(즉, 응답값)에 답하는 사람들을 '평화'선호 집단과 '통일'선호 집단의 두 그룹으로 구분하여 리코딩(recoding)하게 된다. 한 개의 설문 항목 내에 있는 여러 개 유목값들 중에서 응답자는 한 개의 유목값에만 답할 수 있기에 설문항목에 응답값들을 중심으로 두 집단을 묶어 낸다면, 두 집단 사이에 교호점은 발생하지 않는다. 단, 이 경우, 유목값들을 재편집하는 과정에서 경우에 따라 개념을 재명칭하여야 할 필요가 발생할 수도 있다. 예를 들면, '통일선호

자'들이라고 생각되는 몇 개의 응답값들을 묶어 낸 이후엔 그 내용이 자유
주의체제로의 '통일'만을 의미하지 않고, 절충주의나 연방주의로의 남북통
합을 의미할 수도 있기 때문이다. 통계분석을 하는 과정에선, '통일'이나
'평화'의 연장선상에서 해석하는 데 무리가 없으면서, 재편집(recoding)된
유목값들의 재명칭(renaming)이 응답자들의 사유 의도를 적절히 반영할
수 있도록 '어휘'를 조정할 필요가 발생할 것이다.

　　설문 응답자들에게 평화와 통일의 개념의 정도와 수준에 대한 공통의
확정된 정의가 존재한다고 보기 어렵다. 개인 응답자들은 서로 다른 수준
이나 개념의 평화 및 통일을 생각하면서 설문지에 응답하게 된다. 예를 들
면, 어떤 응답자는 평화의 상태를 소극적으로 정의하여 전쟁이 없는 상태
로 생각하고 현재 남북한의 상황을 일정 수준의 평화가 유지되는 상황으
로 생각할 수 있다. 어떤 응답자는 현재 전쟁이 없더라도 종전(終戰)이 아
닌 휴전(休戰)의 상황에서 군사적 긴박감이 존재하기에 평화의 상황이 아
닌 군사적 대치상황이기에 준전시(準戰時) 상황으로 생각할 수도 있다. 통
일의 경우에도 연방제의 상황을 포괄적 의미의 통일에 유사한 상황으로
인식할 수도 있고, 자유주의 체제 아래 하나의 헌법 체계만을 통일로 인식
할 수도 있을 것이다. 하나의 설문항목 내에서 평화와 통일 두 개의 개념
사이에서 선호를 선택하도록 직설적으로 강요되는 경우엔 설문 시기, 설
문지 형식, 조사 방법 등에 영향을 받을 수밖에 없다. 평화를 선호하는 '평
화론자'와 '통일론자'란 두 개념 사이에서 선호를 정하는 경우 발생하는 문
제들은 다음과 같이 정리해 보면 다음과 같을 것이다.

　　(1) 일반 응답자들에게 '통일'이나 '평화'란 두 개념은 상황에 따라서
해석이 다양할 수 있다. 중요한 것은 두 개념이 남북문제 인식조사 과정에
서 어떤 응답자에겐 조화로운 개념으로 받아들여지지만, 또 다른 응답자
들에겐 그렇지 않을 수도 있다는 것이다. '평화'란 개념은 '통일'과는 달리
인류 만인에게 지고지순의 가치이다. 지구상의 국가들을 비교정치학적 입

장에서 보자면, 통합운동보다 분리운동이 압도적으로 많다. 현재 지구상에서 주요한 분리운동이 일어나는 곳은 40여 곳에 이른다.4 통일은 평화만큼 지고지순의 가치는 아닌 셈이다. 앞서 '통일 선호 인식'과 '평화 선호 인식'을 언급할 때도, 통일선호자가 비록 언급이 없어도 '평화로운' 통일을 전제하고 있을 수 있다. 아니, 이런 경우가 절대다수일 것이라고 생각하는 것이 사실에 가까울 것이다. 대조적으로, 평화의 가치를 중요시 하는 사람들의 경우, 아예 통일이란 것을 자신들의 일상생활과는 무관한 것으로 경시할 수도 있고, 어떤 조건들을 상정하며 그 조건들하에선 통일을 포기하지 않을 수도 있다. '통일'이나 '평화'라는 개념이 응답자들에게 모두 응답자들 모두에게 하나의 공통된 개념으로 존재하지 않고, 자신만의 복합적인 인식 체계 속에 존재하는 개념일 수밖에 없다.

(2) 한 개의 집단 내에서(예를 들면, 한 개의 설문 내에서 응답자들) 가치선호집단으로 구분하는 경우, 중간값(예를 들면 ① 절대 찬성, ② 찬성, ③ 중립, ④ 반대, ⑤ 절대 반대의 5개 유목값 중에서 ③번 유목값)을 중심으로 유목값들의 한쪽 방향은 평화와 관련된 유목값(①과 ②)이고, 또 다른 방향은 통일과 관련된 유목값(④와 ⑤)이면 바람직할 것이다. '통일'에 상호배타성을 지닌 개념으로 '분리'라는 어휘가 떠오른다. 통일선호자와 평화선호자의 조합보다는 '통일선호자'와 '분리선호자'라는 개념적 조합이 더 상호배타성이 있다는 의미이다. 하지만, 현재 남한 국민들의 인식조사에서 '분리선호자'라는 어휘는 어폐가 있을 것이다. 분리주의자란 현재 하나로 되어 있을 때, 둘로 나뉘는 경우인데, 남한과 북한은 하나로 되어 있는 상태는 아니다. 따라서, 남과 북의 관계설정에 대한 최근 연구들을 참조하면서, 통일의 상대적 개념으로 '분리'라는 말보다는 '공존'이란 어휘를 사용하는 것이 적합하다고 판단해 보았다. 마찬가지 이유에서 '공존'이란 어휘를 '평화'라는 어휘를 대체하여 사용하는 경우, '공존'이란 말의 상대어로서 '통합'이란 어휘를 사용하는 것이 적합할 것으로 판단하였다.

(3) 종합하면, 해당 연구는 '통일가치'를 선호하는 사람들과 '평화가치'를 선호하는 사람들의 행태적 차이를 설명하고자 하는데, 이런 경우 가치선호자들을 하나의 종속변수 내에서 배타적 그룹으로 취급하여야 한다. 이러한 상황은 비선형 회귀분석(non‒linear regression analysis)의 통계기법 때문에 발생한다. 연구에 사용되는 종속변수 내에서 응답값들을 두 개 내지 세 개의 집단으로 리코딩하는 과정이 필요한 경우엔, 그 두 개 내지 세 개의 집단 사이에 상호배타성이 있는 어휘로 명칭되는 것이 바람직함은 물론이다. 앞서 '통일'과 '평화'라는 개념의 중첩성 때문에 이를 대치할 수 있는 또 다른 어휘를 채택하는 것을 생각해 볼 수 있다. 물론 유목값들의 재명칭들이 연구 주제 키워드인 '평화'와 '통일'이란 어휘를 직관적으로 해치지 않는 연장선상에서 취사선택되어야 바람직할 것이다.5

본 연구에서 인식조사 분석을 위해서 평화와 통일을 대체하여 사용할 수 있는 용어를 선택하는 과정을 좀 더 구체적으로 설명할 필요가 있다. 연구에 사용되는 종속변수를 통해서 '통일'과 '평화'라는 개념을 근본적으로 해치지 않으면서도 인식조사 내에서 보다 적확한 어휘를 선택하기 위해선 연구가 채택하고 있는 인식조사를 종합적으로 검토하여야 한다. 2016년 서울대학교 통일평화연구원의 인식조사에 나타난 설문항 내의 응답값들을 검토하면서, 설문조사 응답자들은 결국 대부분의 설문항목 결국 조사 응답자들에게 "'남과 북의 관계설정'을 어떻게 하는 것이 좋을 것인지"를 묻는 것들로 종합화 하는 것이 적합하다는 판단을 하게 되었다. 그리고 '남과 북의 관계설정'에 관한 개념들을 종합적으로 다룬 연구물들을 리뷰하게 되었다.6 '남과 북의 관계설정'에 관한 개념들을 종합적으로 다룬 연구물을 검토하면서, 다양한 변수들의 응답값들을 재편집하고 재명칭하는 과정에서, '통일'의 연관 개념으로 '통합', '평화'의 연관 개념으로 '공존'이란 어휘를 사용하는 것이 무난할 것으로 판단하게 되었다. 예를 들면, 인식조사에 나타나 있는 응답값의 내용 중에 "통일 이후에도 남북한 두 체제를 각기 유지한다"라는 것은, 앞서 언급했듯이, '통일'을 하나의 헌법체계로 합치는 것으로 정의한다면(이것이 보다 많은 사람들이 공감하고 있는 통일의 정의라고 한다면), 통일에 찬성하는 것이 아니다. 그렇다고 해서 통일이후에도 남북한 두 체제를 각기 유지한다는 것이 통일반대주의자이거나 분리주의자인 것도 아니다. 이런 경우는 '연방주의자'라고 할 수도 있지만, 현실적으로 '자유주의'와 '세습주의'가 공존하는 연방은 존재하지 않는다. 기실 연방주의를 주장하는 사람들을 '통일선호자'라고 하기보다는 '공존선호자'라고 하는 것이 사실에 더 가까울 것이다. 그렇다고 해서, 연방주의를 주장하는 사람들이 '분리주의자'들도 아닐 것이다. 따라서, 본 연구는 해당 인식조사를 통계분석하기 전에 어휘를 선정함에 있어서 '통일'보다는 보다 포괄적인 의미로 사용될 수 있는 '통합'이란 어휘의 사용 가능성을 타진하였고, 동시에 '통합'이란 어휘와 최대한 상호배타성을 지닌 개념으로 '공존'이란 어휘를 동시에 고려하였다.

　'공존'과 '통합'이란 어휘의 선택은 특히 『김학노의 남과 북의 서로주체적 통합』이란 연구물을 참조하면서 결정하였다. 김학노는 『남과 북의 서로주체적 통합』이란 연구를 통해서 남과북 사이의 관계를 '만남의 깊이'와 '만남의 방식'이란 두 축으로 설명하는데, 전자와 연관된 개념이 '통합'이고 후자와 연관된 개념이 '공존'이란 개념이다.7 김학노는 남북한 관계 분석을 위한 개념틀에서 '통합－분리', '서로주체－홀로주체'란 축을 중심으로 4개의 개념 상한을 설정하고 있다. 개념 상한을 설정한 연구가 유용한 것은 상한끼리는 개념적 상호배타성이 있기 때문이다. '통합－분리'란 남과북 사이의 만남의 깊이를 나타낸다. '서로주체－홀로주체'란 남과북의 만남의 방식을 말한다. '통합'이란 각각 일방통합과 흡수통합 모두를 포함하는 상태로 정의된다. '서로주체－홀로주체'는 각각 평화공존 및 적대적 대치를 의미한다.

　본 연구에서 '통합'은 김학노의 정의와 일치하지만, '공존'의 경우는 평화와 적대적 대치를 모두 포함하여 '공존'하는 상태로 정의한다. 즉, 서로 다른 체제가 유지되면서 각각 존재하는 상태를 '공존'의 상태로 해석한다. 비록 공영(共榮)은 아니어도 현상학적으로 서로의 존재를 유지하는 것을 '공존'으로 정의해 보고자 한다. 왜냐하면, 앞서서 언급했듯이, 통계분석기법상 리코딩되는 단계에서 평화적 공존 및 적대적 대치가 하나의 유목값으로 합해질 수 있기 때문이다. 덧붙여서, '통합'과 대조되는 개념 조합이 '분리'임에도 '분리'를 사용하지 않은 이유는 앞서 언급했듯이, 현재 남한과 북한이 하나에서 두 개로 분리되는 것은 아니기 때문이다. 본 장에선 2016년 인식조사 설문항목들과 응답유목값들을 종합적으로 해석할 때, 공존이란 '평화공존'만을 의미하는 것은 아니고 대치상황에서 공존하는 것도 공존의 한 종류라고 판단하였다. 본 장에서 공존이란 현재 자신의 상황을 유지하면서 통합하지 않는 상태를 말하는 것이어서 공존－통합이란 두 개념은 상호배타적이다. 결론적으로, 설문인식조사 분석상에서 '통합가치 선호자'와 '공존가치 선호자'라는 표현이 더 적합한 표현이 되는 것이다. '통일'과 '평화'라는 어휘의 출발점에서, '통합가치 선호자'가 '통일가치 선호자'라는 의미의 기본을 저해하지 않고, '공존가치 선호자'라는 어휘 역시 '평화가치 선호자'라는 의미의 본색을 저해하는 문제를 발생시키지 않을 것이다. 설문항들의 유목값을 재처리한 통계도표를 해석함에 있어서는 '통합'과 '공존'이란 어휘를 주로 사용하되, '통일'과 '평화'에 연결시키는 과정에서 유의하여야 함은 물론일 것이다.

　본 장은 최근 시기 남북관계에 관한 남한 국민들의 종합적인 인식조사로 서울대학교 통일평화연구원이 2016년도에 행한 남한국민 인식조사를 분석하였다. 해당 설문조사는 해당 주제에서 장기간에 걸쳐 정기적으로 반복하여 온 안정적이고 체계화된 조사이다. 해당 설문조사는 해당 주제에 관한 여타의 설문조사와 비교하여 설문항의 구조화 정도에 있어서도 가장 높은 수준이다. 앞서 언급한 바와 같이 본 장의 목적은 '평화선호자'와 '통일선호자'의 행태 차이점을 설명할 수 있는 통계적으로 유의미한 독

립변수들을 찾아서 그 의미와 함의를 설명하는 것이다. 2016년 인식조사
에서의 설문항목들을 전체적으로 리뷰한 결과, 본 장의 목적에 부합하는
종속변수로 (1) 통일의 필요성, (2) 통일추진에 관한 견해, (3) 통일체제에
대한 견해를 묻는 주제로 나누어서 설문지의 형식과 내용 및 응답 유목값
들을 종합적으로 살펴보았다. 그 결과, 인식조사가 갖는 설문응답의 형식
상 (1), (2), (3)의 응답값들의 리코딩이 필요한 경우, 응답한 유목값들을
'공존'과 '통합'이라는 어휘로 가장 무리없이 묶어 낼 수 있다고 판단하였
다. 물론 '공존'이 절대적으로 '평화'를 대치할 수 있거나, '통합'이란 개념
이 '통일'이란 개념을 얼마나 대치할 수 있을지는 논쟁의 소지가 있으나,
적어도 설문항 응답값들을 가장 정직하게 해석하는 방법이다. 평화와 통
일에 대한 하위 또는 상위 개념들을 세분화하는 문제는 또 다른 연구주제
일 것이다. 각각의 개별설문 내에서, 동시에 3개의 설문항목들을 가로질러
서 '공존'(1)과 '통합'(2)이란 어휘는 유목값의 성격을 반영할 때 종합적으
로 무리가 없다고 생각한다. 하나의 설문항목 내에서 '공존선호 – 중립 –
통합선호'라는 입장은 유목값 간에 상대적으로 자리매김되는 것이다. 하나
의 설문항목 내에서 질문의 성격과 관련된 응답유목값들은 그 정도(또는
강도)의 순서대로 나열된다. 하나의 설문항목 내에서 유목값끼리 그 의미
를 파악할 때, 상대적으로 중립이고, 상대적으로 공존선호이고, 상대적으
로 통합선호로 자리매김된다는 의미이다. 다음은 본 장에서 비선형회귀분
석(non – linear regression analysis)을 위하여 선택한 종속변수의 유목값들
을 각각 리코딩하면서 중간값(0; 기준값)을 중심으로 공존(1)과 통합(2)으
로 재명칭한 구체적 내용이다.

(1) 통일의 필요성에 대한 견해
  0 (통일을 서두르기 보다 여건이 성숙되기를 기다려야 한다) ···· 중립적 입장
  1 (현재대로가 좋다 + 통일에 대한 관심이 별로 없다)
                          ·················· 남과북 관계설정에서 공존 선호자
  2 (어떠한 대가를 치르더라도 가능한 빨리 통일되는 것이 좋다)
                          ·················· 남과북 관계설정에서 통합 선호자

(2) 통일추진속도에 대한 견해
  0 (반반/그저 그렇다) ···························· 중립적 입장
  1 (별로 필요하지 않다 + 전혀 필요하지 않다)
                          ·················· 남과북 관계설정에서 공존 선호자
  2 (약간 필요하다, 매우 필요하다) ············· 남과북 관계설정에서 통합 선호자

(3) 통일후 체제에 대한 견해
  0 (남한과 북한의 체제를 절충한다) ························ 중립적 입장
  1 (통일이후에도 남북한 두 체제를 각기 유지한다 + 남한의 현 체제를 그대로
  유지한다) ···························· 남과북 관계설정에서 공존 선호자
  2 (통일이 이루어지기만 하면 어떤 체제이든 상관없다)
                          ·················· 남과북 관계설정에서 통합 선호자

통일추진속도에 대한 견해를 묻는 설문항목에서 "통일을 서두르기보다는 여건이 성숙되기를 기다려야 한다"를 중간값(0: 본 연구에서 기준값)으로 할 때, "현재대로가 좋다"라는 유목값과 "통일에 대한 관심이 별로 없다"라는 유목값을 합하여 리코딩하면서 이를 '공존'이란 개념으로 이해를 시도하였다. 반면에 "어떠한 대가를 치르더라도 이러한 개념틀을 참조하여 응답유목값들을 통합이나 공존이란 개념으로 리코딩하고, 통합선호자를 '통일선호자'로 공존선호자를 '평화선호자'로 연계하여 해석해 보고자 한다.

적어도, 인식조사 내에서 설문항목들을 가로질러 그 내용을 일관된 어휘로 해석하려고 할 때, '평화' 보다는 '공존'이란 개념으로, '통일'이란 개념보다는 '통합'이란 개념을 이용한다면, 설문항목들을 관통하여 설문의

도와 응답항목들의 내용을 더 적합하게 설명할 수 있는 것으로 판단하였
다. '통일'을 하나의 헌법체계로 합하는 것으로 정의한다면, 본 연구에서
종속변수로 사용되는 일부 설문항목들의 응답값들의 내용상 통일가치선호
자로 분류하기 어렵고 연방가치선호자로 분류되는 응답값이 존재함은 앞
서 지적하였다. 더욱이 통일 후 체제에 관한 유목값들을 보면 "여건성숙"
"체제절충", "체제유지"라는 소위 '과정'과 연계된 단어들이 쓰이고 있는
데, 이는 '단일국가(즉, 통일)'의 개념을 넘어서서 '연방국가', '국가연합' 등
의 개념들과 연계되거나 포괄하는 것이다. 이어서 단순히 '통일'이란 어휘
보다는 '통합'이란 어휘로 종합화하는 것이 더 적합할 것으로 생각한다. 물
론, 본 연구가 사용하는 인식조사에서 응답자들이 생각하는 통일의 성격
을 구체적으로 알 수는 없다. 또 다른 인식조사가 필요할 것이다. 본 장의
연구 목적과 연관하여 해당 인식설문조사를 통해서 특정 가치 선호자들의
행태 차이점을 분석할 때, 많은 설문 응답들의 내용들이 '통합'이나 '공존'
이란 어휘로 리코딩하여 응답자들의 사유체계를 해석할 때, 설문항목들을
관통하여 일관성 있는 해석을 할 수 있지 않을까 생각한다. 결과론적으로,
'통합'이나 '공존'이란 어휘는 '평화'나 '통일'이란 어휘보다 개념적 상호배
타성이 보장되고 있기에 통계분석과 그 결과물을 설명함에 유리하다.

　　주관성 측정인 경우 응답자들의 의식을 하나의 공통된 개념으로 묶어
내기 어렵고 해석하기 쉽지 않다. 결국 인식조사 내에서 응답자들의 주관
성 측정을 극복하고 객관성 측정을 담보하는 과정에서는 한 가지 설문항
목 내에서는 물론이고, 다양한 설문항목들을 관통하여 보다 일관된 개념
으로 해석될 수 있는 것이 바람직한데, 평화와 통일이란 개념을 해하지 않
으면서도 상식적으로 이들의 개념을 매개할 수 있는 개념이 필요할 것이
다. '공존' 가치 선호주의자와 '통합' 가치 선호주의자를 통해서 '평화' 가치
선호주의자와 '통일' 가치 선호주의자란 개념을 재명칭하는 데 한계는 있
을 것이다.8 남과 북의 관계설정에 관한 개념들로서 '공존'이나 '통합'이란
어휘로 유목값들을 재설정하더라도, 궁극적으로는 '평화' 및 '통일'이란 어

휘의 상투적인 평상시 사용과 그로 인한 어감이 가져오는 우리의 직관과
도 상치되지 말아야 함은 물론일 것이다. 역으로, 이러한 개념의 재도입이
나 보완 문제는 사용되는 통계기법을 기반으로 해당 인식조사 설문지 및
응답자의 사유체계를 왜곡하지 않고 보다 입체적으로 해석하는 데 도움이
되기 위함이다.9

　　결론적으로, 서울대학교 통일평화연구원이 2016년도에 행한 설문인식
조사에서 (1) 통일의 필요성, (2) 통일추진에 대한 견해, (3) 통일체제에
대한 견해를 묻는 설문의 응답 유목값들을 살펴본 결과, 중립적(또는 절충
적) 입장을 중심으로 '통합' 및 '공존'과 연관된 개념으로 양분할 수 있음을
알 수 있었다.10 '통합'을 선호하는 응답값들은 '통일' 선호로 '공존'을 선호
하는 응답값들은 '평화'에 대한 선호로 환원하는 데 큰 무리가 없을 것으
로 생각한다.

　　응답 패턴이 '통합'과 '공존'으로 양분되어 인식될 수 있는 경우에, 공
존을 선호하는 응답자들과 통합을 선호하는 응답자들 사이에 어떤 차이가
존재하는지 파악하는 방법으로 비선형회귀분석의 한 종류인 '다항 로지
스틱 분석(multi-nominal logistic regression)' 방법을 사용하는 것이 적합
하다.

Ⅲ. 독립변수들과 분석 매트릭스들

　　본 연구의 목적은 남한사회에서 '평화선호자'와 '통일선호자'들 사이에
어떤 행태적 차이가 있는지 살펴보는 것이다. 이는 '평화선호자'와 '통일선
호자'의 행태 차이에 영향을 미치는 요인들이 무엇인지 찾아내어 설명하
는 것이다. 이를 위한 가장 전형적인 통계처리방식은 비선형회귀분석 기
법중의 한 종류인 '로지스틱 회귀분석' 기법이다. 앞서 비선형회귀분석의
연산구조를 언급하면서 종속변수를 리코딩할 필요성과 그 과정에서 재명
칭의 필요성을 언급하였다.

독립변수로는 (a) 인구통계학적 독립변수들, (b) 북한 및 통일관련 이슈와 연관된 독립변수들, (c) 현재 남한 사회의 주요한 이슈들과 연관된 독립변수들의 세 가지 군으로 구분하여 선정하였다. 이들 독립변수들을 선정하면서 특히 고려한 점은 '남과 북의 관계설정'에 있어서 '공존선호자'와 '통합선호자' 간의 행태적 차이점에 남한 사회의 주요 사회 갈등 형식들과 어떠한 연관성이 있는지의 여부이다. 따라서, '인구통계학적, 사회경제적 변수들'은 물론이고 많은 연구에서 한국사회의 주요 사회이슈들(salient issues)의 기저를 형성하는 것으로 지적되어 온 '지역균열', '이념균열', '세대균열', '계층균열', '대북관에 대한 균열' 등과 연계된 변수들을 선정하였다.

"인구통계학적 변수들"은 성별, 세대변수, 학력, 종교유무, 월평균 가구소득, 계층으로 구성하였다. 본 연구에서는 연구의 목적이나 분석 내용을 고려하여 '계층'의 경우 자신이 직접 체감하고 판단하는 주관적 계층의식에 대한 설문을 사용하였다.

"북한 및 통일관련 이슈에 대한 인식들"과 관련된 독립변수들은 모두 7개로 "남북한 사회문화 교류가 통일에 도움이 되는 정도", "대북제재와 압박이 통일에 도움이 되는 정도", "통일을 이루기 위해 북한의 인권 개선이 시급하다고 보는지", "통일이 남한에 이익이 된다고 생각하는지", "최근 북한이 변화하고 있다고 생각하는지", "북한이 핵무기를 포기하지 않을 것이라고 생각하는지", "탈북자에 대해 친근하게 느끼는지"로 구성하였다.

마지막으로 "현행 주요 한국사회문제와 연관된 인식 변수들"은 모두 8개로 구성하였는데, "한국 사회에서 환경파괴가 심각한지", "한국 사회에서 표현의 자유에 대한 제약이 심각한지", "한국 사회에서 빈부격차가 심각한지", "한국 사회에서 실업문제가 심각한지", "한국 사회에서 지역 간 불균형 문제가 심각한지", "한국 사회에서 저출산/고령화 문제가 심각한지", "한국 사회에서 이념갈등이 심각한지", "한국 사회에서 부정부패가 심각한지"에 대한 태도를 측정한 변수들이다.

결론적으로, 이들 3개의 독립변수 군들을 각각 3개의 종속변수들과 연계시켜서 회귀분석을 시행하면서 기준값을 중심으로 남북한 관계설정에 있어서 '공존선호자'와 '통합선호자'들의 행태 차이점에 유의미한 독립변수를 구분해 내려고 한다. 종속변수를 (1) 통일의 필요성(통일은 반드시 필요한지, 아니면 필요없는지?), (2) 통일추진(속도)에 대한 견해(통일을 빨리 추진할 것인지, 아니면 기다릴 것인지?), (3) 희망하는 통일체제(통일 후 남한의 현 체제를 유지할 것인지, 아니면 체제를 절충할 것인지?)로 하고 이에 대한 독립변수의 성격에 따라서 (a), (b), (c)로 각각 구분하여 변수간의 상관성을 검증하게 되는 것이다. 물론 설문지에서 일반적 개념으로 개념적 상호배타성이 없는 통일 – 평화와 달리 유목값들을 기반하여 서로 다른 유목값에 응답한 '공존선호자'와 '통합선호자'라는 구분은 개념적 상호배타성이 완벽하게 존재한다. 통계분석의 목적은 두 선호집단의 기준집단(즉, 양쪽 선호의 중간적 위치에 있는 사람들)을 중심으로 그 행태적 차이에 영향을 미치는 변수들이 무엇인지를 파악하기 위한 것이다. 그렇게 함으로써 남북한의 관계설정에서 통일(하나됨)을 선호하는 사람들 집단과 두 체제가 다르게 공존하는 하는 것을 선호하는 사람들의 차이점을 분석하는 것이다. 연구에서 통계분석의 가능한 경우의 수들은 다음과 같다.[11]

남북관계 설정	종속변수 (1)	종속변수 (2)	종속변수 (3)
공존선호자	독립변수 (a)군	독립변수 (a)군	독립변수 (a)군
	독립변수 (b)군	독립변수 (b)군	독립변수 (b)군
	독립변수 (c)군	독립변수 (c)군	독립변수 (c)군
통합선호자	독립변수 (a)군	독립변수 (a)군	독립변수 (a)군
	독립변수 (b)군	독립변수 (b)군	독립변수 (b)군
	독립변수 (c)군	독립변수 (c)군	독립변수 (c)군

   남북관계설정의 경우 '남과 북의 관계설정'에 있어서 중립적인 입장을
지닌 응답자들(기준값)을 중심으로 '공존선호자'와 '통합선호자'의 종속변
수 (1), (2), (3)과 관련하여 독립변수 (a), (b), (c)군에서 통계적으로 유의
미한 개별 독립변수들을 살펴본다. 독립변수군 (a), (b), (c)를 중심으로
통계분석결과를 세 개의 도표로 정리해 보고자 한다. 이를 다시 한 번 더
정리하자면 다음과 같이 3개의 도표가 도출될 것이다.

남북관계 설정	종속변수 (1)	종속변수 (2)	종속변수 (3)
공존선호자	독립변수 (a)군	독립변수 (a)군	독립변수 (a)군
통합선호자	독립변수 (a)군	독립변수 (a)군	독립변수 (a)군

   상위의 도표는 독립변수군 (a)를 중심으로 종속변수 (1), (2), (3)에
대한 공존선호자와 통합선호자의 행태차이에 영향을 미치는 독립변수들이
무엇인지 보여줄 것이다. 즉, 이를 통해 종속변수들에 대한 공존선호자 및
통합선호자를 그 사이에 존재하는 중간적 위치 사람들을 기준값으로 비교
하여 공존가치와 통합가치 선호자들의 행태적 특성을 알게 해 준다.

남북관계 설정	종속변수 (1)	종속변수 (2)	종속변수 (3)
공존선호자	독립변수 (b)군	독립변수 (b)군	독립변수 (b)군
통합선호자	독립변수 (b)군	독립변수 (b)군	독립변수 (b)군

   상위의 도표는 독립변수군 (b)를 중심으로 종속변수 (1), (2), (3)에
대한 공존선호자와 통합선호자의 행태차이에 영향을 미치는 독립변수들이
무엇인지 보여줄 것이다. 즉, 이를 통해 종속변수들에 대한 공존선호자 및
통합선호자를 그 사이에 존재하는 중간적 위치 사람들을 기준값으로 비교
하여 공존가치와 통합가치 선호자들의 행태적 특성을 알게 해 준다.

남북관계 설정	종속변수 (1)	종속변수 (2)	종속변수 (3)
공존선호자	독립변수 (c)군	독립변수 (c)군	독립변수 (c)군
통합선호자	독립변수 (c)군	독립변수 (c)군	독립변수 (c)군

상위의 도표는 독립변수군 (c)를 중심으로 종속변수 (1), (2), (3)에 대한 공존선호자와 통합선호자의 행태차이에 영향을 미치는 독립변수들이 무엇인지 보여줄 것이다. 즉, 이를 통해 종속변수들에 대한 공존선호자 및 통합선호자를 그 사이에 존재하는 중간적 위치 사람들을 기준값으로 비교하여 공존가치와 통합가치 선호자들의 행태적 특성을 알게 해 준다.

본 장은 이상의 3개의 매트릭스를 통해서 공존선호자와 통합선호자의 행태적 차이점을 통계적으로 분석하여 그 의미와 함의가 무엇인지 설명해 보려고 한다. 마지막으로 '통합선호자'와 '공존선호자'란 개념을 중심으로 이들 두 선호집단의 행태 차이에 영향을 미치는 요인들을 알아보기 위한 연구변수들의 기술통계량 개요를 정리해 보면 다음과 같다.

변수	조작적 정의	최솟값	최댓값	평균	표준편차
통일의 필요성	"○○님은 남북한의 통일이 얼마나 필요하다고 생각하십니까? • 0(반반/그저 그렇다): 22%(265명) • 1(통일은 별로 필요하지 않다 + 전혀 필요하지 않다): 24.7%(296명) • 2(통일은 약간 필요하다 + 매우 필요하다) : 53.4%(640명)	0	2	1.31	0.81
통일추진 (속도)에 대한 견해	"남북한의 통일에 대해서 ○○님의 생각은 다음 중 어느 것에 가장 가깝습니까?" • 0(통일을 서두르기보다 여건이 성숙되기를 기다려야 한다): 54.2%(650명) • 1(현재대로가 좋다 + 통일에 대한 관심이 별로 없다): 32.7%(392명) • 2(어떠한 대가를 치르더라도 가능한 빨리 통일되는 것이 좋다): 13.1%(157명)	0	2	0.58	0.71

희망하는 통일 한국 체제	"○○님은 통일한국이 어떤 체제가 되어야 한다고 생각하십니까?" • 0(통일이후 남한과 북한의 체제를 절충한다): 34.5%(414명) • 1(통일이후에도 남북한 두 체제를 각기 유지한다 + 남한의 현 체제를 그대로 유지한다): 61.4%(738명) • 2(통일이 이루어지기만 하면 어떤 체제이든 상관 없다): 4.0%(48명)	0	2	0.69	0.54
성별	0(여성), 1(남성)	0	1	0.50	0.50
세대변수	1(19~29세), 2(30~39세), 3(40~49세), 4(50~59세), 5(60대 이상)	1	5	3.03	1.35
학력	1(초등학교 졸업 이하), 2(중학교 졸업), 3(고등학교 졸업), 4(대학재학/대학졸업), 5(대학원재학 이상)	1	5	3.27	0.72
종교유무	0(종교 없음), 1(불교, 기독교, 천주교)	0	1	0.47	0.49
월평균 가구소득	1(99만원 이하), 2(100~199만원), 3(200~299만원), 4(300~399만원), 5(400~499만원), 6(500~599만원), 7(600~699만원), 8(700만원 이상)	1	8	4.34	1.51
주관적 계층의식	1(하의 하), 2(하의 상), 3(중의 하), 4(중의 상), 5(상의 하, 상의 상)	1	5	3.04	0.82
남북사회 문화교류	1(전혀 도움이 되지 않는다), 2(별로 도움이 되지 않는다), 3(다소 도움이 된다), 4(매우 도움이 된다)	1	4	2.61	0.86
대북제재압박		1	4	2.34	0.81
북한인권 개선	1(전혀 시급하지 않다), 2(별로 시급하지 않다), 3(다소 시급하다), 4(매우 시급하다)	1	4	3.04	0.77
통일남한이익	1(전혀 이익이 되지 않을 것이다), 2(별로 이익이 되지 않을 것이다), 3(다소 이익이 될 것이다), 4(매우 이익이 될 것이다)	1	4	2.55	0.80
북한사회변화	1(거의 변하지 않고 있다), 2(별로 변하지 않고 있다), 3(약간 변하고 있다), 4(많이 변하고 있다)	1	4	2.24	0.81

북한핵포기	1(전혀 동의하지 않는다), 2(별로 동의하지 않는다), 3(다소 동의한다), 4(매우 동의한다)	1	4	3.25	0.86
탈북자 친근감	1(전혀 친근하지 않음), 2(별로 친근하지 않음), 3(반반/그저 그렇다), 4(다소 친근), 5(매우 친근)	1	5	3.00	0.83
환경파괴심각		1	4	3.42	0.58
표현자유제약		1	4	2.72	0.77
빈부격차심각		1	4	3.41	0.63
실업문제심각	1(전혀 심각하지 않다)	1	4	3.57	0.59
지역불균형 심각	2(별로 심각하지 않다) 3(약간 심각하다)	1	4	3.06	0.68
저출산 고령화심각	4(매우 심각하다)	1	4	3.53	0.60
이념갈등심각		1	4	2.93	0.73
부정부패심각		1	4	3.33	0.66

　　독립변수는 통계분석 도표에서 그 의미를 해석하기로 하고, 먼저 해당 분석에 사용된 세 개의 종속변수에 나타난 남한국민들의 응답률 분포를 살펴보려고 한다. 남한 국민들의 과반수 이상인 53.4%가 통일의 필요성에 공감하고 있는 것으로 나타났다. 통일이 필요하지 않다고 생각하는 사람들(24.7%)과 중간적 위치에서 '반반이다, 그저 그렇다'라고 생각하는 사람들(22%)이 비슷하게 나타났다. 분포정도를 대강화하면, 남한 국민들의 1/2 이상이 통일의 필요성을 느끼고 있으며, 1/4 정도는 통일이 필요없다고 생각하고 있고, 1/4 정도는 필요성이 그저 그렇다고 중위적 입장을 취하고 있다.

　　남북한 관계설정에서 통일의 속도에 대한 남한 국민들의 응답률 분포를 보면, "서두르기보다는 성숙되기를 기다려야 한다"는 응답이 과반수를 넘는 54.2%로 나타났다. 어떠한 대가를 치르더라도 빨리 통일이 되는 것이 좋다고 생각하는 사람들은 13.1%였으며, 현재대로가 좋으며 통일에 별 관심이 없는 사람들이 32.7%로 나타났다. 분포정도를 대강화하면, 남한 국민들의 1/2 이상이 "통일을 서두르지 말고 여건을 성숙시켜 나가야 한다"라고 생각하고 있다. 어떠한 무리수를 두더라도 통일이 지상명제라고 생각하는 사람들은 전체의 약 1/10 정도(조금 더 되는 정도)로 해석되고, 그냥 현재가 좋다는 사람들은 1/3 정도로 나타났다.12

희망하는 통일 한국체제에 대한 남한 국민들의 응답률 분포를 보면, 남한의 현 체제를 유지하기를 원하는 사람이 과반수에 조금 못 미치는 47.3%로 나타났으며, 남한의 현 체제를 유지하듯이 북한도 현재 체제를 유지하면 된다라는 응답이 14.1%로 나타났다. 종합적으로, 남한 국민들의 61.4%는 통일이후 남한의 현 체제를 유지해야 하는 것으로 응답하고 있다. 해당 인식조사에는 단일국가적 통일뿐만이 아니라, 연방제적 통일이나 심지어 연합국가적 통일의 개념도 혼재되어 있는 듯하다. '통일'이란 어휘가 통상적으로 하나의 헌법에 의한 일국가 일체제를 의미한다면, 사실 "남한의 현 헌법체제를 유지하듯이 북한도 현재 헌법체제를 유지하면 된다"라는 응답항목은 '통일'의 정의보다는 '통합' 상태여부에 더 연관되어 있다.

Ⅳ. 두 선호집단의 차이점 및 유사점 분석

앞서 언급한 바와 같이, 하나의 설문 속에서 응답 패턴이 '통합'과 '공존'으로 양분되어 인식될 수 있는 경우에, 공존을 선호하는 응답자들과 통합을 선호하는 응답자들 사이에 어떤 차이가 존재하는지 파악하는 방법으로 '다항 로지스틱 분석(multi-nomial logistic regression)' 방법을 사용하는 것이 적합하다. 다음은 세 개의 종속변수들을 중심으로 세 종류의 독립변수 집단들을 통계처리한 결과이다.

1. 인구통계학적 변수를 중심으로 본 통합선호자와 공존선호자의 차이

표 1 인구통계학적 독립변수들의 multinomial regression

	독립변수	통일의 필요성		통일추진(속도)에 대한 견해		희망하는 통일 체제	
		B 추정값	표준 오차	B 추정값	표준 오차	B 추정값	표준 오차
공존	성별	−0.174	0.178	−0.377***	0.136	−0.034	0.126
	세대변수	−0.090	0.080	−0.358***	0.062	0.116	0.056
	학력	−0.136	0.161	−0.388***	0.124	0.105	0.113
	종교유무	−0.426**	0.180	−0.450***	0.138	−0.175	0.128
	월평균 가구소득	0.066	0.070	0.103*	0.055	0.030	0.050
	주관적 계층의식	−0.206*	0.125	−0.048	0.096	−0.032	0.089
	절편	1.377**	0.684	1.874***	0.526	−0.064	0.481
통합	성별	0.703***	0.157	0.416**	0.189	−0.048	0.317
	세대변수	0.417***	0.071	0.131	0.085	0.037	0.143
	학력	0.007	0.141	−0.327**	0.160	−0.324	0.265
	종교유무	0.096	0.157	0.265	0.188	0.589*	0.328
	월평균 가구소득	−0.039	0.062	0.027	0.073	0.067	0.131
	주관적 계층의식	0.041	0.110	0.215*	0.130	−0.453**	0.219
	절편	−0.773	0.606	−1.961***	0.699	−0.529	1.115

a: 참조 범주는 종속변수의 순서대로 "반반/그저 그렇다", "통일을 서두르기보다 여건이 성숙되길 기다려야 한다", "남한과 북한의 체제를 절충한다"이다.

*: $p < 0.1$, **: $p < 0.05$, ***: $p < 0.01$

　　<표 1>은 통일의 필요성에 대하여 중립적 입장(반반/그저 그렇다)을 취하는 사람들을 기준값으로 할 때 공존의 가치를 선호하는 응답자들과의 행태차이에 영향을 미치는 독립변수들과 역시 동일한 기준값과 비교하여 통합의 가치를 선호하는 응답자들의 행태차이에 영향을 미치는 독립변수들을 보여주고 있다. 먼저 종속변수별로 통계적으로 유의미한 독립변수들을 정리해 보면 다음과 같다.

1) 통일의 필요성을 종속변수로 한 경우:

　　① 공존가치 선호자들의 행태: 통일의 필요성에 대하여 '중립적 위치'의 선호를 갖는 응답자들과 '공존가치 선호자들'의 차이를 설명하는 데 '종교유무', 그리고 '주관적 계층의식'(90% 유의수준으로 확장한 경우)이 통계적으로 유의미하게 영향을 미치는 독립변수로 나타났다. 종교를 갖고 있는 사람들이 그렇지 않은 사람들과 비교하여 더 통일이 필요하다고 생각하고 있다. 이는 종교의 목적이 포교인 것과 무관하지 않을 것이다. 주관적 계층의식을 결정하는 가장 중요한 요인은 자신의 경제적 상황일 것이다. 자신을 낮은 계층이라고 인식하는 사람들은 통일의 필요성을 낮게 생각하고 있다. 주관적 계층의식이 경제소득이나 이로 인한 민생고와 밀접한 상관성이 있을 수밖에 없는 경우엔, 중간이하의 낮은 주관적 계층의식을 지닌 사람들에겐 거시적인 차원에서의 통일담론이나 통일 필요성보다는 일상생활에서의 민생고 해결이 중요할 것이다.

　　② 통합가치 선호자들의 행태: 통일의 필요성에 대하여 '중립적 위치'의 선호를 갖는 응답자들과 '통합가치 선호자들'의 차이를 설명하는 데 '성별'과 '세대변수'가 통계적으로 유의미한 변수이다.[13] '통합가치 선호자들'을 보면 특히 '세대변수'가 통계적으로 유의미한 것으로 나타나 관심을 끈다. 세대변수는 현 한국사회에서 주요한 사회균열 축의 하나로 평가되고 있다. 통합가치 선호자들만을 놓고 볼 때, 젊은 세대는 나이 든 세대와 비교하여 상대적으로 통일의 필요성을 낮게 생각한다. 이를 현재 우리사회의

세대균열 현상과 연계시켜 해석해 보자면, 젊은 세대들의 관심이 결코 통일과 같은 거국적이고 환상적이 아닌 것과 연계된 것이 아닌가 추측해 본다. 비록 통일에 대한 규범적 사명감을 무시할 수 없더라도, 베이비붐 세대의 피크를 형성한 10학번과 11학번의 절대적 관심은 청년실업문제이지 통일문제가 아니다. 이는 젊은 시절 교육환경과도 연관이 있을 것이다. 또한 세계화 시대를 어려서부터 경험한 20대, 30대의 젊은 세대가, 나이든 세대처럼 민족의식에 대한 사명감을 가지고, 북한체제의 불합리한 행태를 이해하기 어려울 것이다. 30대나 40대 초반의 젊은 세대들은 현재 자신들이 나이든 세대의 은퇴 후 연금에 대한 책임을 자신들이 져야 한다는 부담을 토로하고 있다. 정작 자신들은 무한경쟁 사회에서 미래를 담보할 수 없다. 자신들이 미래 통일비용을 짊어져야 하는 것은 큰 부담이다. 역으로, 그렇기에 그럼에도 남북관계설정에서 통합을 선호하는 젊은이들은 남북통일이 또 다른 경제적 기회를 가져올 수도 있다고 생각하고 있는 듯하다.[14]

2) 통일추진에 대한 견해를 종속변수로 한 경우:

① 공존가치 선호자들의 행태: 통일을 추진함에 있어서 '중립적 위치'의 선호를 갖는 응답자들(즉, 관심없으며, 현재대로 한다)과 '공존가치 선호자들'의 차이를 설명하는 데 '세대', '학력', '종교'가 통계적으로 유의미하게 영향을 미치는 독립변수로 나타났다.[15] 젊은 세대들은 나이 든 세대와 비교하여 통일추진을 서두르는 것에 관심이 없고, 현상황이 더 좋다고 생각하는 경향이 있다. 이는 무한경쟁에 내몰린 젊은 세대들의 궁극적인 관심은 통일이 아니고 보다 안정적이고 풍요로운 개인의 미래나 일상생활에 있음을 보여준다. 학력이 낮은 응답자의 경우 통일 추진처럼 사명감을 필요로 하는 미래국가사업에 관심이 낮게 나타났다. 종교를 갖지 않은 사람들은 통일에 관심이 없거나 현재대로가 좋다고 생각했다.

② 통합가치 선호자들의 행태: 통일을 추진함에 있어서 '중립적 위치'의 선호를 갖는 응답자들(즉, 관심없으며, 현재대로 한다)과 '통합가치 선호

자들'의 차이를 설명하는 데 '학력'과 '주관적 계층의식'이 통계적으로 유의
미하게 영향을 미치는 독립변수로 나타났다. 통합가치 선호자들 내에선
학력이 낮은 응답자가 무리가 되더라도 빠른 통일을 원했다. 이는 학력이
낮으면서 공존선호자인 경우에는 통일추진에 관심이 없었으나 통합선호자
인 경우엔 오히려 설문에 나타났듯이 "어떠한 대가를 치르더라도 가능한
빨리 통일이 되는 것이 좋겠다"라고 생각했다. 이는 우리사회에서 낮은 사
회적 지위나 경제적 상황에 있는 사람들이 새로운 세상에 대한 기대감을
갖고 있는 것으로 해석할 수 있는 듯하다. '주관적 계층의식'은 90%의 통
계적 신뢰수준을 지닌 변수인데, 적어도 통합가치를 선호하는 응답자 내
에선 높은 주관적 계층의식을 지닌 사람들이 조속한 통일의 추진을 희망
하는 것으로 나타났다. 이것은 높은 계층의식을 지닌 응답자들이 국가 민
족적 차원에서 규범성이나 사명감과 연관된 듯하다. 마찬가지로, 통합가치
를 선호하는 응답자 내에선 낮은 주관적 계층의식을 지닌 사람들이 상대
적으로 통일에 관심이 없는 것으로 나타났다.

3) 희망하는 통일체제를 종속변수로 한 경우:

① 공존가치 선호자들의 행태: 희망하는 통일체제 인식조사에서 '중
립적 위치'의 선호를 갖는 응답자들과 '공존가치 선호자들'의 차이를 설명
하는 데 통계적으로 유의미한 변수는 나타나지 않았다. 이것은 해당 설문
조사지에서 해당 설문항목의 유목값 배열의 응답형식 때문일는지도 모른
다. "남북체제를 절충한다(중립적 위치)"는 것과 "두 체제를 각기 유지한다
(공존선호 위치)"는 것은 언뜻 보면 상이한 내용이지만 두 체제의 공존에
가치를 두는 사람들에겐 그 구분에 큰 의미가 없을 것이다. 그렇게 추론해
본다.

② 통합가치 선호자들의 행태: 희망하는 통일체제 인식조사에서 '중립
적 위치'의 선호를 갖는 응답자들과 '통합가치 선호자들'의 차이를 설명하
는 데 '종교'와 '주관적 계층의식'이 통계적으로 유의미하게 영향을 미치는

독립변수로 나타났다. 통합가치 선호자 내에선, 무교(無敎)인 사람들은 정치체제의 절충을 선호하는 반면에, 종교를 갖고 있는 사람들은 통일이란 가치에 무게를 두면서 정치체제의 형식에는 신경쓰지 않는 경향을 보이고 있다. 유목값이 "통일이 이루어지기만 하면 어떤 체제이던 상관없다"라고 조금은 모호한 내용으로 되어 있는데, 이것은 통합가치 선호자의 경우, "어떤 체제이든 상관없다"라는 것은 북한체제를 말하는 것이 아니고 민주체제를 전제로 어떤 정부형태이든 상관없다는 뜻이 아닌가 추론해 보는데, 분명치는 않아 장차 이에 대한 추가연구를 통해 보완할 필요가 있다.

결론적으로 <표 1>을 종합해 보면, 인구통계학적 독립변수들을 통해선 통합선호자와 공존선호자를 구분함에 있어서 세 개의 종속변수를 가로질러서 공통으로 중요하게 나타난 독립변수는 하나도 없었다. 공존선호자들에게선 두 개의 종속변수(통일의 필요성, 통일추진에 관한 견해)에서 '종교유무'변수가 유일하게 공통된 영향을 미치는 독립변수로 나타났다.

2. 북한 및 통일관련 변수들을 중심으로 본 통합선호자와 공존선호자의 차이

<표 2>는 북한 및 통일관련 이슈들을 독립변수로 하여 분석하고 있다. 통일에 대한 견해에 대하여 통합에 가치를 두는 사람들과 공존에 가치를 두는 사람들의 두 그룹을 그 양자 그룹 사이에서 중간적 입장을 취하는 사람들과 비교하여 어떠한 행태적 차이를 갖는지 설명하는 데 유의미한 변수들을 보여주고 있다.

| 표 2 | 북한 및 통일관련 이슈와 연관된 독립변수들에 대한 multinomial regression |

		통일의 필요성		통일추진(속도)에 대한 견해		희망하는 통일 체제	
	독립변수	B 추정값	표준 오차	B 추정값	표준 오차	B 추정값	표준 오차
공존	남북사회문화교류	-0.270**	0.110	-0.373***	0.087	-0.288***	0.080
	대북제재압박	-0.112	0.114	-0.113	0.090	0.198**	0.080
	북한인권개선	-0.154	0.116	-0.442***	0.095	0.098	0.087
	통일남한이익	-0.315**	0.123	-0.687***	0.097	-0.322***	0.085
	북한사회변화	-0.121	0.115	-0.041	0.091	-0.108	0.081
	북한핵포기	0.061	0.099	-0.087	0.082	-0.043	0.074
	탈북자친근감	-0.256**	0.108	-0.124	0.086	0.123	0.079
	절편	2.986***	0.624	4.420***	0.539	1.423***	0.477
통합	남북사회문화교류	0.343***	0.098	0.435***	0.121	-0.208	0.197
	대북제재압박	0.134	0.098	0.000	0.112	-0.696***	0.220
	북한인권개선	0.312***	0.106	0.326**	0.138	-0.565***	0.212
	통일남한이익	0.703***	0.108	0.225*	0.125	-0.011	0.210
	북한사회변화	-0.282***	0.100	0.140	0.114	0.172	0.200
	북한핵포기	0.172*	0.089	-0.166	0.105	0.038	0.187
	탈북자친근감	-0.050	0.096	-0.011	0.115	0.049	0.194
	절편	-2.909***	0.616	-4.115***	0.806	0.784	1.070

a: 참조 범주는 종속변수의 순서대로 "반반/그저 그렇다", "통일을 서두르기보다 여건 이 성숙되길 기다려야 한다", "남한과 북한의 체제를 절충한다"이다.
*: $p < 0.1$, **: $p < 0.05$, ***: $p < 0.01$

1) 통일의 필요성을 종속변수로 한 경우:

① 공존가치 선호자들의 행태: 통일의 필요성에 대하여 '중립적 위치'의 선호를 갖는 응답자들과 '공존가치 선호자들'의 차이를 설명하는 데 '남북사회문화교류', '통일과 남한이익', '탈북자 친근감'의 변수들이 통계적으로 유의미하게 영향을 미치는 독립변수로 나타났다. 남북사회문화교류가 통일에 별로 도움이 되지 않는다고 생각하는 사람들은 통일의 필요성을 낮게 평가하고 있었다. 이것은 인과관계를 해석함에 있어서 역으로 해석도

가능하다. 평소 통일의 필요성을 별로 느끼지 않는 사람들은 남북사회문화
교류를 통일 실천과 관련하여 낮게 평가하는 것으로 해석해 볼 수 있을 것
이다. 통일이 남한에 별로 이익이 되지 않는다고 생각하는 사람들은 통일
이 필요하지 않다고 생각하는 것으로 나타났다. 탈북자들에게 친근감을 느
끼지 않는 사람들은 통일이 필요하지 않다고 생각하는 것으로 나타났다.

　② 통합가치 선호자들의 행태: 통일의 필요성에 대하여 '중립적 위치'
의 선호를 갖는 응답자들과 '통합가치 선호자들'의 차이를 설명하는 데 '남
북사회문화교류', '북한인권개선', '통일과 남한이익', '북한사회변화'가 통
계적으로 유의미한 변수이다. 그리고 '북한핵포기' 변수도 10% 유의수준
으로 확장하면 통계적으로 유의미하게 영향을 미치는 독립변수로 나타났
다. '공존가치 선호자들'과 기준값을 중심으로 간접적으로 비교할 때, '통
합가치 선호자들'을 보면 특히 '북한인권개선' 변수와 '북한인식의 변화'가
통계적으로 유의미한 것으로 나타나 관심을 끈다. 남북한 관계설정에서
통합의 가치를 지닌 사람들은 통일의 필요성을 높게 평가할수록 사람들
은 북한의 인권문제 해결이 시급한 것으로 생각하는 것으로 나타났다. 국
가가 통일정책을 시행하는 데 북한의 인권문제 개선은 피할 수 없는 주요
한 이슈임이 경험적으로 입증된 셈이다. 이와는 대조적으로, 통합가치 선
호자들 내에서 통일의 필요성을 강하게 느끼는 사람들은 북한사회가 진
정으로 변하고 있지 않다고 생각하는 것으로 나타났다. 통합가치 선호자
들은 통일의 필요성을 느낄수록 남북문화교류가 통일에 도움이 되는 것
으로 생각하고 있었다. 특히 남북한 관계설정에서 통합가치 선호자들 중
에서도, 10% 유의수준에서 말하자면, 북한의 핵포기 가능성에 동의하기
어려운 사람들은 통일의 필요성을 낮게 평가하고 있었다.

2) 통일추진에 대한 견해를 종속변수로 한 경우:
　① 공존가치 선호자들의 행태: 통일을 추진함에 있어서 '중립적 위치'
의 선호를 갖는 응답자들(즉, 관심없으며, 현재대로 한다)과 '공존가치 선호

자들'의 차이를 설명하는 데 '남북사회문화교류', '북한인권개선', '통일과 남한이익' 변수가 통계적으로 유의미하게 영향을 미치는 독립변수로 나타났다. 남과 북의 바람직한 관계설정에서 사회문화교류가 별로 도움이 되지 않는다고 생각하는 사람들은 통일에 대한 관심도 낮고 현재 상황에서 공존하는 것이 좋다고 생각하고 있었다. 기실, 통일에 대한 관심도 낮고 현재 상황에서 남과 북이 따로 존재하는 것이 좋다고 생각하니 '공존가치 선호자'인 것이다. 역으로, 앞서서 통일의 필요성에서도 그러했고, 다른 어떤 변수보다도, 남북문화교류에 대한 입장은 공존가치 선호자인지 아닌지를 판단하는데 평범하면서도 주요한 변수가 되는 듯하다.

　② 통합가치 선호자들의 행태: 통일을 추진함에 있어서 '중립적 위치'의 선호를 갖는 응답자들(즉, 관심없으며, 현재대로 한다)과 '통합가치 선호자들'의 차이를 설명하는 데 '북한인권개선' 변수가 통계적으로 유의미하게 영향을 미치는 독립변수로 나타났다. 이는 앞서 통일의 필요성을 종속변수로 할 때와 마찬가지로, 남북한 관계설정에서 통합가치를 선호하는 사람들 내에서, 인권개선이 시급하다고 생각하는 사람일수록 가능한 한 빨리 통일을 이루어 내야 한다고 생각하는 것으로 나타났다. 남북한의 관계 설정에서 분리공존보다 더 통합을 더 선호하는 사람들에겐, 북한의 인권문제가 시급하며 이는 통일을 통해서 개선될 수 있다는 생각을 하는 것으로 해석해 볼 수 있을 것이다.

3) 희망하는 통일체제를 종속변수로 한 경우:
　① 공존가치 선호자들의 행태: 희망하는 통일체제 인식조사에서 '중립적 위치'의 선호를 갖는 응답자들과 '공존가치 선호자들'의 차이를 설명하는 데 '남북사회문화교류', '대북제재압박', '통일과 남한의 이익' 변수가 통계적으로 유의미하게 나타났다. 남북한의 관계설정에 남북사회문화교류가 별 도움이 안된다고 생각하는 사람들은 통일이후에도 남북한 체제를

절충하기보다는 남북한의 두 체제를 분리하여 유지하는 것이 바람직하다고 생각하고 있다. 이것은 공존가치 선호자들에게 통일의 한 형태로 연방국가가 형성되더라도 현 남한의 체제를 유지하거나 남북한이 각기 서로다른 체제를 유지하는 연방국가가 그들이 받아들일 수 있는 마지노선이라는 것을 뜻한다. 바람직한 남북한 관계설정을 위해서 대북제재압박이 필요하다고 보는 사람들이 그렇지 않은 사람들보다 통일이후에도 남북한 체제를 절충하는 것보다는 남북한의 두 체제를 분리하여 유지하는 것을 희망하고 있다. '통일이 남한의 이익'에 도움이 되지 않는다고 생각하는 사람들 역시 통일이후에 남북한 체제를 절충하는 것보다 남북한의 두 체제를 분리하여 유지하는 것을 선호한다.

② 통합가치 선호자들의 행태: 희망하는 통일체제 인식조사에서 '중립적 위치'의 선호를 갖는 응답자들과 '통합가치 선호자들'의 차이를 설명하는 데 '대북제재압박'와 '북한인권개선'이 통계적으로 유의미하게 영향을 미치는 독립변수로 나타났다. 통합가치를 선호하는 사람들 내에서, 남북한 관계설정에서 대북제재압박이 통일에 도움이 되지 않는다고 생각하는 사람들은 통일만 되면 어떤 체제든 상관없다는 입장을 보이고 있다. 통일선호 입장을 보이면서 대북제재에 반대하고 북한체제를 더 이해하려는 경향을 보이는 사람들일 것이다. 이들은 "통일이 이루어지기만 한다면 어떤 체제이든 상관없다"는 입장을 보이고 있다.

결론적으로 <표 2>를 종합해 보면, 북한 및 통일 관련 주요 이슈들과 연관된 독립변수들을 통해선 통합선호자와 공존선호자를 구분함에 있어서 세 개의 종속변수를 가로질러서 공통으로 중요하게 나타난 독립변수들이 존재했는데 다음과 같이 정리된다. 공존선호자들에게선 세 개의 종속변수 모두를 가로질러 공통되게 '남북사회문화교류' 변수와 '통일에 대한 남한이익' 변수가 영향을 미치는 독립변수로 나타났다. 통합선호자들에게는 세 개의 종속변수 모두를 가로질서 공통되게 '북한인권개선'의 변수

가 영향을 미치는 독립변수로 나타났다. 통일정책을 강하게 추진하는 정
부일수록 '북한인권개선'에 관심을 가져야 할 것이다.

3. 남한 사회문제와 연관된 변수들을 중심으로 본 통합선호자와 공존선호자의 차이

표 3   한국 내 사회문제와 연관된 인식 변수들에 대한 multinomial regression

	독립변수	통일의 필요성		통일추진(속도)에 대한 견해		희망하는 통일 체제	
		B 추정값	표준 오차	B 추정값	표준 오차	B 추정값	표준 오차
공존	환경파괴심각	−0.027	0.155	0.096	0.118	−0.151	0.115
	표현자유제약	0.061	0.124	0.145	0.095	0.030	0.090
	빈부격차심각	−0.176	0.162	−0.198	0.123	−0.252**	0.120
	실업문제심각	−0.134	0.164	0.178	0.126	−0.148	0.121
	지역불균형심각	−0.183	0.143	−0.045	0.108	0.193*	0.104
	저출산고령화심각	0.023	0.156	−0.264**	0.120	−0.065	0.117
	이념갈등심각	0.036	0.133	0.066	0.101	−0.085	0.097
	부정부패심각	0.261*	0.151	−0.301***	0.114	0.386***	0.110
	절편	0.613	0.712	0.687	0.558	1.011*	0.553
통합	환경파괴심각	0.066	0.135	0.230	0.169	0.221	0.301
	표현자유제약	−0.105	0.107	0.411***	0.129	0.328	0.226
	빈부격차심각	0.042	0.142	−0.016	0.177	0.313	0.332
	실업문제심각	−0.150	0.144	−0.255	0.174	0.226	0.342
	지역불균형심각	0.016	0.123	0.100	0.151	−0.132	0.252
	저출산고령화심각	0.258*	0.137	−0.005	0.176	−0.049	0.311
	이념갈등심각	−0.050	0.115	−0.159	0.139	0.039	0.237
	부정부패심각	0.200	0.130	−0.003	0.163	0.384	0.283
	절편	−0.142	0.647	−2.217***	0.838	−6.634***	1.768

a: 참조 범주는 종속변수의 순서대로 "반반/그저 그렇다", "통일을 서두르기보다 여건이
　성숙되길 기다려야 한다", "남한과 북한의 체제를 절충한다"이다.
*: p<0.1, **: p<0.05, ***: p<0.01

<표 3>은 현재 한국사회의 주요 사회이슈들(salient issues)을 독립변수로 설정하여 분석하고 있다. 독립변수들은 모두 남한 국민들을 상대로 하여 현재 한국사회에서 다양한 사회이슈들이 심각한 수준인지 아닌지를 묻는 설문항들로 구성하였다. 통일에 대한 견해에 대하여 통합에 가치를 두는 사람들과 공존에 가치를 두는 사람들이 그 양자 그룹 사이에서 중간적 입장을 취하는 사람들과 비교하여 어떠한 행태적 차이를 갖는지 설명하는데 유의미한 변수들을 보여주고 있다.

1) 통일의 필요성을 종속변수로 한 경우:

① 공존가치 선호자들의 행태: 통일의 필요성에 대하여 '중립적 위치'의 선호를 갖는 응답자들과 '공존가치 선호자들'의 차이를 설명하는 데 99% 또는 95% 신뢰수준을 갖는 변수는 없었다. '부정부패문제' 변수는 90% 신뢰수준에서 통계적 유의미가 나타났다. 공존가치 선호자들 내에선 남한 내 부정부패의 문제가 심각하다고 생각하는 사람들은 통일의 필요성을 낮게 평가하고 있다. 예상컨대 남한 내 부정부패의 문제를 해결하는 것이 자신들의 경제적 사회적 생활과도 연관하여 당면한 중요 문제이지, 통일과 같은 거대담론은 별로 자신의 생활에 직접적으로 연관되는 중요한 사안이 아니라고 판단하는 것으로 추론해 본다.

② 통합가치 선호자들의 행태: 통일의 필요성에 대하여 '중립적 위치'의 선호를 갖는 응답자들과 '통합가치 선호자들'의 차이를 설명하는 데 1% 또는 5% 유의수준에서의 변수는 없었다. 10% 유의수준으로 확장한 경우 '저출산고령화문제' 변수가 통계적으로 유의미한 독립변수로 나타났다. 남한에서 저출산고령화의 문제가 심각하다고 생각하는 사람들은 통일의 필요성을 강하게 느끼고 있었다. 한국사회의 저출산 문제를 근본적으로 해결하는 길은 잡다한 정책들이 아니고, 남북한 통일이라는 주장은 나름대로 설득력이 있다. 통일로 인해서 사회분위기가 일신되고 보다 많은 사람들이 교류가 기하급수적으로 증가할 가능성이 있다. 설문항에서 '고령

화'의 문제를 저출산의 문제와 함께 워딩하여 물어보았지만, 사실 '저출산'
의 문제와는 연장선상에 있기도 하지만, 별개로 취급되어야 할 문제이고,
따라서 분리하여 물어보는 것이 더 좋지 않았을까 한다. 2016 해당 설문
지에선 응답자들이 이들 두 개의 사회문제를 함께 종합하여 한 개의 설문
항에서 답했다.

2) 통일추진에 대한 견해를 종속변수로 한 경우:

① 공존가치 선호자들의 행태: 통일을 추진함에 있어서 '중립적 위치'
의 선호를 갖는 응답자들(즉, 관심없으며, 현재대로 한다)과 '공존가치 선호
자들'의 차이를 설명하는 데 '저출산고령화문제'와 '부정부패' 변수가 통계
적으로 유의미하게 영향을 미치는 독립변수로 나타났다. 공존선호자들 내
에선 저출산고령화의 문제를 심각하게 느끼는 사람들이 통일에 대하여 관
심이 낮았다. 이것은 앞서 통일의 필요성을 종속변수로 한 분석에서 '통합
가치 선호자들'의 행태와도 유사한 것이다. '공존가치 선호자들'은 남한 내
에선 저출산의 문제가 남한 내의 당면문제이기에 이러한 당면문제가 중요
한 것이지, 통일이란 화두는 별로 중요한 것이 아니라는 인식을 하고 있는
것으로 해석해 본다.

② 통합가치 선호자들의 행태: 통일을 추진함에 있어서 '중립적 위치'
의 선호를 갖는 응답자들(즉, 관심없으며, 현재대로 한다)과 '통합가치 선호
자들'의 차이를 설명하는 데 '표현자유제약' 변수가 통계적으로 유의미하
게 영향을 미치는 독립변수로 나타났다. 현재 남한내의 이념갈등이 심각
한 사회문제로 증폭되어 있음은 주지의 사실이다. 일반적으로 '진보'의 입
장에 서는 사람들은 '보수'의 입장에 서는 사람들보다 현재 남한사회에 표
현의 자유에 제약이 있다고 생각하는 경향이 있다. 따라서 일반적으로 공
존에 대한 가치보다 통일에 대한 가치를 더 선호하는 사람들이 남한 내에
서 '진보' 진영이라고 할 때, 통합가치 선호자들로 구성된 사람들이 '진보'
응답자들이 많아 이러한 통계 결과가 나온 것으로 추측해 본다.

3) 희망하는 통일체제를 종속변수로 한 경우:

① 공존가치 선호자들의 행태: 희망하는 통일체제 인식조사에서 '중립적 위치'의 선호를 갖는 응답자들과 '공존가치 선호자들'의 차이를 설명하는 데 '빈부격차문제'와 '부정부패문제'가 통계적으로 유의미하게 나타났다. '지역불균형문제'는 90% 신뢰수준에서 통계적 유의미가 나타났다. 남한 내 빈부격차가 심하다고 생각하는 사람들은 상대적으로 남한과 북한의 절충적 체제를 원하고 있었다. 이는 자신의 경제적 곤란과 연관하여 현 자유주의 체제 성격에 사회주의적 내지 공산주의적 체제의 성격을 절충하는 것을 희망하고 있음을 뜻한다. 지역불균형이 심하다고 생각하는 사람들은 오히려 남한의 현 자유주의 체제를 그대로 유지하기를 원했다. 추론에 다양한 의견이 있겠지만, 현재 남한에서 지역불균형을 심각하게 생각하는 사람들은 그 심각성에 비추어 모두 경인지구로 이동할 가능성이 크다. 즉, 소극적으로 그 심각성을 생각만 하지 않고, 적극적으로 이주를 통해서 해결할 가능성이 크다. 이것은 지역불균형 문제가 개인들의 일상생활과 밀접한 관련이 있기 때문이다. 따라서 지역불균형 문제를 해결하는 체제는 보다 거주이전의 자유가 확보된 자유주의체제이지, 사회주의, 공산주의 체제는 아닐 것이다. 남한 내에서 부정부패의 문제가 심각하다고 생각하는 사람들은 남한의 현 체제를 유지하는 것을 선호하였다. 이것은 앞서 언급한대로, 공존주의자들이 통합주의자들보다 상대적으로 자신이 당면한 일상생활에 가치를 두기 때문일 것이다. 부정부패의 문제를 해결하는 데 현 체제에 사회주의적 성격을 혼합, 절충하는 체제를 원하는 것은 아니다. 공존가치 선호자들은 근본적으로 자유주의 체제의 가치는 바꿀 수 없는 것으로 생각하고 있는 것으로 나타났다.

② 통합가치 선호자들의 행태: 희망하는 통일체제 인식조사에서 '중립적 위치'의 선호를 갖는 응답자들과 '통합가치 선호자들'의 차이를 설명하는 데 통계적으로 유의미한 변수는 없었다.

결론적으로 <표 3>을 종합해 보면, 북한 및 통일관련 주요 이슈들과 연관된 독립변수들을 통해선 통합선호자와 공존선호자를 구분함에 있어서 세 개의 종속변수를 가로질러 공통으로 중요하게 나타난 독립변수들이 존재했는데 다음과 같이 정리된다. 공존선호자들에게선 세 개의 종속변수 모두를 가로질러 공통되게 '남북사회문화교류' 변수와 '통일에 대한 남한이익' 변수가 영향을 미치는 독립변수로 나타났다. 통합선호자들에게는 세 개의 종속변수 모두를 가로질서 공통되게 '북한인권개선'의 변수가 영향을 미치는 독립변수로 나타났다. 통일정책을 강하게 추진하는 정부일수록 '북한인권개선'에 관심을 가져야 할 것이다.

V. 결론과 예상

　　본 장은 해당 프로젝트의 주제어인 '통일'과 '평화'에 대하여 남한 국민들은 어떠한 인식을 갖고 있는지 파악하고자 하였다. 2016년 서울대학교 통일평화연구원의 인식조사를 종합적으로 검토하면서, '통일주의자'를 '통합주의자'란 어휘로 '평화주의자'를 '공존주의자'라는 어휘로 대체하여 그들 두 집단의 행태적 차이에 영향을 미치는 변수들을 파악해 보고자 하였다. 물론 '통일'과 '평화'에 덧붙여 '통합'과 '공존'이란 어휘를 함께 또는 대체하여 사용한 이유는 근본적으로 인식조사의 응답값을 포괄하는 용어의 필요성에서 기인함은 앞서 설명하였다. 2016년의 통일인식조사를 분석한 <표 1>, <표 2>, <표 3>을 통해서 얻은 경험적 결론들의 의미를 몇 가지로 정리해 보고 앞으로 대한민국의 통일정책과 평화정책에 대해서 언급해 보고자 한다.

　　첫째, 당면 한국사회의 가장 큰 문제점으로 소위 '보혁갈등'을 지적하는 사람들이 많다. 한국정치과정의 가장 큰 특색은 대통령제하에서 '보수' 진영과 '진보' 진영으로 나뉘어서 갈등을 확대 재생산하는 것이다. 그런 경우, 두 진영인 '보수'와 '진보'의 행태를 스테레오타입화하여 바라다 보곤 하는데, 해당 연구 결과는 '통합선호자'의 행태는 일상적으로 '진보'라고 불리우는 사람들과 일치하고, '공존선호자'의 행태는 평소 '보수'라고 하는 사람들의 행태와 일치하는 경향으로 나타났다. 지난 연구들을 보면, 남한 사회에서 '보수'와 '진보'를 나누는 가장 중요한 차원은 '남과 북의 관계설정'에서 '북한을 바라보는 시각' 또는 나아가 '통일문제'라고 한다. 현재 남한 내 이념갈등구조하에 남과 북의 관계를 설정함에 있어서, 상대적 의미에서, 진보진영은 통일 과정에서 혼란과 불안정보다는 같은 민족과 통일의 성취에 대한 관념이 강하다. 반면에, 상대적 의미에서, 보수는 대한민국의 자유민주주의 수호라는 틀 속에서 남북관계를 설정한다. 보수진영은 통일의 가치보다 국가경쟁에서 우위에 선 대한민국의 가치를 중시한다. 앞서 설명한 <표 1>, <표 2>, <표 3>에 나타난 경험적 결과들은 그러한 두 진영의 스테레오타입화된 행태가 통일문제에도 반영되고 있음을 충분히 보여준다. 따라서 "남과 북의 관계설정에 있어 '통합가치 선호자들'은 어떤 사람들인가? '공존가치 선호자들'은 어떤 사람들인가?"라는 질문에 현 우리사회의 이념균열 축으로 대변되는 '진보진영'과 '보수진영'이라고 볼 수 있다. 즉, '이념균열'이 남과 북의 관계설정에 '통합가치 선호자'와 '공존가치 선호자'로 나타나고 있다.

둘째, 현재 한국사회의 사회균열 축들로 거론되는, '세대균열' 축도 나타난다. 이것은 특히 통일에 대한 필요성이나 통일추진 속도에 대한 견해들에서 주요한 균열축으로 나타난다. 통합가치 선호자들만을 놓고 볼 때, 젊은 세대는 나이 든 세대와 비교하여 상대적으로 통일의 필요성을 낮게 생각한다. 이를 현재 우리사회의 세대균열 현상과 연계시켜 해석해 보자면, 젊은 세대들의 관심이 결코 통일과 같은 거국적이고 환상적이 아닌 것과 연계된 것이 아닌가 추측해 본다. 비록 통일에 대한 규범적 사명감을 무시할 수 없더라도, 단적인 예를 보면, 베이비붐 세대의 피크를 형성하여 대입에서 홍역을 치루고 입학한 2010학번과 2011학번의 절대적 관심은 무한경쟁의 피곤함 속에서 청년실업문제와 같은 경제문제이지 통일문제가 아니다. 대한민국의 바람직한 통일정책과 평화정책이 경제정책과 유리될 수 없는 이유이다. 1960년대 이후 경제개발과 남북체제경쟁이 체화되어 있는 기성세대가 지닌 통일에 대한 사명감을 기대하기 어렵다. 통일문제는 2019년 현재 20대에서 40대 초반에 이르는 젊은 세대들의 주요 관심사가 아닌 것이다. 이는 잉글하트(Ronald Inglehart)가 말한 대로 10대 후반에서 20세 중반까지의 당대별 사회 환경이나 교육환경에 따라서 세대들은 서로 다른 생각을 지니고 있을 것이다. 세계화 시대를 어려서부터 경험하며 작금의 변화무쌍한 SNS시대에 파편화된 20대, 30대의 젊은 세대들은 북한체제의 불합리한 행태를 민족적 사명감으로 극복하기 쉽지 않을 것이다. 30대나 40대 초반의 젊은 세대들은 현재 자신들이 나이든 세대의 은퇴후 연금에 대한 책임을 자신들이 져야 한다는 부담을 토로하고 있다. 정작 자신들은 무한경쟁 사회에서 미래를 담보할 수 없다. 자신들이 미래 통일비용을 짊어져야하는 것은 큰 부담이다. 현 시점에서 나이 젊은 세대들은 남과 북의 관계설정에서 '분리주의자'까지는 아니어도 '공존주의자' 정도의 행태가 아닐까 생각해 본다. 역으로, 그렇기에(남한이 경제적 포화상태이기에) 남북관계설정에서 통합을 선호하는 젊은이들도 있는데, 이들은 남북통일이 또 다른 경제적 기회를 가져올 수도 있다고 생각하고 있는 것은 아닐지 해석해 본다. 통일추진에 대한 견해를 종속변수로 한 경우에도, 공존가치 선호자들 내에서, 특히 젊은 세대들은 나이 든 세대와 비교하여 통일추진을 서두르는 것에 관심이 없는 듯하다. 이는 무한경쟁에 내몰린 젊은 세대들의 궁극적인 관심은 통일이 아니고 보다 안정적이고 풍요로운 개인의 미래나 일상생활에 있다는 의미로 해석된다. 국가거대담론에 과연 개인의 일상생활을 희생시킬 수 있을 것인가의 문제는 현대의 제 국가들이 당면한 공통의 문제이기도 한 것이다.

　　셋째, 남과 북의 관계설정에 통합가치의 주창자와 공존가치의 주창자들에게 영향을 미치는 변수들로 주목할 만한 것은, '부정부패 변수', '저출산고령화 변수', '주관적 계층의식 변수', '북한인권개선' 변수, '북한의 남한에 대한 이익' 변수 등이다. 이들 모두는 '북한인권변수'를 제외하면 모두 경제관련 변수들임이 특색이라면 특색이다. 각 변수들의 구체적인 내용은 본문에서 모두 설명하였다. 그만큼 남과 북의 관계설정에서 통합론자와 공존론자 모두에게 국내 경제문제는 그들 사유의 원천이 아닌지 추측해 본다. 정책에서 실무를 담당하는 사람들이 염두에 둘 필요가 있을 것이다. 조금 비약하자면, 이는 남북의 통합 논의에서 '사회통합'과 '체제통합'을 구분하는 이유와도 연관된다. 대한민국의 통일준비란 '체제통합'은 물론 '사회통합'을 무리 없이 소화해 낼 수 있는 상황을 만들어 나가는 것이다. '체제통합'은 입법부, 행정부, 사법부를 근간으로 지방자치를 포함한 국가운영을 위한 제도를 통해서 이루어질 것이다. '자유주의' 체제가 근간이 되어야 함은 물론이다. '사회통합'이란 사회구성원들의 국가 소속감과 만족감을 높일 수 있는 제도와 문화를 통해서 이루어질 것이다.

　　통일을 바라보는 주체가 갖는 '인식의 문제'와 연관되어 개인들마다 생각이 다양하다. 여기서, '인식의 문제'란 과정을 중시하는지, 결과를 중시하는지에 밀접히 연관되어 있음은 주지하는 바와 같다. 현 시점에서 한반도의 평화란 서로의 개체성을 유지하면서 상호불가침한 상태에서 공존하는 것을 의미하는지도 모른다. 대부분의 사람들의 공감대에서 분명한 것은 '체제통합'을 촉진하는 방식으로 '구성주의적 신기능주의 시각'에 의거한 '사회통합'이 유효하다고 하더라도, 궁극적인 단일 국가는 단일 헌법만이 존재할 때 가능한 것이다.16 일반적인 의미에서, '체제통합'이란 궁극적으로 단일 헌법체제 아래에서 생활하는 국민들의 범위와 내용으로 규정된다. 경제적 통합을 넘어서서 정치적 통합을 의미하는 것이 일반적인 것이다.

　　강인덕 전장관의 언급처럼 '평화'의 가치가 '통일'의 가치와 함께 가지 못하고, '평화'의 가치만 홀로 가게 될 때, 소위 '영구분단체제'를 가져오는 것은 아닌지 유의할 필요가 있다. 물론 무리한 통일을 추구하면서 평화와 자유주의의 가치를 손상시킬 수 없음은 물론이다. 평화라는 '자유주의'의 통일은 한민족 지상과제이며, 분단이후 민주주의 및 경제적 성취도를 고려할 때, 남과 북의 관계설정에서 대한민국의 보다 큰 사명감이 요구된다. 공존가치 선호자들도 한반도의 통일 그 자체를 반대한다기보다는 현재 상황에서 통일보다는 공존을 선택하고 있다고 해석해 본다. 남과 북의 관계설정에서 통합주의자와 비교하여 공존주의자들의 행태적 차이는 근본적으로 현재의 평화로운 상태를 무너뜨릴 수 있는 미래에 대한 불안감과 자유주의적 가치의 훼손을 걱정하는 것에서 비롯된다. 통합주의자와 공존주의자 모두는 남과 북이 '영구분단체제'로 가는 움직임에 대해서는 동의하지 않을 것이다. 앞서 '통일의 신지정학'에서 필자는 지난 20년간 '한국민의 통일인식'에 나타난 남한 국민들의 '통일 관여성'에 자신의 경제적 변수가 국민인식과 중요하게 연관되어 있음을 앞에서 지적하였다.

통일에 대한 직관성을 고양하기 위해서, 이상의 경험적 결과들을 종합하여 두 가지 사안으로 정리해 본다. 국가정책의 골간인 두 개의 축은 '정치'와 '경제'이다. 첫째, 정치적 차원에서, '통합주의자'와 '공존주의자'가 공존하는 대한민국 사회에서 이들의 행태적 차이를 인식하고 이들을 통합할 수 있는 '국가통합'의 정치를 펼쳐야만 한다. 더 이상 남한이 이념을 기반으로 남남갈등에 휩싸이지 않는 것이 남북통일로 가는 지름길이다. 둘째, 남한이 통일에 주도적인 역할을 할 수 있는 기반은 경제적 경쟁력이다. '국가통합'으로 가는 길에 중요한 또 다른 요인이 국민들의 '먹고사는 문제'이다. 이념적 친화력이 어떠한 정부가 들어서건 경제정책만큼은 남남갈등의 주요 원인인 이념갈등의 고리에서 멀어져 보다 실용적인 노선으로 가야만 할 것이다.

[주 석]

1 "강인덕 전 통일부 장관 인터뷰" 한국경제 A5면 (2018년 4월 24일)
2 "강인덕 전 통일부 장관 인터뷰" 한국경제 A5면 (2018년 4월 24일)
3 통일의식조사 샘플 수와 표본추출방법은 다음과 같다. 정근식. 2016. 통일의
　식조사, 2016. 연구수행기관: 서울대학교 통일평화연구원. 자료서비스기관: 한
　국사회과학자료원. 자료공개년도: 2017년. 자료번호: A1－2016－0024.
　① 모집단: 전국 16개 시도 만 19세 이상 74세 이하 성인 남녀
　② 표본 크기: 1,200명 (유효표본)
　③ 표본추출방법: 다단계 층화 계통 추출법(Multi－Stage Stratified Systematic
　　Sampling)
　④ 표본 오차: ± 2.8% (95% 신뢰수준)
4 신명순·진영재, 『비교정치론』 (서울: 박영사, 2017), pp. 72－75.
5 이러한 재명칭(renaming process)은 소위 '요인분석'(factor analysis)에서 요
　인들의 재명칭 과정과 사실상 동일하다.
6 연구방법상 해당 논문의 이러한 방식이 '자기발견적 방식'(heuristic method)여
　서 방법론상 효율성이 낮다는 비판이 존재할 수도 있다. 자기발견적 방식이란
　연역－귀납을 반복하면서 반복되는 대입과 실험 속에서 어떤 결과물을 발견하
　는 것이다. 즉, 공식을 통해서 답을 얻는 것이 아니라, 실험들을 통해서 공식을
　얻고, 다시 그러한 공식에 연유하여 답을 구해 내는 것을 말한다. 특히 연구
　당사자가 설문지와 설문항목들을 자신의 연구목적에 부합하게 직접 만들지 않
　는 한, 설문조사 분석 연구자에게 '자기발견적' 방식은 때로는 불가피하며 최선
　의 방식이 될 수 있다. 예를 들면, '시계열분석(time－series analysis)'에서 자기
　상관계수(autocorrelation) 중심으로 회귀식(regressed formulae)을 도출하여
　그 도출된 회귀식을 통해 미래값을 예측하는 방식도 자기발견적 방식이다.
7 김학노, 『남과북의 서로주체적 통합』 (서울: 박영사, 2017), pp. 72－75.
8 김학노의 연구에선 공존의 개념도 적대적 공존이 있고, 평화적 공존이 있다.
　혹자에 따라선, 적대적 공존을 평화의 상태에 가깝다기보다는 공존의 상태로
　해석할 수도 있을 것이다. '통합'의 경우엔 소위 두 국가 연방제(즉, 국가연
　합), 한 국가 연방제, 단일국가 등을 포괄한 어휘가 되어 소위 너무 포괄적인
　'바구니 문구(basket phrase)'가 될 가능성도 있다. 평화와 통일의 개념 사이

에 개념적 대비성이나 교호점이 모호하거나 남과 북사이의 관계설정 및 과정을 반영하기에는 분명치 않은 듯하다. 물론 ·이것은 연구자들의 개념이나 어휘에 대한 정의, 시각, 해석의 문제로 귀결될 것이다.

9 이것은 '통일'이란 개념보다 '통합'이란 개념이, 그리고 '평화'라는 개념보다 '공존'이라는 개념이 더 보편적이고 일반화하여 설문분석에 사용될 수 있음을 의미하지는 않는다. 조사된 설문항목들과 연구목적에 따른 상황적인 것이다.

10 「통일의식조사, 2016」. 연구수행기관: 서울대학교 통일평화연구원. 자료서비스기관: 한국사회과학자료원. 자료공개년도: 2017년, 자료번호: A1－2016－0024. 해당 조사는 전국의 19세 이상 74세 미만의 성인남녀를 대상으로 이루어졌다.

11 결국 기준값에 해당하는 중립적 위치의 집단에 대한 수치는 도표에 표시되지 않고, 공존(즉, 공존－중립 비교)과 통합(통합－중립 비교)이 나타난다.

12 이상의 세 종속변수를 통해 나타난 응답값을 통해서 집합자료(aggregate data) 수준에서 남한사회에 '통일가치 선호자'와 '평화가치 선호자'의 분포를 예측해 볼 수도 있다. '평화'를 '통일'을 여집합적(餘集合的)인 상대어로 생각하고, "어떠한 대가를 치르더라도 가능한 한 빨리 통일이 되는 것이 좋다"라는 응답자(13.1%)의 여집합을 '평화주의자'로 해석해 보는 것이다. '어떠한 대가를 치르더라도'라는 말에 찬성한 경우를 '평화주의'의 여집합으로 본 것이다. 이렇게 본다면 남한 사회에서 '평화주의자'는 86.9%인 셈이다.

13 성별변수에서 특별한 의미를 찾는 것은 무의미하다고 판단한다. 앞으로 성별변수는 통계적 유의미성에 상관없이 언급하지 않을 것이다.

14 빌 로저스는 남북통일 이후 한반도는 세계제일의 투자처가 될 것이며, 현 주식시세는 3배가 아닌 적어도 7배 이상일 것이라고 언급한 바 있다.

15 앞서 '성별'변수를 해석하는 것은 무의미한 일이어서, 성별변수는 별도로 언급하지 않음을 지적한 바 있다(통일의 필요성－통합선호자 부분에 해당하는 각주 부분 참조).

16 '기능주의'와 비교하여, '신기능주의'는 두 개체 사이의 다양한 분야의 협력사안들이 궁극적인 통합과 평화에 기여한다고 할 때, 그러한 협력 사안들의 성사되는 순서를 강조한다. 앞서 일어난 일이 다음 일에 영향을 미치기 때문이다.

06 청년세대의 통일의식

김병연(서울대학교 경제학부)

Ⅰ. 서　론

　　기성세대와 대비되는 청년세대의 통일의식은 근자에 가장 많이 회자된 주제 중 하나이다. 특히 2018년 초 북한이 평창올림픽에 참가하면서 여자 아이스하키 팀에도 북한 선수를 참가시킬 수 있게 되자 이것이 남한 출신 아이스하키팀 선수들에게 미치는 불이익 문제가 불거졌다. 그런데 이에 가장 목소리를 높여 반대한 세대가 20-30대의 청년들이었다고 한다. 이 문제를 사전에 적극적으로 고려하지 않았던 한국 정부도 이런 반대에 적잖이 당황한 것으로 보인다. 급기야 문재인 대통령이 우리 선수들이 훈련하는 현지를 방문하여 선수들의 이해를 구하기도 했지만 한국의 청년세대는 여전히 정부의 이러한 결정이 공정하지 않다고 믿는 듯했다.

　　청년세대의 통일에 대한 인식이 기성세대와 다르다는 주장은 그 동안에도 많았다. 이 이유로 흔히 언급되는 것은 분단 기간이 길어짐에 따라 나이가 어릴수록 북한을 같은 민족, 동포로 인식하는 성향이 엷어진다는 것이다. 또한 연령이 낮은 사람일수록 북한에 이산가족이 있을 확률이 낮아진다는 점도 지적되었다. 그리고 젊은 사람들은 남북 통일시 북한 주민 때문에 남한의 경제가 어려워질 가능성을 다른 세대에 비해 더 우려한다는 주장도 제기되었다. 즉 이전 세대에 비해 이들은 남한이 비교적 부유할 때 태어났고 자랐기 때문에 통일로 인한 부정적인 경제 충격을 두려워하는 정도가 다른 세대에 비해 더 높을 것이라는 추측이다. 마지막으로 청년세대는 현 시점에서 예상되는 노동시장 참여 기간이 다른 세대에 비해 더 길기 때문에 통일비용의 주된 부담자가 될 것을 우려할 수도 있다.

　　가용한 통계자료도 이러한 짐작이 사실일 가능성을 시사한다. 대부분의 연구가 통일의 필요성에 대한 응답을 연령별로 나누어 본 결과, 통일의 필요성에 대해 동의한다는 응답이 20–30대에서 가장 낮음을 보여주고 있다. 예를 들어 통일연구원에서 발간한 『2017 남북통합에 대한 국민의식조사』에 따르면 '통일이 필요하다'고 응답한 비율은 20대, 30대, 40대, 50대, 60대가 각각 38.9%, 51.7%, 56.5%, 65.3%, 70.9%로서 20대가 가장 낮고 30대가 두 번째로 낮다. 그리고 20대와 동의 비율이 가장 높은 60대 이상의 차이는 30% 포인트 이상이다.[1] 2007년부터 매년마다 남한 국민의 통일의식조사를 시행하고 있는 서울대 통일평화연구원의 자료도 20대의 통일 필요성에 대한 동의 정도가 가장 낮다는 점에서 이 결과와 유사하다.

　　그럼에도 불구하고 20–30대가 다른 세대에 비해 통일의 필요성을 낮게 인식하는 이유에 관해서는 엄격한 분석 결과가 거의 없다. 청년층의 통일 지지도가 낮은 이유로 앞에서 제시한 가설 대부분은 20–30대가 나이가 들어도 현재의 통일의식을 바꿀 가능성을 낮게 보고 있다. 즉 분단 기간, 이산가족, 경제적으로 윤택한 환경 등은 시간이 흘러 지금 청년세대의 연령이 증가한다 해도 통일 지지도를 더 떨어뜨리는 요인이 될 뿐 이를 증가시킬 이유는 되지 않을 것이다. 반면 노동시장 참여도의 기간이 통일 의식을 결정하는 중요한 원인이라면 이는 나이가 듦에 따라 통일 지지도가 증가될 수도 있음을 시사한다. 이상의 논의는 청년세대의 통일의식이 타 세대와 차이가 나는 이유에 대한 깊이 있는 이해가 향후 통일정책 수립이나 남북관계 설정에 중요할 것임을 의미한다.[2]

　이 연구는 2007－2017년의 11년 동안 시행된 서울대 통일평화연구원의 통일의식조사 자료를 이용하여 청년층의 통일의식을 연구한다. 이 자료는 11년 동안 동일한 설문으로 조사가 이루어졌기 때문에 통일의식의 시간적 변화를 이해하는 데 유용하다. 이 연구에서는 동일한 연령집단(age cohorts)의 통일의식 변화를 11년 동안 추적함으로써 통일의식의 가변성을 분석한다. 보다 자세히 말하면 2007년 설문조사에 참여한 표본을 3년 단위의 연령대로 구분한 다음 이 연령 그룹을 계속 추적함으로써 통일의식의 변화 양상을 살펴보는 것이다. 즉 통일의식조사 자료는 패널 데이터가 아니지만 비교적 장기에 걸쳐 수집된 개인별 설문조사이기 때문에 이 자료에 포함된 변수를 일정 연령집단에 있어 평균을 구함으로써 연령집단별 가성 패널 데이터(pseudo panel data)로 만들 수 있다. 이 가성 패널 데이터를 추적하면 동일한 연령집단의 통일의식 변화 추이를 분석할 수 있다.

　이 연구에서는 두 가지 주제에 초점을 맞춘다. 첫째는 청년층의 통일의식의 시간 가변성이다. 즉 청년층의 통일의식은 이들이 나이가 듦에 따라 변하는지 아니면 초기의 의식이 변하지 않고 계속되는지 분석한다. 시간 불변적 통일의식, 즉 초기의 의식이 시간이 지나도 타 세대와 유의한 차이를 보인다는 발견은 위에서 언급한 청년세대가 통일 혹은 북한과 관련하여 그보다 연령이 많은 다른 세대와는 다른 고유한 가치관 혹은 경험을 공유함을 시사한다. 반면 시간 가변적 통일의식, 즉 청년층의 연령이 증가함에 따라 나이가 많은 세대의 통일의식과의 격차가 줄어든다면 이는 통일의식에 미치는 연령 효과로 인해 청년세대의 통일의식이 타 세대와 차이를 보임을 의미한다.

　청년세대의 통일의식이 시간 가변적인지 아니면 시간 불변적인지 이해하는 것은 중요하다. 즉 청년세대가 그보다 나이가 많은 세대에 비해 통일의 필요성을 낮게 평가하고 시간이 지나도 이런 성향이 지속된다면 통일에 대한 국민의 지지도는 갈수록 낮아질 것임을 시사한다. 통일을 원하는 연령대의 국민들은 시간이 흐를수록 그 비중이 낮아지는 반면 청년과 그 이하 세대가 진입함에 따라 국민 여론이 통일을 원하지 않는 방향으로 변할 것이기 때문이다. 반면 청년세대의 통일의식이 시간 가변적이어서 청년들의 장년, 노년이 되면서 통일의 필요성을 더 높이 평가한다면 전체 국민의 통일에 대한 지지도는 크게 변하지 않을 수도 있다.

둘째, 통일의식이 외부적 요인에 영향을 받는 정도에 있어 세대 간 차이가 존재하는지 여부이다. 즉 청년세대의 통일의식이 시간 불변적이라 하더라도 그 이유가 청년층의 본원적 특성 자체 때문인지 아니면 청년들이 외부적 요인에 더 민감하게 반응하기 때문인지는 여전히 불확실하다. 예를 들어 군복무 의무를 지는 남성 청년들은 다른 세대에 비해 남북관계나 북한의 행동에 더 예민하게 반응할 수 있다. 보다 근본적인 이유로서 청년세대의 가치관이 그보다 연령이 높은 세대와 차이를 보이기 때문일 수도 있다. 청년층은 통일에 대해 규범적이 아니라 상대적으로 실용적인 가치관을 가지고 있기 때문에 남북관계의 변화에 따라 통일 인식이 달라질 수 있다는 것이다. 이는 조건부 시간 불변성이라 볼 수 있을 것이다. 즉 청년세대의 통일 인식이 이전 세대와 다른 이유는 2007－2017년 조사 기간 대부분 남북관계가 원활하지 않았으며 특히 2016년 이후는 북한의 4차 핵실험으로 인한 긴장이 더욱 고조되었기 때문으로 해석될 수 있다. 따라서 남북관계가 개선된다면 청년세대의 통일 지지도가 우호적으로 변할 가능성도 존재한다.

이상의 판단은 남북 관계 등의 외부 조건이 통일지지도에 영향을 미치는 정도가 연령집단별로 유의미한 차이를 보이는지 이해할 필요가 있음을 시사한다. 만약 통일에 대해 고연령 세대는 이념적 혹은 규범적으로 판단하는 경향이 높은 반면 청년세대는 실용적으로 접근한다면 이 이유로 인해 연령대별 통일 지지도가 상이할 수 있을 것이다. 이를 위해서는 남북 관계 관련 변수를 독립변수로 설정하고 이 변수의 유의성과 계수값이 연령대별 차이를 보이는지 검정할 필요가 있다.

Ⅱ. 청년세대의 통일 필요성에 대한 인식

청년세대(20－30대)와 다른 세대 간의 통일의식의 차이는 앞서 언급한 통일연구원의 『2017 남북통합에 대한 국민의식조사』와 서울대 통일평화연구원에서 매년 실시하는 통일의식조사 등의 연구에서 꾸준히 제기되어 온 문제이다. 그러나 기존 연구는 주로 1회의 설문조사 자료를 이용한 경향이 있다. 이 절에서는 2007년부터 2017년까지 총 11회 실시된 서울대 통일평화연구원의 통일의식조사 누계자료를 통하여 통일의식의 세대 간 차이가 존재하는지 여부를 보다 분명히 확인하고자 한다.

| 표 1 | 2007-2017년 연령대별 '통일의 필요성' 누적 평균 |

단위 : 명, (%)

	19–29세	30–39세	40–49세	50–59세	60세 이상	전체
매우 필요하다	454 (16.0)	655 (21.5)	956 (29.0)	775 (29.4)	514 (37.0)	3354 (25.4)
약간 필요하다	781 (27.5)	863 (28.3)	995 (30.2)	872 (33.1)	480 (34.6)	3991 (30.2)
반반 / 그저 그렇다	759 (26.7)	847 (27.8)	689 (20.9)	498 (18.9)	214 (15.4)	3007 (22.8)
별로 필요하지 않다	673 (23.7)	544 (17.8)	522 (15.8)	400 (15.2)	135 (9.7)	2274 (17.2)
전혀 필요하지 않다	177 (6.2)	141 (4.6)	137 (4.2)	90 (3.4)	46 (3.3)	591 (4.5)
전체	2,844 (100.0)	3,050 (100.0)	3,299 (100.0)	2,635 (100.0)	1,389 (100.0)	13,217 (100.0)

출처: 서울대 통일평화연구원 통일의식조사(2007－2017)

<표 1>은 청년세대가 다른 세대에 비하여 통일의 필요성을 낮게 보고 있다는 그간의 통설을 입증해 준다. <표 1>에 따르면 통일의 필요성

에 대한 질문에 지난 11년간의 조사기간 동안 19 - 29세, 그리고 30 - 39세의 긍정적 응답인 "매우 필요하다"와 "약간 필요하다"의 평균 응답 비율은 그 위의 연령대와 현격한 차이를 보였다. 19 - 29세, 30 - 39세의 긍정적 응답은 각각 평균 43.5%, 49.8%였으나 40 - 49세 59.2%, 50 - 59세 62.5%, 그리고 60세 이상은 71.6%를 기록하여 청년세대의 긍정 응답이 전체 평균보다 각각 12.1%와 5.8% 포인트 낮았다. 반면 20 - 30대는 "별로 필요하지 않다", "전혀 필요하지 않다" 등의 부정적 응답을 한 비율이 40대 이상 연령의 부정적 응답 비율보다 현격히 높았다.3 즉 통일의 필요성에 대한 응답의 세대 간 확연한 차이는 연도별 자료를 누적한 통계에서도 뚜렷이 나타나고 있다.

그림 1   세대별 통일의 필요성 긍정응답 비율 평균 (연도별)

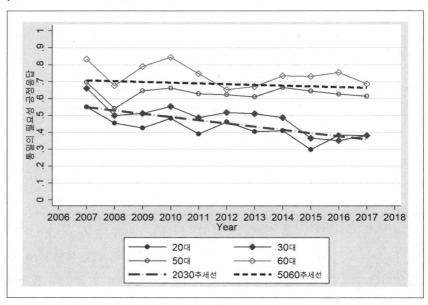

　　<그림 1>은 통일의식조사 기간 동안 통일의 필요성에 대한 긍정응답 비율의 연령대별 평균과 그 추세선을 보여준다.4 자료에 따르면 50-60대의 경우 추세가 완만하기는 하지만 20-30대, 50-60대 두 연령대 모두 해가 거듭될수록 통일의 필요성을 점차 부정적으로 보고 있다는 점에서는 동일하다. 그러나 더 주목할 만한 사실은 20-30대와 50-60대 긍정응답 비율의 차이가 시간이 지날수록 더 커지고 있다는 점이다. 20-30대의 통일의 필요성에 대한 긍정응답 평균 비율은 2007년 조사가 시작된 이래로 꾸준히 50-60대의 긍정응답 평균 비율보다 낮은 수준을 유지했다. 더욱이 그 차이는 해마다 벌어져 조사가 시작된 2007년에는 약 15% 포인트였던 두 연령대의 평균 비율 차이가 2017년에는 약 30% 포인트로 두 배 가량 벌어졌음을 알 수 있다. 이렇게 확대되고 있는 연령대 간의 인식차이는 주로 20-30대의 긍정응답 비율이 상대적으로 더 빠르게 하락하고 있다는 점에 기인한다. 2007년 평균 59.5%를 기록했던 20-30대의 긍정응답은 2017년 평균 40.2%를 기록하며 무려 20% 포인트 가까이 하락한 것이다.

　　2007-2017년 자료의 누적통계를 통해 청년세대의 통일의식이 다른 세대와 차이가 있는지 이해할 수 있지만 그 의식이 시간 가변적인지 불변적인지 판단하는 것은 어렵다. 그 이유는 첫 번째 기간에 청년세대에 포함되었던 표본 중 일부가 다음 기간에는 청년세대에서 이탈하는 반면 새로운 표본이 청년세대에 포함되기 때문이다. 따라서 세대 간 통일의식의 차이가 시간 가변적인지 여부를 알기 위해서는 처음 기간 청년세대의 연령대에 속한 표본을 다음 기간에서의 연령을 고려하여 추적하는 방법이 필요하다.

Ⅲ. 청년세대의 통일 인식: 시간 불변성 對 시간 가변성

　　청년세대의 상대적으로 낮은 통일 인식에 대한 기존 연구는 주로 설문조사를 이용한 자료를 분석하여 연령대에 따른 통일의식 차이의 존재여부와 그 이유에 대하여 논의해 왔다. 하지만 같은 표본을 상대로 조사하는 일반 패널 조사와는 달리 매회 다른 표본을 상대로 조사하는 설문조사의 특성상 시간에 따른 표본의 변화를 분석하는 데 있어서는 한계가 있었다. 이 장에서는 통일평화연구원의 통일의식조사 자료를 활용하여 연령별 통일의식 변수의 평균치를 구하고 해당 연령집단을 매년 추적하는 가성 패널 데이터를 구성하여 청년세대 통일의식의 시간 불변성, 혹은 가변성에 대해 알아본다.

　　가성 패널 데이터 분석이 가능한 배경에는 통일의식조사가 11년이라는 비교적 오랜 기간 동안 지속적으로 시행되어 왔고 매년 1,200명 내외, 11년간 총 13,217명을 조사하여 비교적 많은 표본 수가 축적되어 있다는 점이 있다. 이러한 통일의식조사 자료의 특성상 연도별 일정 연령대 표본(sample)의 특성이 연도별 해당 연령 전체(population)의 특성에 수렴하여 가성 패널 데이터를 구성해도 어느 정도의 대표성과 신뢰성을 담보할 수 있다. 다시 말해, 매해 다른 표본을 대상으로 하지만 그 표본의 수가 충분히 많다면 연령대의 평균으로 구성된 가성 패널 데이터를 생성하여 분석해도 더 높은 신뢰성을 확보할 수 있다. 예를 들어 이 연구에서 생성하는 가성 패널 데이터의 2007년의 19－21세 표본은 동 데이터의 2017년 29－31세와는 다른 개인들의 집합이다. 그러나 앞서 설명했듯 2007년의 19－21세 표본의 수가 많아 그 연령대 전체에 대한 어느 정도의 대표성을 내포하고 있다면 2017년의 29－31세 표본의 특성과도 상당한 유사점이 있다고 할 수 있다.

　　이 연구에서 가성 패널 데이터를 생성하는 방법은 구체적으로 다음과 같다. 우선 2007년부터 2017년까지 매년 전체 표본의 통일의식 변수에 대한 연령별 평균을 구한다. 그 다음 모든 연령을 3년 단위로 묶어 연령집단(age cohort)을 형성하고 각 연령집단에 PID라는 그룹명을 부여한다. 그 결과는 <표 2>와 같다.

표 2	2007년 기준 각 연령대별 PID						
연령	19~21	22~24	25~27	....	64~66	67~69	69 이상
PID	11	12	13	....	26	27	28

이렇게 연령집단별로 부여된 각 PID는 일종의 추적 ID로서 매년 변하지 않고 유지된다. 즉, 각 PID는 일반 패널 데이터의 횡단면과 같은 역할을 하게 된다.

청년세대의 통일 필요성에 대한 인식이 시간 불변적인지 시간 가변적인지를 알아보기 위하여 앞서 언급한 PID와 2장 논의에서 다룬 통일의식조사 설문조사 내 통일의 필요성에 대한 응답을 분석한다. 우선 청년세대와 기성세대 PID의 연도별 추이를 살펴보기로 한다. <그림 2>는 2007년 기준 20－30세에 해당하는 PID 11부터 PID 17의 통일 필요성에 대한 긍정응답 비율 평균의 연도별 추이와 그 추세선이다.

그림 2	청년세대의 통일의 필요성 긍정응답 평균 추이 (PID 11－17)

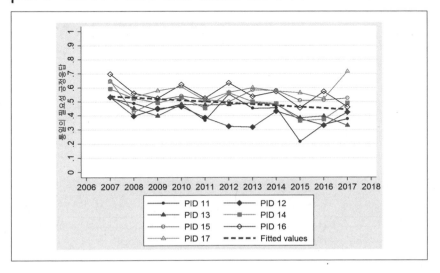

  2007년 20 - 30세의 청년세대는 2007 - 2017년의 10년 동안 통일의 필
요성에 대한 인식이 전반적으로 점차 하락했음을 알 수 있다. 이는 2장에
서 다뤘던 연령별 추이와 같은 형태라고 할 수 있다. 이러한 전반적 하락
을 좀 더 자세히 살펴보면 PID 14(2007년 기준 20대)와 PID 15(2007년 기준
30대)를 기점으로 PID 14 이하와 PID 15 이상이 서로 상이한 추세를 보인
다. PID 15 이상에서는 큰 변화 추세가 없는 반면 PID 14 이하에서는 전
반적으로 하락추세가 뚜렷하다. 그 결과 전체 추세는 완만한 하락곡선을
형성하고 있다. 특히 이러한 PID 14 이하와 PID 15 이상 세대의 통일 필
요성 인식의 차이는 그 추세에서 뿐만 아니라 절대 수치에서도 드러난다.
조사가 시작된 2007년부터 PID 11에서 PID 14의 세대는 PID 15에서 PID
17의 세대보다 지속적으로 낮은 통일 필요성의 인식을 보이고 있으며 그

그림 3 고연령세대의 통일의 필요성 긍정응답 평균 추이 (PID 21 - 26)

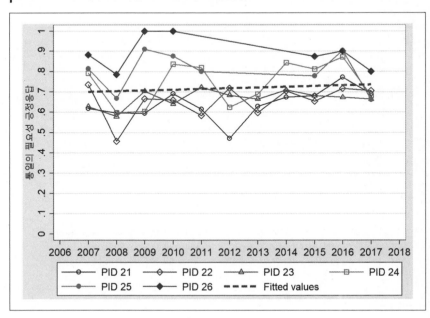

차이는 2007년부터 2017년까지의 대부분의 조사 연도에서 나타난다.

　　<그림 3>은 2007년에 50 - 60세를 형성했던 PID 21에서 PID 26까지의 연령대의 통일 필요성에 대한 인식 추이를 살펴본 것이다. 다음 그림은 앞에서와 마찬가지의 방법으로 통일의 필요성 문항에 대한 PID 21에서 PID 26의 긍정응답 평균 비율의 연도별 평균 추이와 그 추세선을 보여주고 있다.

　　청년세대의 추이와는 반대로 연령층이 높은 경우 시간이 갈수록 통일의 필요성에 대한 인식이 2007년부터 2017년의 기간 동안 완만하게나마 상승하고 있음을 확인할 수 있다.5 그러나 청년세대의 경우와 마찬가지의 형태로 연령집단별 통일 필요성 인식은 PID 24 이하(2007년 기준 50대)와 PID 25 이상(2007년 기준 60대)으로 나뉜다. PID 24 이하의 경우 통일 필요성에 대한 인식이 2007년 비교적 낮은 수준으로 시작해 점차 완만하게

그림 4　PID별 통일의 필요성 긍정응답 평균 추이 (모든 연령)

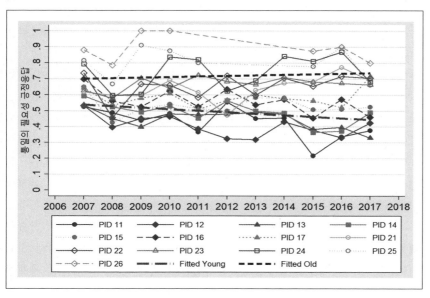

상승하는 추세이며 PID 25 이상의 경우는 높은 수준에서 시작하여 큰 변화가 없는 상태를 유지하고 있다.

<그림 4>는 이상 두 세대의 통일 필요성 인식에 대한 논의를 전체 연령대로 확장하여 보여주고 있다. 먼저 2007년 20−30대와 50−60대의 연령대를 연도별로 추적하여 살펴본 추세선을 보면 청년세대와 고연령 세대 간의 통일 필요성 인식의 차이는 지속적으로 존재할 뿐 아니라 점차 확대되고 있는 것을 알 수 있다. 즉 2007년 20−30대와 50−60대 세대 간의 격차는 약 14.9% 포인트였던 반면 2017년에는 두 세대 간의 격차가 약 22.6% 포인트로 벌어져 약 8% 포인트 정도 더 확대되었다.

지금까지의 논의를 종합하면 청년세대의 통일의식은 그 외 다른 세대와 큰 차이를 보이고 있다. 그리고 그 추이를 볼 때, PID 11부터 PID 17까지의 청년세대 통일 필요성 인식은 점차 하락하고 있는 반면 PID 21부터 PID 24까지의 세대의 통일 필요성 인식은 큰 변화가 없거나 완만하게 상승하고 있어 두 세대 간의 격차는 2007년 이래로 꾸준히 확대되어 왔다. 이런 결과는 청년세대의 통일의식은 시간불변적 성격을 갖고 있음을 시사한다.

세대 간뿐만이 아닌 각 세대 내의 연령집단 사이에도 청년세대에서는 PID 14−15, 기성세대에서는 PID 24−25를 기준으로 통일 필요성 인식에 차이를 보이고 있다. 즉, 2007년을 기준으로 20대와 60대는 각각의 세대 내의 30대와 50대의 연령집단과도 통일의식에 있어 다른 추이를 보이고 있다. 2007년 20대는 시간이 지남에 따라 통일 필요성에 대한 지지가 하락하는 반면 50대는 상승하는 특징을 보인다. 반면 30대와 60대는 시간 추이에 따라 큰 변화를 보이지 않고 있다. 따라서 2007년 20−30대인 청년세대의 경우도 연령대에 따라 통일의식 추이가 다르다는 점에서 이질적이라고 할 수 있다.

이상의 분석 결과는 동일한 연령집단을 시간의 흐름에 따라 추적했기 때문에 일회적이거나 해마다 상이한 설문조사를 사용한 결과에 비해 신뢰성이 높다고 할 수 있다. 그러나 연령집단의 통일 필요성은 연령 자체뿐 아니라 다른 변수에 의해서도 영향을 받을 수 있다. 예를 들면 청년세대의 경우 상대적으로 낮은 소득수준, 그리고 다른 세대와 교육 혹은 직업의 차이 등이 그들의 통일 필요성 인식에 영향을 미칠 수 있기 때문이다. 따라서 우리는 패널회귀분석을 이용하여 PID와 통일 필요성 인식 사이의 상관관계를 보다 엄밀히 분석한다.6 보다 자세히 통일 필요성에 대한 인식에 영향을 미칠 수 있는 다른 변수들을 통제한 상태에서 PID가 통일 필요성 인식에 미치는 영향을 알아보고자 한다. 독립변수에는 교육수준, 소득수준 등이 포함되었고 각 연도별 고정효과를 비롯하여 현 거주지(광역권), 직업 등도 통제되었다. 그 결과는 다음의 <표 3>과 같다.

표 3 PID와 통일 필요성 인식의 상관관계 (패널회귀분석 결과)

	종속변수 : 통일의 필요성 긍정응답			
	(1) PID 11–17 (2007년 20–30대)	(2) PID 18–20 (2007년 40대)	(3) PID 21–26 (2007년 50–60대)	(4) PID 11–26 (2007년 20–60대)
PID	0.0394*** (0.0063)	0.0109 (0.0117)	0.0485*** (0.0072)	0.0335*** (0.0026)
교육수준	0.0371 (0.0654)	0.0968 (0.0561)	0.0315 (0.0320)	0.0683** (0.0218)
소득수준	0.0203 (0.0305)	−0.0587 (0.0692)	−0.0007 (0.0287)	−0.0248 (0.0167)
연도별 고정효과	O	O	O	O
R^2	0.4402	0.2514	0.4011	0.5951
관측치	231	99	162	492

※ 위 결과는 랜덤효과 패널회귀분석의 결과이다. 괄호 안의 숫자는 Robust Standard Error이며 *,**,***는 각각 5%, 1%, 0.1% 유의수준에서 통계적으로 유의미함을 뜻한다. 교육수준은 초등졸 이하, 중졸 이하, 고졸, 대졸/대졸 이상, 대학원 이상으로 나누어 각각 1부터 5까지의 점수를 부여해 분석에 이용한다. 소득수준은 함께 사는 가족 모두의 월 평균 소득을 의미하며 이를 200만원 미만, 200만원−299만원, 300만원−399만원, 400만원 이상으로 구분한 자료이다. 그 외 직업과 거주지도 포함되었다.

표에 나타난 패널회귀분석의 주요 결과는 다음과 같다. 첫째, (1)의 청년세대의 경우 PID가 1 증가할 때 통일 필요성 인식은 약 3.9% 증가하며 (3)의 고연령세대의 경우 PID가 1 증가할 때 통일 필요성 인식은 약 4.8% 증가한다는 결과가 두 분석 모두 0.1% 유의수준에서 통계적으로 유의미하게 도출되었다. 반면 (2)의 40대의 경우는 연령집단의 효과가 나타나지 않았다. 그러나 모든 PID를 대상으로 하는 (4)의 분석결과를 보면 PID가 1 증가할 때 통일 필요성 인식은 약 3.3% 증가하는 결과가 도출되었다. 이러한 결과는 연령집단이 저연령층에서 고연령층으로 올라갈수록 통일 필요성 인식도도 상승함을 의미한다. 즉 이 결과는 이는 초기의 연령집단의 효과가 이후에도 지속됨을 의미한다. 이와 같이 통일 필요성 인식에 있어 세대(연령집단)별 차이의 존재는 통상적인 설문조사 결과뿐 아니라 보다 엄격한 실증분석 결과에서도 확인된다.

이상의 분석 결과는 청년세대의 낮은 통일 지지도는 시간불변적임을 시사한다. 즉 청년세대가 나이가 듦에 따라 기존의 낮았던 통일의식이 증가하는 추세를 시간 가변성으로 정의하고, 반면 통일의식이 거의 변하지 않거나 오히려 낮아지는 것을 시간 불변성이라고 정의한다면, 이번 분석 결과는 청년세대의 통일인식은 후자임을 시사하고 있다.

이 결과의 함의는 크다. 시간이 지날수록 통일을 원하는 연령대의 국민들은 줄어들고, 반대로 앞으로 기성세대로 성장할 청년세대는 갈수록 통일의 필요성을 점점 더 낮게 보는 동시에 새롭게 진입하는 청년세대는 통일의 필요성을 더욱 더 낮게 인식할 것이다. 이는 곧 전체 국민의 통일의식의 하락이 빠르게 진행될 가능성을 의미한다. 만약 이런 시나리오가 현실이 된다면 통일을 둘러싼 그 외 수많은 정치적, 군사적 변수들 못지않게 향후 우리 국민의 낮은 통일의식이 통일에 있어 중요한 장애 변수가 될 수 있음을 암시한다.

Ⅳ. 북한 관련 요인과 청년세대의 통일 인식

　　청년세대의 통일의식이 왜 낮은가에 관해 그동안 여러 가설이 제기되어 왔다. 기존 논의를 크게 대별하면 분단 기간이 길어짐에 따른 동일 민족의식의 약화, 이산가족의 감소, 남북 소득 격차의 확대 등에 따른 청년세대와 기성세대의 본원적 차이에서 그 이유를 찾는 견해, 혹은 통일을 당위의 문제로 받아들이는 경향이 있는 기성세대에 비해 청년세대는 북한의 행동, 남북관계 등 북한관련 요인에 보다 민감하게 반응한 결과라는 견해로 나눌 수 있을 것이다.

　　이 두 견해 모두 앞서 2장에서 분석했던 내용과 정합성을 갖고 있다. 기성세대와 청년세대의 본원적 차이가 후자에 비해 전자의 낮은 통일 지지도를 설명한다는 지적은 직관적이다. 그러나 두 번째 견해도 타당할 수 있다. 예컨대 2006년 북한의 핵실험 이후 2007년부터 남북관계는 북핵 문제를 둘러싸고 군사적 긴장관계에 놓여 있었다. 물론 2008년에는 노무현 대통령과 김정일 국방위원장 사이의 2차 남북정상회담이 있었지만 그 효과는 오래 지속되지 않았다. 또 2008년에는 이명박정부가 등장하였고 2008년 7월에는 박왕자씨의 금강산 피격 사건이 발생하였다. 더욱이 2010년의 천안함 격침과 연평도 포격 사건으로 인해 우리 국민의 대북인식은 부정적으로 바뀌었을 가능성이 높다. 그 뒤 박근혜 정부 시기에도 경색된 남북 관계는 회복되지 않았으며 2016년 북한의 핵과 장거리미사일 발사 시험 이후 더 악화된 경향이 있었다. 따라서 남북관계 등의 외부 요인에 더욱 민감하게 반응할 수 있는 청년세대는 시간이 흐를수록 통일의 필요성을 낮게 보았다는 것이다. 반면 통일을 기성세대는 통일을 규범의 문제로 간주하기 때문에 북한 요인에 덜 민감한 경향이 있으며 그 결과 이들의 통일의식은 큰 변화를 보이지 않았다는 설명이 가능하다. 더 나아가 당위적 통일을 주장하는 기성세대 일부는 북한 문제의 근원적 해결 가능성을 통일에서 찾으려 할 수도 있다. 그러나 이러한 가설의 타당성에도 불구하

고 청년세대가 기성세대보다 북한 요인과 같은 외부 요인에 더 민감하게
반응한다는 엄밀한 분석결과는 찾기 힘들다.

　　이 절에서는 앞서 생성한 가성 패널 데이터를 이용하여 각 세대마다
남북관계의 변화가 통일의 필요성 인식에 영향을 미치는지 패널회귀분석
을 통하여 살펴본다. 이를 통해 청년세대의 통일인식이 남북관계 변화에
더 민감하게 반응하는지 여부를 분석하고자 한다.

　　남북관계 변화를 보여주는 지표로서 이 연구는 서울대 통일평화연구
원에서 매년 발표하는 남북통합지수를 이용한다. 이 지수는 매년 남북의
통합 수준을 경제, 정치, 사회문화 부문으로 나누어 각 부문의 지수를 산
출한 다음 이를 가중평균하여 종합지수를 만든다. 또한 남북통합지수는
각 부문마다 구조통합지수, 의식통합지수라는 두 가지 부분으로 나뉜다.[7]
이 중 구조통합지수는 다시 제도통합지수와 관계통합지수로 나뉜다. 관계
통합지수는 여러 가지의 지표로 산출되는데 각 분야별 구체적 평가요소는
다음과 같다.

표 4　　관계통합지수 분야별 평가요소

경제	정치	사회문화
• 남북교역액/북한 총 무역: 교역부문 • 한국의 대북투자액/북한국민소득 : 투자부문 • 남한기업이 고용한 북한의 노동자 수/남한기업이 고용가능한 최대 북한 노동자 고용수: 노동부문 • 관세정도와 비관세장벽의 존재: 무역자유화 부문 • 경제교류를 뒷받침하는	• 실무정치회담 • 고위급 정치회담 • 군사회담 • 의회회담 • 대화, 회담의 정례화 • 매개제도의 구성과 활성화 • 정치분야 공동행사 • 국제사회에서 외교군사적 협력 • 군비축소 • 군사적 긴장완화 및 신뢰구축	• 사회문화 인적왕래 • 사회문화 교류협력사업 • 사회문화 교류협력기금 조성 및 집행 • 이산가족 상봉의 상시화 • 인적 이동의 자유화 • 언론, 방송의 자유화 • 국제대회 공동개최, 단일팀 구성 • 사회문화 교류협력 정례화 및 공동협의기구

제도적 장치 확립정도 • 소득수준의 수렴 • 이자율의 수렴 • 인플레이션율의 수렴 • 경기변동의 동조화 • 금융시장의 통합정도	• 상대체제인정 행위	

관계통합지수는 <표 4>와 같이 각 분야마다 여러 가지 평가요소로 해마다 남북관계에 대한 평가를 하고 그것을 지수화한다.[8] 우리 분석에서는 남북통합지수 중에서 남북관계의 변화를 가장 잘 반영하는 관계통합지수를 독립변수로 사용한다. 2007년부터 2017년간의 각 분야별 관계통합지수와 종합 관계통합지수의 추이는 <그림 5>와 같다.

그림 5   2007-2017 관계통합지수 연도별 추이

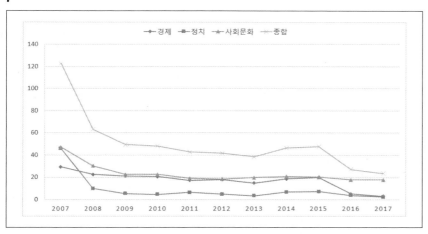

※ 남북통합지수의 변동요인과 자세한 설명은 김병연 외(2009)와 조동준 외(2017)를 참조.

  관계통합지수의 구체적인 적용 방법은 우선 경제, 정치, 사회문화의 관계통합지수를 합산한 종합관계통합지수로 분석을 진행하고 그 뒤 경제, 정치, 사회문화 부분 각각에 대한 분석을 분리하여 진행하는 것으로 한다.

  분석의 방법은 2장에서 시행하였던 방법론을 동일하게 적용한다. PID 의 부여로 생성된 가성 패널 데이터를 활용하며 관계통합지수가 통일 필요성 인식에 미치는 순수한 영향을 도출하기 위해 교육수준과 소득을 통제하며 그 외 현 거주지(광역권), 결혼상태, 직업 등도 독립변수로 사용한다. 또한 이에 더해 당해 연도의 남한정부 성향도 진보와 보수로 나누어 통제변수에 포함시킨다.9 구체적으로는 남한정부이 진보성향일 경우 1을, 보수성향일 경우 0을 부여하는 더미변수(dummy variable)를 생성하여 통제변수로 사용한다.10

  북한 행동, 남북관계, 남한정부 성향에 따른 반응의 청년세대와 기성세대 간의 차이를 알아보기 위하여 위의 분석을 PID 11 - 17(청년세대)와 PID 21 - 26(기성세대)로 구분하여 진행한다. 또한 PID 18 - 20(중간세대)와 조사기간 후반에 등장하는 새로운 청년세대까지 포함한 전체 PID를 대상으로도 분석을 진행하여 연령집단별 비교분석을 도모한다. 먼저 각 분야의 관계통합지수를 합산한 종합 관계통합지수로 가상패널회귀분석을 시행한 결과는 <표 5>와 같다.11

  <표 5>의 주요결과는 다음과 같다. 첫째, (1)에서 보여주는 것과 같이 청년세대의 경우 종합관계통합지수가 1 포인트 올라갈 때마다 통일 필요성에 대한 인식은 약 0.2% 포인트 증가하는 것으로 나타났으며 이는 통계적으로 유의미하다. 반면 (2)와 (3)의 기성세대 분석결과는 관계통합지수가 통계적으로 유의미하지 않게 나타났다. 즉, 청년세대의 통일 필요성 인식은 남북의 경제, 정치, 사회문화의 관계에 영향을 받는 반면 기성세대의 그것은 이런 변수에 영향을 받지 않는다는 것이다. 이 결과는 청년세대 통일 필요성 인식의 하락은 그간 북핵문제와 이로 인한 북한과 국제사회의 마찰, 군사적 도발 등 2007년 이래로 이어져 온 남북관계의 계속된 경

색으로 설명이 가능하다는 가설을 뒷받침한다고 볼 수 있다.

　정부성향이 통일 지지도에 미친 영향에 관한 결과 또한 기성세대와 청년세대의 인식 차이를 보여준다. 가장 주목할 결과는 정부 성향의 통일 필요성에 대한 영향이 50－60대에서는 통계적으로 유의미하지만 청년세대와 40대에서는 그렇지 않은 점이다. 그러나 40대의 경우는 정부 성향 계수의 t값이 1.57로서 통계적으로 10% 유의수준에 조금 미치지 못한 반

표 5	세대별 통일의식과 종합관계통합지수의 상관관계		
종속변수 : 통일의 필요성 긍정응답			
	(1) PID 11-17 (2007년 20-30대)	(2) PID 18-20 (2007년 40대)	(3) PID 21-26 (2007년 50-60대)	(3) 모든 PID (전 연령)
종합관계 통합지수	0.0018*** (0.0004)	0.0008 (0.0005)	0.0006 (0.0003)	0.0010*** (0.0002)
정부 성향	−0.0117 (0.0211)	−0.0470 (0.0300)	−0.0714** (0.0257)	−0.0364** (0.0122)
결혼상태	0.1320** (0.0452)	−0.2602 (0.2729)	−0.3332* (0.1372)	0.1567*** (0.0325)
교육수준	−0.1273* (0.0550)	0.0349 (0.0446)	−0.0315 (0.0323)	−0.0988*** (0.0176)
소득수준	0.0065 (0.0243)	−0.0039 (0.0497)	−0.0299 (0.0248)	−0.0330* (0.0149)
R^2	0.2778	0.1354	0.2470	0.4759
관측치	231	99	162	547

※ 위 결과는 랜덤효과 패널회귀분석의 결과이다. 괄호 안의 숫자는 Robust Standard Error이며 *,**,***는 각각 5%, 1%, 0.1% 유의수준에서 통계적으로 유의미함을 뜻한다. 교육수준은 초등졸 이하, 중졸 이하, 고졸, 대졸/대졸 이상, 대학원 이상으로 나누어 각각 1부터 5까지의 점수를 부여해 분석에 이용한다. 소득수준은 함께 사는 가족 모두의 월 평균 소득을 의미하며 이를 200만원 미만, 200만원－299만원, 300만원－399만원, 400만원 이상으로 구분한 자료이다. 결혼상태 여부는 현재 상태를 기준으로 기혼과 미혼(혼인생활을 하고 있지 않은 모든 상태를 포함)으로 나뉜다. 그 외 직업과 거주지도 포함되었다.

면 20-30대의 경우는 0.6에 머물고 있다. 50-60대의 경우 정부의 성향이 진보적일 때 기성세대의 통일 필요성 인식은 평균 약 7.1% 포인트 하락한다. 이 분석결과는 연령대가 상대적으로 높은 세대일수록 정부 성향이 통일의식에 큰 영향을 미친다는 사실을 보여준다. 반면 청년세대의 통일의식은 정부의 성향과 무관하다. 즉 이들의 통일 지지도는 정부의 성향과 같은 국내 정치적 요인이 아니라 실제 남북관계에 영향을 받는다는 점이 다른 세대와의 큰 차이점이라고 볼 수 있다.

　위의 분석 결과를 종합하면 다음과 같다. 먼저 청년세대의 통일 필요성 인식은 남북관계지수에 유의미한 양의 상관관계를 갖는다. 보다 구체적으로 객관적으로 평가한 남북관계가 높아질수록 청년세대의 통일 필요성 인식은 상승한다. 또한 진보와 보수 등 정부 성향은 청년세대의 통일 필요성 인식에는 유의미한 영향을 미치지 못하는 반면 기성세대의 인식과는 유의미한 관계를 갖는다. 즉 청년세대와 달리 50-60대 등 기성세대의 통일 필요성 인식은 객관적 남북관계의 변화보다는 정부의 성향에 영향을 많이 받으며 정부가 진보 성향일수록 통일 필요성 인식은 하락한다.

　이 결과는 청년세대와 기성세대의 통일 지지도 차이는 연령이라는 청년세대의 본원적 차이보다 그들의 가치관이 보다 실용적인 데서 기인함을 시사한다. 즉 기성세대는 통일을 당위의 문제로 받아들이는 반면 청년세대는 통일을 북한의 행동과 남북관계에 따라 달라질 수 있는 변수로 이해하는 경향이 있다.

　혹자는 남북관계의 영향이 청년세대와 그 이외 세대의 통일 필요성 인식 차이를 충분히 설명할 수 있을 것인가라는 의문을 제기할 수 있다. 이를 위해 2017년 23.7을 기록한 종합관계통합지수가 그 최고치를 기록하였던 2007년의 122.8로 회복한다면 청년세대의 통일 지지도가 얼마나 변할 것인가를 평가하는 것이 필요하다. <표 5>의 종합관계지수의 계수값을 이용한 결과 이 경우 청년세대의 통일 필요성 인식은 약 17.8% 포인트 상승하는 것으로 계산된다.[12] 이는 앞서 3장에서 2017년 기준 청년세대와 기성세대의 통일 지지도 차이가 22.8% 포인트임에 비추어 볼 때 이 차이의 80% 정도가 남북관계의 변화에 의해 설명할 수 있다는 의미이다. 즉 남북관계가 2007년 정도만큼 개선된다면 청년세대와 기성세대의 통일 지지도 격차는 현격히 줄어들 수 있으며 그보다 더 개선된다면 오히려 청년들이 기성세대보다 통일을 더 지지할 가능성도 배제할 수 없음을 의미한다. 바꿔 말하면, 청년세대의 낮은 통일의식은 남북관계가 개선될 경우 다시 상승할 개연성이 있다는 것이다.

　　이와 같이 흔히 알려진 대로 청년세대의 낮은 통일 지지도는 그 동안의 연이은 북한의 군사·정치적 도발과 그에 따라 악화되는 남북관계의 영향으로 설명 가능하다. 반면 조사기간 동안 불변, 또는 완만한 상승을 기록했던 기성세대의 통일 필요성 인식은 이 기간 동안 진보와 보수가 번갈아가며 집권해 온 남한 정부의 성향이 영향을 미친 것으로 설명 가능하다는 것이다.

　　앞서 언급한 청년세대의 남북관계에 대한 민감도를 좀 더 구체적으로 알아보기 위하여 종합관계통합지수를 경제, 정치, 사회문화 분야로 세분화하여 그 각각이 청년세대의 통일 필요성 인식에 미치는 영향을 살펴보고자 한다. 분석은 이전 가성 패널 회귀분석의 방법론을 그대로 사용하되 종합관계통합지수 대신 각 분야별 관계통합지수를 설명변수로 설정하여 청년세대의 통일 인식 민감도가 이 부문별 관계의 변화에 의해 상이한 영향을 받는지를 살펴본다. 따라서 종속변수는 청년세대에 한정한다. 기타 통제변수는 이전 회귀분석과 동일하다.

　　<표 6>의 결과는 청년세대 통일의식이 남북관계의 어떤 분야에 제일 민감하게 반응하는지 설명해 주고 있다. 우선 경제, 정치, 사회문화 세 분야 모두 99% 신뢰수준에서 통일의 필요성 인식에 양의 영향을 미치는 것으로 나타났지만 그 계수는 차이를 보이고 있다. 세 분야 중 가장 큰 영향을 미치는 분야는 남북 간의 인적왕래와 교류협력사업 등을 평가요소로 하는 사회문화 분야이다. 그 크기는 사회문화의 관계통합지수가 1 포인트

164   김 병 연

| 표 6 | 청년세대 통일의식과 분야별 관계통합지수의 상관관계 |

| | 종속변수 : 통일의 필요성 긍정응답 (PID 11-17) | | |
	(1) 경제	(2) 정치	(3) 사회문화
분야별 관계통합지수	0.0058*** (0.0013)	0.0033*** (0.0007)	0.0062*** (0.0013)
정부 성향	0.0337 (0.0184)	−0.0162 (0.0210)	−0.0339 (0.0238)
결혼상태	0.1199* (0.0468)	0.1363** (0.0453)	0.1367** (0.0446)
교육수준	−0.1440* (0.0565)	−0.1188* (0.0557)	−0.1128* (0.0545)
소득수준	0.0207 (0.0230)	−0.0167 (0.0237)	−0.0050 (0.0247)
R^2	0.2634	0.2645	0.2763
관측치	231	231	231

※ 위 결과는 랜덤효과 패널회귀분석의 결과이다. 괄호 안의 숫자는 Robust Standard Error이며 *,**,***는 각각 5%, 1%, 0.1% 유의수준에서 통계적으로 유의미함을 뜻한다. 교육수준은 초등졸 이하, 중졸 이하, 고졸, 대졸/대졸 이상, 대학원 이상으로 나누어 각각 1부터 5까지의 점수를 부여해 분석에 이용한다. 소득수준은 함께 사는 가족 모두의 월 평균 소득을 의미하며 이를 200만원 미만, 200만원−299만원, 300만원−399만원, 400만원 이상으로 구분한 자료이다. 결혼상태 여부는 현재 상태를 기준으로 기혼과 미혼(혼인생활을 하고 있지 않은 모든 상태를 포함)으로 나뉜다. 그 외 직업과 거주지도 포함되었다.

상승할 때 청년세대의 통일 필요성 인식은 약 0.62% 포인트 상승한다고 분석된다. 다음으로는 남북 간의 교역, 투자, 그리고 소득수준 수렴 등을 포괄하는 경제 분야이다. 경제 분야 관계통합지수가 1 포인트 상승할 때 청년세대의 통일 필요성 인식은 약 0.58% 포인트 상승하는 것으로 추정된다. 그러나 사회문화와 경제 부문의 관계 개선이 통일 지지도에 미치는 영향은 그 크기로 볼 때 통계적인 차이가 존재하지 않는다. 마지막으로는 정

상회담, 의회회담, 군사회담, 군사적 긴장완화 등을 평가하는 정치 분야이다. 정치 분야 관계통합지수가 1 포인트 상승할 때 청년세대의 통일 필요성 인식은 약 0.33% 포인트 상승하는 것으로 추정되었다.

　　종합하면 청년세대의 통일의식은 사회문화와 경제, 그리고 정치 부문의 관계 변화순으로 영향을 많이 받는다고 할 수 있다. 이는 기성세대와 비교하였던 <표 5>의 결과와도 일관성을 갖는다. 청년세대는 남북 간의 정치, 군사적 긴장관계, 혹은 이완관계 등의 정치적 요인보다는 경제, 사회문화와 같은 실질적인 요소에 더욱 민감하게 반응하는 것으로 분석되었다. 이 결과는 실용성을 중시하는 청년세대의 경우 남북의 정치·군사적 관계보다 경제 및 사회 문화와 같은 체감도가 높은 분야에서 남북 관계가 개선될 경우 통일 지지도가 더 높아질 수 있음을 시사한다.

V. 결　　론

　　2018년 평창 올림픽 남북 단일팀 구성의 상반된 시각으로부터 촉발된 기성세대와 청년세대의 통일에 대한 시각차는 많이 회자되어 온 주제이다. 그러나 현재까지 그 이유에 대한 엄밀한 통계적, 계량적 분석 기법을 이용한 양적 연구는 부족했던 것이 사실이다. 기존 연구는 빈약한 반면 청년세대의 통일의식이라는 주제의 무게는 대단히 무겁다. 국민적 합의가 없는 통일은 불가능하기 때문에 청년세대의 통일의식은 매우 중요한 의미를 지닌다. 그런 점에서 청년세대의 통일 필요성 지지도가 낮은 이유를 이해하는 것은 바람직한 통일정책을 수립하는 데 필수적이다. 특히 청년세대와 기성세대 간의 통일의식의 차이가 점점 벌어지고 있다고 주장되는 현 시점에서는 더욱 그렇다고 할 수 있다.

　　이 연구는 '청년세대의 통일의식은 시간 불변적인가, 아니면 시간 가변적인가'라는 질문과 '청년세대와 기성세대의 통일의식에 있어 차이가 있다면 그 이유가 무엇인가'라는 질문에 답하고 있다. 이를 보다 엄밀하게 분석하기 위하여 이 연구는 2007년부터 2017년까지 매년 시행되었던 서울대학교 통일평화연구원의 통일의식조사 자료를 사용하였다. 이 조사는 매해 약 1,200명을 대상으로 함에 따라 2017년까지 약 13,000여 명의 표본 결과가 누적되었다. 이 자료를 이용하여 연령집단별 가성 패널 데이터를 만들어 분석한 결과는 다음과 같다.

첫째, 청년세대의 통일의식은 시간불변에 가깝다. 즉 통일의식에 있어 세대 간 차이는 존재하며 해당 연령집단이 나이가 들어도 그 차이는 꾸준히 유지된다. 이는 통일의식의 세대 차이는 청년세대가 나이가 듦에 따라 줄어들 것이라는 주장의 개연성이 높지 않음을 의미한다.

둘째, 청년세대의 통일의식은 그 세대가 가지는 본원적 특성보다 남북관계라는 외부 요인에 더 민감하게 반응한 결과이다. 즉 청년세대는 객관적인 남북관계의 변화에 민감하게 반응한 반면 기성세대의 경우 국내의 정치 상황에 더욱 민감하게 반응했다. 이는 통일의식의 세대 차이는 분단 기간의 장기화, 경제적 경험의 차이, 이산가족의 유무 등 세대 본원의 특성으로 설명되기 어려움을 시사한다. 청년세대의 경우 보다 실용적 가치관을 지니고 있기 때문에 북한의 행동과 남북관계의 변화, 특히 경제와 사회문화 부분의 남북관계 변화에 민감하게 반응하는 경향이 있다. 반면 기성세대는 통일을 규범적, 당위적으로 받아들이는 한편 남한 정부의 정치적 성향에 민감하게 반응하는 것이 특징이다. 이 차이가 두 세대 간 통일인식 차이를 결정하는 핵심이다. 이런 면에서 청년세대의 통일인식은 조건부 시간불변성으로 이해할 수 있다.13

통일을 바라는 입장에서 본다면 앞서 언급한 두 가지 결과는 우려와 희망의 요인을 동시에 품고 있다고 할 수 있다. 통일의 전제조건 중 하나가 국민적 합의인 만큼 청년세대가 나이가 듦에도 불구하고 점점 통일의 필요성을 낮게 보고 있다는 점은 향후 통일이 힘들 것임을 짐작하게 만든다. 그러나 청년세대는 객관적인 남북관계의 변화에 보다 적극적으로 반응한다는 점에서 이들의 통일의식을 제고할 수 있는 방법이 존재한다는 것은 희망적이다. 만약 실질적 측면에서 남북관계가 개선된다면 청년세대의 통일 지지도는 높아질 수 있을 것으로 전망한다. 구체적으로 남북통합지수로 살펴본 남북관계가 2007년 수준까지 개선된다면 2017년 기준 청년세대와 기성세대의 통일 지지도 차이 중 80%가 줄어들 것으로 추정되었다.

북핵문제를 둘러싼 현재의 한반도 정세는 큰 불확실성에 둘러쌓여 있어 청년세대의 통일의식을 고취시키기엔 한계가 있는 것처럼 보인다. 그러나 북핵 문제가 해결되고 남북관계가 개선된다면 청년세대는 통일을 보다 긍정적으로 바라볼 수도 있을 것이다. 특히 청년세대는 남북의 정치적 관계보다 경제나 사회문화 같은 실질적 남북관계에 더 큰 의미를 두고 더 민감하게 반응한다는 발견은 향후 남북관계 개선과 우리 정부의 대북정책 수립에 중요한 함의를 주고 있다.

[주 석]

1　이는 '귀하는 남북한 통일이 얼마나 필요하다고 생각하십니까?'라는 질문에 대해 '다소 필요하다'와 '매우 필요하다'라고 답한 응답의 수를 전체 표본 수로 나눈 비율이다(통일연구원, 2018, 표 Ⅵ-9, 194쪽 수치 이용). 여기서는 만 19-29세 연령층을 편의상 20대로 칭했다.

2　통계자료가 없기 때문에 확인하기는 어렵지만 2000년대 이전에도 청년층의 통일의식은 다른 세대에 비해 낮았을 가능성도 배제할 수 없다.

3　본 자료는 서울대 통일평화연구원의 통일의식조사 설문 내의 "귀하는 남북한의 통일이 얼마나 필요하다고 생각하십니까? 혹은 필요없다고 생각하십니까?"라는 문항에 대한 응답비율이며 본 문항은 조사가 시행된 2007년부터 2017년까지 수정, 보완되지 않았다.

4　각 연령대의 구성은 20대는 19-29세, 30대는 30-39세, 40대는 40-49세, 50대는 50-59세, 60대는 60-69세이다.

5　이와 같이 동일한 연령집단을 추적했을 때는 2007년 50-60대였던 연령집단의 경우 통일 지지도가 상승하는 결과는 앞 절에서 50-60대 이상 연령대의 통일 지지도가 하락하는 추세와 대비된다. 이는 그 이하 연령대가 50-60대로 새로이 진입함에 따라 발생하는 통일 지지도 하락이 50-60대 연령집단의 통일 지지도 상승보다 더 크기 때문으로 설명된다.

6　앞선 그래프 자료는 PID별 평균자료이며 패널회귀분석을 실시함에 있어서는 PID별 평균자료가 아닌 각 연도별 모든 PID들을 고려한 분석이다.

7　이 지수 산출에 관한 자세한 설명과 방법론은 다음의 책에서 찾아볼 수 있다. 김병연·김병로·박명규·정은미, 『남북통합지수, 1980-2008』, 서울대학교출판부, 2009.

8　조동준 외, 『2017 남북통합지수』, 서울대학교 통일평화연구원, 2017.11.

9　해당 분석에서는 이전 분석과는 다르게 결혼상태를 추가로 통제변수에 포함시켰다. 이전 장에서 다뤘던 PID와 통일필요성 인식간의 차이를 보는 회귀분석에서는 PID와의 상관관계가 높아 다중공선성(Multicollinearity) 문제가 존재할 우려로 배제하고 다뤘으나 이번 분석에서는 설명력을 높이기 위하여 통제변수에 포함시킨다.

10　2017년의 경우 박근혜 대통령의 탄핵으로 5월까지는 황교안 국무총리가 대

통령 권한대행의 역할을 했으나 2017년의 과반을 문재인 정부가 집권한 관계
로 진보성향의 정부이라고 판단되어 1을 부여했다.

11 본 분석에서는 정부 성향 변수와 다중공선성의 문제가 있을 수 있는 연도별
고정효과(year fixed effects)를 제외하였다. 연도별 고정효과를 제외하더라도
각 연도마다의 특성은 정부 성향 변수로 어느 정도 통제된다고 판단된다.

12 1989년부터 도출되어 온 관계통합지수는 2007년 122.8로 역대 최고치를 기
록하였다.

13 이 연구의 한계는 통계조사의 기간이 11년에 그치고 있기 때문에 해당 연령
집단의 통일 지지도의 장기적 변화를 충분히 고찰하지 못하고 있다는 점이
다. 즉 초기 20대의 연령집단이 30대를 넘어서 40대, 50대 이상까지 그 변화
를 추적할 수 있을 때 통일인식의 장기적 변화를 보다 신뢰성 있게 파악할
수 있을 것이다.

PART

04 평화의
신지정학적
구성

07 동아시아철도공동체 구축과 한반도 평화의 신지정학

신범식(서울대학교 정치외교학부)

Ⅰ. 문제제기

탈냉전기 이후 한반도를 둘러싸고 전개되고 있는 동북아 국제정치는 지속적으로 그 특징을 변화시키면서 전개되어 왔다. 90년대 미국이 주도하는 지역질서가 강화되었지만, 2000년대 들어 중국의 부상과 함께 미－중을 축으로 하는 새로운 지역정치의 경쟁적 구도가 점차 강화되었다. 미, 중 양국은 지역 내 주도권과 세계적 주도권이 연계되는 상황에 직면하여 동북아를 포함한 아시아, 태평양, 인도양에서의 지역질서에서 자국에 유리한 구도를 창출하기 위한 양자적 및 지역적 노력을 기울이게 되었다. 이 와중에 러시아와 미국의 관계가 악화되면서 러시아의 동북아 지역 내 균형자 내지 건설적 협력 촉진자로서의 역할을 수행할 가능성이 더욱 제약되게 되었다. 동북아에서 냉전 질서의 유산인 북방3각 대 남방3각이 대립하는 구도가 다시 재연될 것에 대한 우려가 나오고 있다.

물론 이런 우려와 달리 실제로 다른 상황 해석도 가능하다. 동북아에서 러시아와 중국이 가지는 이익 구조가 완전히 일치하지 않는다는 점, 미국과 러시아의 지역 수준에서의 협력 가능성이 완전히 사라지지 않았다는 점, 한국과 일본의 전략적 협력이 역사 문제 및 일본의 보통국가화 정책으로 인하여 여의치 않다는 점, 그리고 무엇보다 트럼프 대통령의 아시아 정책이 지니는 돌발성으로 인한 지역정치의 불안정성이 높아졌다는 점 등은 과거와 같은 북방 대 남방의 단순 대립구도의 재구조화를 이루는 데 방해가 될 것이라는 시각을 피력하기도 한다. 다른 한편에서는 인도－태평양 구상의 진화와 확대나 미국이 주도하는 자유롭고 개방된 아태지역 구상 등은 중국의 일대일로에 의해서 추동되면서 러시아가 가세하는 신대륙주의 협력과 대립하면서 지구적 경쟁의 계기를 형성하고 있으며, 이 접점으로서 동(북)아시아의 지정학적 상황은 과거의 지역적 수준에서 형성되었던 북방 대 남방의 대립구도보다 훨씬 더 광범위하고 복잡하며 강력한 경쟁과 대립의 구조 속에 노출되고 있다고 진단하기도 한다.

　　어떤 진단이 더 맞는지 알기 위해서 아직 시간이 필요하지만, 이 같은 거시 구조적 변동의 과정 속에서 한반도가 위치한 '지정학적 단층대' (geopolitical faultline)의 파열적 동학은 남－북 관계를 제약하는 구조적 요인이 지속되게 만들고 있으며, 동북아에서의 지역협력을 어렵게 만들고 있는 것이 사실이다.

　　이처럼 경제적인 상호작용이 급증하는 동아시아에서 안보적 경쟁성이 증대되는 지역정치의 특성을 한때 "아시아 패러독스"라고 명명하기도 했지만, 그것을 패러독스로 볼 것인가 여부를 따지는 것을 차치하고, 경제적 협력의 욕구는 지속되거나 높아가고 있지만 안보적 협력을 위한 환경은 조성되지 않고 있는 난감한 상황에는 큰 변화가 없어 보인다. 이 같은 지역정치 상황에서 한국은 한반도를 둘러싼 지역협력의 촉진을 위한 다양한 중견국 외교를 시도해 왔다. 가령 이명박 정부에서 동북아 지역외교가 실종되었다는 비판에 대한 반성을 바탕으로 박근혜 정부가 추진해 온 '동북아시아평화협력구상'은 전형적으로 연성 이슈를 둘러싼 협력을 통하여 안보협력과 같은 경성 이슈에서의 협력을 견인하자는 전략적 사고 속에서 시도된 노력으로 볼 수 있다. 하지만 이런 한국의 노력이 미－중 간 대립구도와 같은 구조적 요인을 넘어서기에는 역부족이었다. 더구나 미－중

경쟁, 남중국해를 둘러싼 지역 국가들 간의 분쟁, 지속되고 있는 영토분쟁의 긴장, 북핵문제 등과 같은 경성 이슈에서 촉발되는 파열음이 높아가고 있는 동(북)아시아에서 연성 이슈에서의 협력의 파급효과(spill over effect)가 지역정치 구조의 변동에까지 영향을 미치기를 바라는 데에는 한계가 명백해 보였다.

이런 한계 속에서 남－북 관계를 개선하고 남－북 화해와 협력의 축을 확장해 보고자 하는 구상을 문재인 정부가 추진하게 되었고, 이러한 지역정책은 "동북아시아플러스책임공동체"와 "한반도신경제지도" 구상으로 나타났다. 문재인 정부는 동북아플러스책임공동체의 구축을 목표로 평화 및 번영의 축의 강화를 통해 한반도의 새로운 경제체제를 구축하려 하고 있다. 신북방정책과 신남방정책으로 연결되는 한반도 H축선 경제협력 벨트를 활성화하고, 동북아 철도공동체 추진을 통한 평화와 번영의 공동체 구축을 시도하려는 청사진이 마련되고 추진되고 있다. 과거 정부의 노력을 무조건적으로 부정하지 않고, 연속과 개선 그리고 미래적 관점에서 재구성하여 제시된 청사진의 구현은 한반도 미래에 대한 긍정적 효과를 기대하게 한다.

사실 2017년 말까지 지속되던 한반도 전쟁위기의 고조는 심각한 우려를 불러일으켰다. 하지만 문재인 정부의 이 같은 신(新)한반도체제 구축을 위한 적극적 노력이 북한의 경제건설 중시 노선 및 트럼프 행정부의 북핵문제 해결에 대한 의지와 맞물리면서 2018년 한반도는 화해와 대화의 국면으로 급속히 전환되었다. 세 차례의 남북 정상회담과 한 차례의 북미 정상회담으로 북핵문제 해결과 한반도 교류협력의 조건이 다소 개선되었지만, 2019년 북－미 간의 "완전한 비핵화"에 대한 시각 차이 및 단계적/부분적 이행 및 제재 완화 간의 교환에 대한 이견으로 2차 북미정상회담이 결렬됨에 따라 향후 한반도 정세가 불투명해졌다. 2차 북미정상회담의 실망스러운 결과는 문 정부가 추진하는 신한반도체제는 물론 동북아플러스책임공동체의 구축에서 여전히 작동하는 한계를 보여주고 있다. 북핵문제

를 핵심으로 하는 북한 및 한반도 문제는 남－북 양자 수준뿐 아니라 국
제적 과제의 성격을 띠고 있으며, 이는 다면적 종합 외교의 틀 속에서 해
법을 찾아야 한다는 점을 강변하고 있는 것이다. 향후 북미 정상회담의 향
배에 따라 동북아 평화조성의 가능성이 좌우되는 상황을 다소라도 개선하
기 위해서는 국제적으로 다면적 협력 관계를 구축하려는 노력이 더욱 중
요하게 되었다.

　　박근혜 정부의 동북아평화협력 구상이 연성 이슈와 경성 이슈의 분리
를 통한 접근의 한계를 보여주었다면, 문재인 정부의 동북아플러스책임공
동체 구상은 양자, 소다자, 지역 다자의 접근법을 좀 더 복합적으로 활용
할 필요성에 대한 교훈을 주고 있다. 한국이 북한 및 미국과의 양자관계를
활용한 소다자 구도의 창출을 시도했지만, 이것만으로 충분치 않다는 점
을 보여주었다. 동시에 다양한 소다자의 틀이 동시적으로 진행되면서 각
국이 지니는 이익 실현의 방법을 다양하게 열어가는 창의성을 발휘할 필
요도 높아가고 있다. 더구나 지역다자 수준의 협력의 동력을 창출하는 작
업도 동시적으로 진행될 필요가 있음을 보여주고 있다. 혹자는 북핵 문제
가 풀리고 그 다음 한반도를 둘러싼 다자적 협력의 촉진이 가능할 것이라
는 순차적 변화의 시나리오에 더 기대를 걸기도 하지만, 양자, 소다자, 지
역다자의 틀을 거시적 지역질서의 미래를 염두에 두고 종합적으로 설계되
고 동시적으로 추진되어야 한다. 한국이 이러한 역할을 감당해 갈 역량이
있는가에 답하기 쉽지 않겠지만, 적어도 다양한 구상을 검토하고 종합적
인 시도를 해 볼 필요가 있다.

　　이런 의미에서 지역 다자 수준에서의 협력의 이슈로 문재인 대통령이
2018년 8.15 경축사를 통하여 제안한 동아시아철도공동체 구상은 현재 동
북아 국가들이 지역 다자 수준에서 추진해 봄직한 프로젝트로 주목받고
있다. 사실 동북아의 지역협력을 위한 다양한 이슈들이 있지만, 연성 이슈
와 경성 이슈를 선순환적으로 개선해 갈 영역으로는 철도를 축으로 하는
교통·물류 분야와 가스관 내지 전력망 등을 축으로 하는 에너지 분야가

지속적으로 언급되어 왔다. 역내 국가들이 경제적으로 대단히 큰 이익을 볼 수 있는 분야이지만, 상당한 수준의 국가 간의 신뢰와 국내정치적인 합의를 요청하는 분야이다. 그래서 많은 논의들이 이루어져 왔고, 이에 대한 기대가 컸던 만큼 실망도 컸던 분야이다. 그동안의 다양한 노력들을 다 기술하는 것은 논외로 하고, 트럼프 행정부 이후 동북아 정세에서 이 교통·물류와 에너지 분야에서의 지역협력을 둘러싼 새로운 변화의 핵심적인 부분은 이 두 분야가 상호적 이익의 분기 가능성을 보여주고 있다는 점이다. 셰일 혁명 이후 화석연료의 새로운 강자로 부상한 미국은 에너지 분야에서 발굴된 자국의 가능성을 빠른 시간 내에 최대한 활용하기 위한 에너지 수출전략에 매진하고 있고, 그 중요한 시장은 아시아 지역이다. 이는 유럽 시장 개척의 한계를 아시아 시장에서 보완하려는 러시아의 전략과 정면으로 충돌할 수 있다. 따라서 한국의 입장에서 미국의 아시아 시장으로 향하는 천연가스 물량을 상당 부분 구매해야 한다는 압력이 예상되는 상황에서 대륙 경제권과의 상호작용을 위해서는 다른 대안으로 철도를 축으로 하는 교통·물류 협력체를 단계적으로 추진하는 전략이 훨씬 현실적으로 가용한 대안이 될 수 있다.

　　물론 "신기후체제"에 적응하기 위한 "에너지 전환"이라는 과제를 풀어가기 위해 천연가스를 석탄·석유 중심에서 신재생에너지 중심의 에너지 믹스로 전환하는 "가교 연료(bridging resource)"로 활용하기 위해서는 적정한 가격의 미국을 위시한 해양의 천연가스를 구매하지 않을 수 없을 것이다. 도리어 유라시아와 북극해의 천연가스는 가격 경쟁력의 조건을 충복시키는 선에서 구매 대상으로 한정하고 가령 남-북-러 가스관 건설 등으로 대변되는 에너지 협력을 통한 안보적 전이효과에 대한 기대는 잠시 접어두는 것이 현실적일 수 있겠다. 이러한 해양 가스에 대한 구매 지분의 확대는 대륙과의 교통·물류에 대한 협력의 기회를 창출하는 계기에 활용될 수 있다. 해양 천연가스의 구매는 상대적으로 철도를 축으로 하는 대륙과의 교통·물류 협력에서 소외될 수 있는 미국(부분적으로는 일본) 등에 대한 우려를 다소라도 무마하면서 철도협력의 시작이 될 수 있는 계기를 만드는데 기여할 수 있도록 구도를 만들어야 할 것이다. 그야말로 종합적인 외교의 술(art)이 펼쳐져야 할 때이다.

따라서 본 장에서는 한반도의 평화를 증진시킬 수 있는 조건으로서 기대되는 철도를 중심으로 하는 역내 교통·물류 협력의 가능성을 문재인 정부가 제안한 "동북아 철도공동체" 구상의 틀 속에서 검토해 보고, 그 성공적 추진을 위한 필요조건으로써 주변국과의 협력 방안을 검토해 보고자 한다. 이를 위해 먼저 동북아철도공동체 구상을 검토하고, 이에 대한 주변국의 입장을 살피고, 주변국과의 협력의 전략을 모색하려고 한다. 이 같은 검토를 바탕으로 우리는 교통의 국제정치가 이 지역에서 빚어 낼 수 있는 동학과 가능성을 검토함으로써 한반도의 평화의 조건으로서 동북아의 지역협력이 기여할 수 있는 방안을 모색해 보도록 할 것이다.

II. 동아시아철도공동체 구상

동아시아를 철도로 연결하자는 구상은 2000년대 초반부터 이어져 왔다. 당시 노무현 정부가 제시한 구상의 내용을 살펴보면, 남－북 철도망 연결을 시작으로 중국, 러시아, 몽골, 일본, 카자흐스탄 등 중앙아시아까지 이르는 철도운영기구를 구성한다는 내용이 포함되어 있었다. 하지만 당시 지역 내 다자 협력 경험이 부족한 상황에서 재원 부담 등에 대한 구체적인 대안이 제시되지 못하였던 점은 이 구상이 출발부터 커다란 한계를 내포하고 있었음을 의미한다. 특히 이 공동체에 참여할 회원국 간의 양자 및 다자적인 합의는 고사하고 구체적인 협의조차도 이끌어 내지 못했던 것은 그 구상이 지닌 여실한 한계를 보여준다.[1] 이후 2010년대 중반에 이르러 박근혜 정부는 유라시아를 "하나의 대륙, 창조의 대륙, 평화의 대륙"으로 만들고 한국과 유라시아 간 협력을 확대하고자 하는 '유라시아 이니셔티브(Eurasia Initiative)'를 발표하였다. 이를 실현하기 위하여 박근혜 정부는 '유라시아

철도 구상'과 '실크로드 익스프레스' 사업을 추진하여 유라시아 경제와 아시아－태평양 경제를 연결하는 물류 네트워크를 형성하는 네트워크를 구축하고자 하였다.2 하지만 이러한 계획은 개성공단 폐쇄 등 남북 관계가 경색되자 '한반도 신뢰프로세스' 형성에 기초한 '유라시아 이니셔티브'와 그 구체적인 사업이었던 철도 연결은 더 이상 추진이 불가능해졌다.

　　문재인 정부가 출범한 이후 2018년 4월 27일 남북 정상회담과 판문점 선언으로 남북 간 긴장관계가 완화되고 협력의 분위기가 조성되면서 한반도 평화정착과 남북 경제협력을 위한 다양한 방안이 제시되었다. 특히 양국 정상은 '판문점 선언'에서 철도 연결과 관련하여 2017년 10.4 선언에서 합의된 사업들을 적극적으로 추진하고 동해선 및 경의선 철도와 도로를 연결하고 현대화하는 내용을 재확인하였다.3 더 나아가 문재인 대통령은 동해권 에너지ㆍ자원벨트 구축, 서해권 산업ㆍ물류ㆍ교통벨트 구축, 동해－비무장지대 환경ㆍ관광벨트와 설악산－금강산－원산－백두산 관광벨트 구축을 위한 '한반도 신경제 구상'을 발표하였다. '한반도 신경제 구상'의 목표는 한반도에 H축형으로 연결되는 단일경제권을 구축하고, 이를 주축으로 북쪽으로는 신북방정책 지향의 틀에서 간도와 연해주를, 남쪽으로는 동중국해 연안을 연결하는 동북아시아 역내 경제권을 형성하자는 구상이었다.4 물론 이 같은 구상이 전적으로 새로운 구상은 아니지만 그간 역대 정부가 노력해 온 한반도의 협력 모티브와 동북아 지역 협력의 모티브를 결합하여 한반도와 동북아를 아우르는 평화와 공영의 질서를 구축하자는 구상이었다. 이는 안보와 경제 분야를 분리하여 평화와 번영을 지향하던 기존 방식과 달리 양자를 동시적으로 개선해 나가고자 하는 시도이다.

　　하지만 이런 신한반도체제 구축을 위한 구상은 한반도만의 영역에서 달성되기에는 분명한 한계가 있다. 이러한 신한반도체제는 동북아시아의 지역적 다자협력의 추동과 함께 진행될 때에 더 현실적이고 견고해질 수 있는 것이다. 이 같은 전략적 의도가 있었는지 알 수 없지만, 문재인 대통령은 2018년 8.15 경축사에서 한국, 중국, 러시아, 일본, 북한, 몽골 6개국과 미국이 참여하는 '동아시아철도공동체' 구축을 제안하였다. 문재인 대통령의 동아시아철도공동체는 유럽연합(EU) 형성에 중심이 되었던 1951년 유럽석탄철강공동체(ECSC)를 모델로 하였으며, 동북아 국가 간 철도 인프라 연결 및 연계 운행을 통해 동아시아 평화를 정착시키고 경제 성장을 도모하자는 의도를 담고 있다. 또한 이 제안은 이러한 협력을 통해 장기적으로 동북아시아경제공동체로 발전하는 것을 목표로 삼고 있다.[5] 이 구상은 우선적으로는 남·북한과 중국, 러시아, 몽골, 일본, 미국을 대상으로 하며, 철도를 매개로 한 문재인 대통령의 경제·안보 공동체 구상으로 이해되면서 주목받게 되었다. 이런 구상은 주변국 파트너들의 협조와 공조가 절대적으로 중요하기에, 한국은 2018년 4월 판문점에서 남북 정상회담을 가진 이후 적극적인 홍보에 나섰다. 문재인 대통령은 동아시아철도공동체 수립을 위하여 5월 9일 한·중·일 정상회담이 열린 것을 계기로 중국 정상과 함께 한반도종단철도(TKR)－중국횡단철도(TCR)의 연결을 논의하였으며, 6월 7일에는 그동안 한국의 숙원이었던 국제철도협력기구(OSJD)에 가입함으로써 대륙 철도와의 협력을 증진시키기 위한 조건을 개선하였으며, 6월 21일에는 러시아를 방문하여 가진 한－러 정상회담에서 한반도종단철도(TKR)－시베리아횡단철도(TSR)의 연결에 대해서도 논의하였고, 7월 24일에는 북한 철도에 대한 남·북 공동조사를 실시함으로써 철도분야에서의 협력을 촉진하기 위한 외교적이며 실질적인 노력을 펼쳐 나갔다.[6] 그리고 2018년 12월 UN의 대북제재 면제 승인을 얻어 남북 철도 연결을 위한 착공식을 거행함으로써 철도 연결에서 가장 난제로 여겨지는 남북한 철도 연결을 위한 양국 정부의 의지를 확인하였다.[7]

　　사실 동아시아 지역의 철도 시스템을 표준화하면서 서로 연결하여 하나의 철도망을 구축하는 협력이 진행된다면, 유럽 통합의 중요한 시발점 중의 하나였던 유럽 6개국의 '유럽석탄철강공동체'(ECSC)의 결성을 통하여 유럽지역의 안보 및 경제협력에 대한 긍정적 기여를 견인하였던 것과 같은 효과를 동아시아 지역에서도 창출할 수 있을 것이라는 기대가 아주 허

그림 1 동아시아 철도망과 동아시아철도공동체

출처: 한국교통연구원 발표 자료 (2019.4.23.)

황된 것은 아니다. 유럽과 동아시아의 지역정치 상황이 지역적 및 시대적으로 다른 것은 사실이지만, 지역 협력의 다자적 기획의 성공 사례는 중요한 의미를 지니게 될 것이다. 이 같은 기대는 동아시아철도공동체 구상에 여실히 반영되어 있다고 할 것이다. 하지만 이러한 구상이 지역의 경제적인 통합과 협력에 대한 기대에만 초점을 맞추고 있는 것은 아니다. "우리의 경제 지평을 북방 대륙까지 넓히고, 동북아 상생 번영의 대동맹이 돼 동아시아 에너지공동체와 경제공동체로 이어질 것"이라는 대통령의 언급에서 잘 드러나듯이 이 구상의 궁극적 목표는 동북아 다자 평화·안보체제를 지향하고 있다고 볼 수 있으며, 이는 일단 경제적 협력을 안보적 협력으로 연결하려는 기능주의적 사고의 연장선상에 위치한 기획 프로젝트로 이해해도 큰 무리는 없을 것으로 보인다.

대체로 지역 협력을 증진시킴으로써 통합이나 공동체를 구축하기 위해서는 일정한 수준 이상의 상호작용의 밀도가 유지되어야 하고, 개방적인 소통이 가능해야 하며, 구성원들 사이의 공유된 핵심적 가치의 동질성이 높아야 하며, 기능적이며 긴밀하게 연결된 유대의 형성이 있어야 한다. 이런 조건을 중심 지역이 통합해 내는 능력을 가질 경우 지역의 통합이 진전될 수 있다는 것이다.8 이 거대한 동학의 출발점은 바로 상호작용의 밀도라 할 수 있을 것인데, 이를 달성하기 위해서는 사람과 물자의 빈번한 교류 외에 다른 방법은 없다.

바로 이런 의미에서 지구적 및 지역적 수준에서 진행된 냉전의 구조적 제약과 남북 분단으로 인한 적대의 세월을 통해 오랫동안 교류가 단절되었던 한반도와 동북아에 인적 및 물적 교류의 길을 여는 것은 매우 중요하다. 이를 시도를 통해 닫혔던 한반도를 개방된 한반도로 개조하고, 기능적으로 연결되는 동북아를 구성하는 작업과 연결될 수밖에 없을 것이다. 이 같은 지역적으로 열린 인프라의 구축은 다음과 같은 경제적이며 정치적 효과를 유발할 것에 대한 기대를 가능하게 할 것이다.

첫째, 동아시아 국가들의 상호작용을 증대시킴으로써 경제적인 상호작용의 더욱 역동적으로 고양시킬 수 있을 것으로 예상된다.

사실 동북아시아를 철도로 연결하자는 연구는 2000년대 참여정부 시절 이후 지속적으로 제기되었으며, 그 당시에도 동북아시아 경제공동체 실현을 위한 단계적인 추진전략 중 하나로 고려되었다. 2000년대 초반 동북아시아는 풍부한 천연자원, 노동력, 산업기술, 자본력과 거대 시장을 갖춘 지역으로, 중국의 개혁, 개방, 러시아의 극동 및 시베리아 개발정책이 진행 중이었으며, 한국 내에서도 이를 동북아시아로의 진출을 위한 호기로 보는 시선이 존재하였다. 이런 역동성을 연결시키기 위하여 시베리아횡단철도(TSR), 중국횡단철도(TCR), 한반도종단철도(TKR)를 연결하기 위하여 유엔 아시아·태평양경제사회이사회(UNESCAP), 국제철도기구(OJSD), 시베리아철도운영협의회(CCTST) 등과의 협력에 기반한 다양한 논의가 진행되었다.

하지만, 그 당시에도 남-북-러 3자 협력의 장애물로 북한의 노후화
된 시설의 현대화가 요구되었으며, 철도 현대화 사업에는 25억 달러가 투
입되어야 한다는 분석이 제시되기도 했다.9 최근 또 다른 연구에 따르면,
남북철도 연결 총비용이 38조에 달할 것으로 전망하고 있으나, 북한 철도
가 노후화 되었을 뿐만 아니라, 인프라 전반이 낙후되어 있고, 이를 운영
할만한 전문 인력과 노동력도 부족한 것으로 파악되고 있다.10 하지만 북
한 철도 개보수 사업은 단순히 인프라의 문제가 아니라 고도의 국제정치
적 이슈가 되었다. 유엔 안보리에서 2017년 2월부터 결의된 대북제재에
따르면, 산업기계, 운송수단, 철강 등 북한 수출을 금지하고 있어 긴밀한
협력을 위해서는 이러한 문제가 선결되어야 한다.11

그림 2　세계 3대 교역원 물동량 증가(TEU)

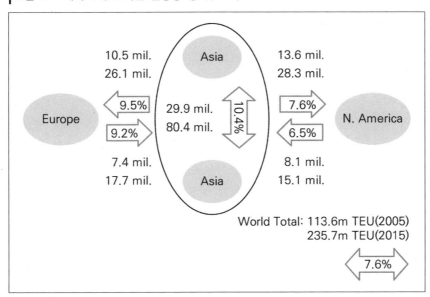

출처: 나희승(2015)

그림 3   TSR 국제컨테이너 물통량추이(TEU)

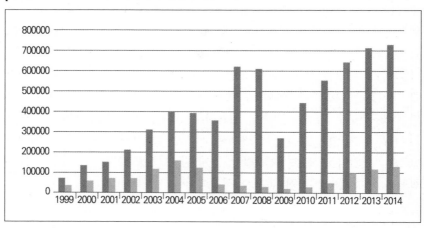

출처: 시베리아철도조정평의회(CCTT)

그럼에도 최근 동북아 극동지역 물류 동향을 살펴보면, 남－북 철도 연결에서 비롯되는 동북아시아 철도 연결이 경제적으로 큰 효용을 가진 다는 것을 확인할 수 있다. 먼저 한국과 중국, 일본, 러시아 등 동북아 역내 국가들과 수출입 교역액은 전체 40%에 육박하고 있으며, 이러한 추 세에 발맞추어 철도 연결을 통한 물동량 증가에 대비하여야 할 필요가 있다. UNESCAP의 보고서에 따르면, 약 10년간 세계 고부가가치 컨테이 너 물동량이 2배로 늘어날 전망인 가운데, 아시아 지역 내 고부가가치 컨 테이너 물동량은 매년 10%씩 증가할 것으로 전망되고 있다. 또한, TSR의 물동량을 살펴보면, 1999－2007년 7년간 물동량은 7만 TEU에서 62만 TEU로 약 9배 증가하였으며, 컨테이너 수도 약 4배 이상 증가한 것으로 나타났다.12

이러한 상황에 편승하여 남－북 철도가 연결된다면, 한국은 그동안 항공, 해운을 통해 선회하여야 했던 대륙행 물류 비용을 크게 절감할 수 있을 것임에 분명하다. 또한, 한국의 OSJD 가입으로 대륙철도 운영에 참여할 수 있게 되면서, 한국의 이익이 반영된 법률 및 규제, 거버넌스 형태를 이끌어 낼 수 있는 조건이 마련되었으며, 이는 곧 남－북 철도 연결과 동아시아철도공동체 형성에 크게 기여할 것임에 분명하다.

다음으로는 이 같은 경제적 효과를 넘어 정치적 차원에서 남－북 철도 연결과 동아시아 철도망의 구축은 한반도와 동북아 지역의 국제정치적 상호작용의 구조에 영향을 미칠 수 있을 것으로 기대된다.

물론 이 같은 효과를 기대하기에 앞서 남－북 철도 연결과 동아시아 철도공동체의 결성을 위하여 단계적으로 선결해야 할 정치적 과제들을 예상해 볼 수 있을 것이다. 먼저, 한국 국내적 차원에서 양국 철도 연결 및 실무 회담이 수월하게 진행될 수 있도록 전문가 집단을 구성하여 관련 전력과 법제를 개발하여야 한다. 또한 남－북 양자 차원에서 남－북 철도 연결 및 동아시아철도공동체 형성의 기반을 다질 수 있는 작업과 협력이 지속적으로 이루어질 수 있도록 남－북 간의 우호적인 분위기와 협력 가능한 환경을 조성하여야 할 것이다. 실무진 간의 긴밀한 협력이 이루어질 수 있도록, 실무진 회담을 정례화하는 것도 방법이 될 수도 있을 것이다. 그리고 지역적 차원에서 한국은 남－북 철도 연결을 위하여 동아시아 철도공동체의 초기 회원국으로 상정한 중국, 몽골, 러시아, 일본, 미국의 참여를 유도하여야 하며, 이를 다자주의의 작동기재의 틀 속에 위치 지울 수 있어야 한다. ECSC의 사례를 통해 알 수 있듯이, 이러한 참여 유도는 북한에 대한 불신을 해소하고, 주변국도 참여하는 철도 운영 거버넌스에 대한 컨센서스를 구축하는 과정을 수반하게 될 것이다. 마지막으로, 국제적인 차원에서 한국은 북한과 철도 연결을 위하여 북한에 대한 불신을 해소하고, UN 제재를 비롯하여 각국의 제재를 완화를 이끌어 내야 한다. 앞서 남북 철도 연결을 위한 시공식의 사례에서 알 수 있듯이, 유엔 제재와 각국 제재의 해제는 남북 간 철도 연결과 동아시아철도공동체 형성을 위하여 해결하여야 하는 결정적인 선결과제인 것이다.

수많은 경제제재의 벽을 허물어 내고 불신으로 고립된 북한과 주변국

간 협력을 이끌어 내는 것은 국내 정치를 포함하여, 양자, 다자, 지역, 국제적인 차원에서 이루어지는 고도의 정치적인 조율의 술(art)이 발휘되어야 하는 것으로, 북한에 대한 불신을 해소하고 철도 연결을 위한 제재 완화가 이루어져야만 동아시아철도공동체를 형성할 수 있는 정치적인 배경인 마련될 것이다. 이러한 과정은 ECSC가 EU로 발전하는 과정에서 살펴보았듯이, 비정치적인 분야에서의 협력에도 적대국 간의 동의와 협력이 필요하였던 것처럼, 군사적 긴장관계에 있던 국가들 간 협력을 도모함으로써 향후 정치, 안보 차원에서도 긴밀한 협력을 위한 기반이 마련될 것이라는 기대를 키울 수 있는 기반이 될 것이다.

Ⅲ. 동아시아철도공동체 구상에 대한 주변국 반응

일단 동아시아철도공동체의 구성을 위한 출발점은 남-북 철도의 연결로부터 시작될 수 있을 것인데, 문재인 대통령의 이런 구상에 대한 북한의 입장은 비교적 명쾌하다고 볼 수 있다. 북한은 동아시아철도공동체와 한반도 신경제지도에서 가장 중요한 수혜국이 될 것이다. 남북 철도의 연결은 구체적으로 수도권-개성-신의주(환서해 물류산업 벨트), 한반도 동해축-중국 동북-러 극동(환동해 에너지자원 벨트), 한반도 비무장지대(DMZ 접경지역 벨트)가 만드는 H벨트의 활성화를 이룰 수 있으며, 이는 남북 경제협력의 중요한 축으로 자리잡게 될 것이다. 특히 이 H 벨트에는 북한의 경제특구 5곳과 경제개발구 22곳 중 거의 대다수가 포함되어 있다. 가령, 북한의 원산~금강산 총개발계획에는 원산~갈마지구 등 북한 내 관광산업 개발구가 포함되어 있는데, 이 역시 이 H벨트에 포함되고 있는 것이다.

따라서 북한의 입장에서는 이러한 철도 연결이 가져올 것으로 기대되는 지방의 개발과 발전에 대한 이익이 지대할 것이며, 기본적으로 이러한 계획에 반대할 이유는 없어 보인다. 공식적으로 이러한 계획에 대한 평가를 내놓고 있지는 않지만, 북한으로서는 내심 이런 계획의 추진이 북한의 새로운 노선에도 부합하는 것으로 이해할 수 있다. 김정은 위원장이 이끌고 있는 북한은 기존 핵 – 경제 병진 노선의 수정을 통하여 '경제발전 총집중노선'으로 선회하는 전략적 변화의 징후를 보여주고 있는 것으로 알려지고 있다. 2019년 하노이에서 열린 2차 북미회담의 결렬 때문에 북한이 경제발전에 주력하는 노선으로부터 후퇴할 것으로 보이지는 않는다. 김 위원장의 의지는 비교적 확실해 보이지만, 문제는 안전보장 보루 및 경제발전을 위한 외부지원 확보의 수단이라는 핵무기의 이중적 성격을 극복하고 어떻게, 어떤 수준으로 비핵화를 이룰 수 있는 적절한 방법을 찾기가 쉽지 않아 보인다. 북미정상회담 이후 양국은 협상의 판을 깰 의향을 가지고 있지 않은 것으로 보이며, 미 뮬러 특검이 트럼프에게 일종의 면죄부를 준 이후 러시아 관련 문제로부터 상대적으로 자유로워진 트럼프 대통령이 새로운 협상의 계기를 마련해 갈 것으로 예상된다. 북한도 기회를 보면서 시간의 추이 속에서 미국의 입장에 조응하여 "포괄적 타결"과 "단계적 이행" 사이에서의 타협점을 찾기 위한 노력에 다시 나서게 될 가능성이 커 보인다.

　　하지만 2019년 5월 북한의 발사체 및 미사일 실험으로 북한과의 협상의 모멘텀을 유지하려는 한·미의 노력과 통 큰 경제협력의 길을 열어 달라는 북한의 압박 사이에서의 위태로운 균형이 지속되고 있는 가운데, 완전한 비핵화를 위한 "일괄타결 이후 이행조치 검토 입장" 대 "단계적 비핵화와 부분적 비핵화 조치에 대한 보상 요구"의 평행선이 지속되고 있다. 빅딜과 스몰딜 사이에서 미디움딜의 가능성을 계속 모색해 나갈 필요가 있을 것이다. 이번 기회를 놓칠 경우 북핵 문제와 한반도 평화정착 노력이 장기화될 가능성도 배제하기 어려운 상황에서, 철도 연결과 같은 기제를 협상의 소재로 활용할 가능성은 얼마든지 있을 것이다.

| 그림 4 | 한반도 신(新) 경제지도 3대 벨트 주요 프로젝트 |

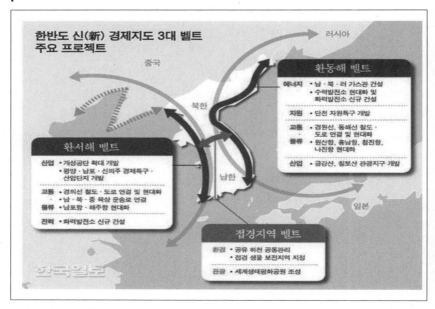

출처 : 한국일보13

　　북한과의 관계도 중요하지만, 철도공동체 구상은 주변국의 협조와 공조가 그 성공을 위한 절대적 필요조건이라 할 수 있을 것이다. 왜냐하면 이 구상은 '남북 경제공동체'를 지향하는 한반도 신경제구상을 넘어 '동북아의 경제·안보 공동체'의 실현을 위한 구상으로서의 성격을 강하게 지니기 때문이다. 따라서 역내 국가들의 주요 정책과도 긴밀하게 맞물려 있는 프로젝트가 될 수밖에 없을 것이다. 특히 중국의 일대일로, 러시아의 신동방정책, 몽골의 '초원의 길' 정책 등과는 함께 맞물리면서 시너지 효과를 낼 수 있을 것으로 기대되기도 한다.

　　중국의 동북아철도공동체 구상에 대한 생각은 기본적으로는 동의하지만, 그 구체적인 실현방안과 관련해서는 신중한 논의가 필요하다는 입장이다.

중국의 일대일로(一帶一路)는 유럽과 아시아를 육상과 해상으로 연결하는 거대 이니셔티브로, 6대 경제회랑을 중심으로 세부 프로젝트가 마련되어 있다. 6대 경제회랑은 중국-파키스탄 경제회랑, 방글라데시-중국-인도-미얀마 경제회랑, 중국-몽골-러시아 경제회랑, 신유라시아 대륙교량(중국-중앙아-이란-터키-우크라이나-폴란드-독일-네덜란드), 중국-중앙아시아-서아시아경제회랑, 중국-중남반도 경제회랑으로 이루어져 있다.14 위의 주요 경제회랑 노선을 통하여 확인할 수 있듯이, 일대일로 계획에서 동북아시아 국가와 연결되는 경제회랑은 중국-몽골-러시아 경제회랑이다. 하지만, 일대일로 계획에서 한반도와 동북 3성을 연결하는 구체적인 계획은 포함되지 않은 것으로 알려져 있다. 다만 시진핑 2015년 7월 동북 3성을 방문하였을 때 일대일로 계획에 해당 지역을 포함시키겠다고 언급하였으며, 9월 승전기념일에 참석한 박근혜 대통령에게도 일대일로와 '유라시아 이니셔티브'를 접목할 것을 약속한 바 있다. 일각에서는 일대일로상에서 동북아시아의 우선순위가 낮은 이유를 북핵과 미국의 아시아-태평양 지역에서의 재균형 정책에서 찾기도 한다.15

하지만 중국 측은 점차 일대일로를 한국까지 확장시키려는 의사를 피력하였으며, 남-북-중 간 철도 연결에 합의하였다. 2017년 아시아태평양경제협력(APEC) 정상회담에서 시진핑 중국 주석은 문재인 대통령에게 한국의 일대일로 참여를 요청하였으며, 문재인 대통령도 한국이 일대일로에 적극 참여할 것이라고 화답하였다.16 또한 동아시아철도공동체에 대한 발표가 이루어지기 이전인 2018년 5월에 한중일 정상회담에서도 한국과 중국인 철도 연결에 합의하였다. 2018년 한중일 정상회담에서 문재인 대통령과 리커창 중국 총리는 북한의 경제 개발을 지원하기 위해 서울-신의주-중국을 잇는 철도 건설 사업 검토와 한-중 양국 간 조사사업이 선행될 수 있다는 것에 의견을 모았다.17 중국은 2018년 12월 행해진 남북 철도 착공식에 엔허시앙 중국 국가철로국 차관보를 파견하기도 하였다.18

특히 중국의 일대일로 정책 가운데 중−몽−러 회랑구축에 대한 구상은 침체에 빠져 있는 중국 동북지방의 경제 부흥에 적지 않은 자극이 될 수 있을 것으로 기대하고 있다. 하지만 중−몽−러 회랑의 구축 논의는 북한에 대한 제재 국면에서 지지부진한 가운데, 중국은 한반도를 연결하는 제7의 경제회랑의 구축에 대한 필요성과 실현가능성을 더 높이 평가하고 있는 것으로 보인다. 이러한 중국의 입장은 2018년 5월 9일 한−중 정상회담에서 경의선 연결에 대한 양국의 협력이 심도 깊게 논의된 바에서도 드러난다.

중국의 이런 기대는 북한에 대한 입장에서도 드러난다. 중국은 2018년 6월 19일 북−중 정상회담에서 "세 개의 불변(三個不變)" 원칙을 발표하면서 북한에 대한 지지와 체제 안전에 대한 협력 의사를 밝힌 바 있는데, 국제, 지역 정세가 변화하더라도 중국 공산당과 정부는 북−중 관계를 발전시키기 위해 노력한다는 것과 중국 인민의 북한에 대한 우호적 감정 및 사회주의 노선에 대한 지지는 변화하지 않는다는 것이 그 내용이다. 이러한 내용은 일각에서 냉전 시기 전략적 협력관계가 복원된 것으로 보기도 하지만, 중국은 북한과의 관계 개선을 통하여 한반도 문제에 대한 발언권을 높여가고 경의선 축과 중국의 철도연결 등과 같은 프로젝트에 대한 관심과 무관하지 않은 것으로 보인다. 물론 중국은 이런 과정에서 미국과의 관계가 악화되거나 대립적 구도를 만드는 것은 피하려 할 것이다. 그럼에도 불구하고 중국은 한반도의 종전선언이 3자 종전선언으로 이루어져야 한다는 점을 강조하고 있으며, 자신이 한반도 종전의 주요 행위자라는 입장을 지속적으로 피력함으로써19 한반도에 대한 자국의 지분을 확인하고, 이러한 지분을 현실화시키기 위해서 가능하고 추진된다면 철도네트워크 건설에 적극 개입할 것이라는 점을 추론해 볼 수 있다.

결국 중국은 자국의 일대일로 프로젝트의 구축과 동북3성 경제 진흥 및 동북아 경제의 연계 그리고 한반도에 대한 영향력의 통로 차원에서 철도 연결에 대한 깊은 관심을 가지고 있으며, 철도 및 운송과 관련된 지역

공동체의 구축 과정에서 주도적 역할로부터 배제되지 않는데 대한 우려와 관심을 가지고 있는 것으로 보인다. 원론적 환영, 이익의 실현에 대한 깊은 관심, 지역 정치과정에 대한 우려와 경계 등이 복합적으로 어우러져 있다고 할 것이다.

그림 5　동아시아철도공동체 구상과 주변국 정책

출처: 한겨레 (2018.8.15.)

　　한편 러시아는 동아시아 철도와의 연결에 대한 지대한 관심을 가진 나라로서 동아시아철도공동체 구축에 대하여 적극적인 나라 중의 하나일 것이다. 러시아가 본격적으로 '신동방정책'을 추진하기 시작한 것은 푸틴(Putin)이 다시 대통령으로 선출된 2012년 이후부터였다. 푸틴 대통령은 낙후된 시베리아·극동 지역 개발하여 균형적인 국가발전을 꾀하고 지구 정치의 지정학적 수압이 증대되고 있는 아태지역에서의 배제를 예방하고 지역적 이익을 확보해 나가기 위하여 아태국가들과 협력을 강화하고자 하였다. 푸틴 대통령은 당시 대통령 후보 시절부터 시베리아와 극동 지역을 개발할 국영기업 창설을 제안하였다. 그가 대통령으로 취임한 이후에는 극동지역의 개발을 전담하는 중앙부처로 '극동개발부(Министерство Российской Федерации по развитию Дальнего Востока)'를 신설하기도 하였다.

또한 2012년 러시아는 '아시아·태평양경제협력체(APEC)' 정상회의를 블라디보스토크에 유치하고 이를 준비하는 데 6,000억 루블을 투자하였으며, 이 정상회담에서 푸틴 대통령은 '신동방정책'을 발표하였다.[20] 러시아는 신동방정책을 통해 극동개발의 동력을 창출하고 가속화하기 위한 특별한 노력을 기울이고 있는데, 이를 위하여 블라디보스토크를 자유항으로 지정하고 극동지역에 선도개발구를 설치하여 해외 투자를 유치하고 지방경제를 활성화함으로써 새로운 발전의 동력을 창출하려고 한다. 결국 한반도철도와의 연결을 통해 시베리아철도의 현대화와 유라시아 국제운송로의 활성화만이 이 같은 동력을 창출하는 현실적인 방안이라는 판단이 점점 러시아 내에서 힘을 얻어가고 있는 상황이다.

한반도와의 연결성을 강화하기 위하여 러시아는 이중 수교국이라는 점을 활용하고 남·북한과 등거리 외교를 펼치면서 양자를 아우를 수 있는 다양한 방식의 협력을 모색하고 있다. 러시아에는 남·북 모두가 신동방정책의 중요한 파트너인 것이다. 특히 남한은 러시아에게 극동 지방을 중심으로 하는 교역과 극동 지방의 개발 및 이 지방에 대한 투자를 위한 중요한 파트너로 여기고 있다. 한편 러시아는 북한에 경제 개발을 지원하고 있으며, 그 과정에서 북한과의 철도 연결에 지대한 관심을 가지고 있다. 북한의 철도 현대화를 지원 중이다. 먼저, 러시아는 라진-하산 철도 연결 프로젝트는 라진항과 시베리아 횡단철도(TSR)를 연결하여 접경 지역까지 철도 네트워크를 확대하였다. 그 결과 러시아는 라진항을 통한 시베리아산 석탄 수출이 가능해졌다. 또한 북한 철도 현대화 프로젝트인 '승리

(Pobeda) 프로젝트'를 통하여 북한 철도 3,500km를 현대화하는 계획을 발표하였는데, 이 계획은 모스토비크 등을 시행사로 북한의 동북부를 염두에 두고 평양 동부와 서남부를 연결하는 철도의 현대화를 추진하는 사업이다.21 물론 북한에 대한 제재로 인해 중단되어 있지만, 러시아의 북한 철도에 대한 관심은 여전히 지대하다.

　　러시아는 북한뿐만 아니라 한국과의 철도 연결에도 적극적 입장을 견지하여 왔다. 동아시아철도공동체 구상을 발표하기 전인 2018년 6월 22일 문재인 대통령은 러시아를 국빈 방문하여 푸틴 대통령과 정상회담을 가졌다. 이 회담에서 양국 정상은 시베리아 횡단철도(TSR)와 한반도종단철도(TKR) 연결을 위한 공동 연구 및 기술·인력 교류, 남-북-러 경협을 진전시키는 것에 합의하였으며, 특히 동해선 연결에 대한 협력을 위한 노력을 경주하기로 하였다. 특히 양국 정상은 한반도 내 대형 인프라건설 프로젝트의 실현이 동북아 평화번영에 기여할 것이며, 한-러-유럽을 연결하는 철도 연결망 건설에 양국 모두 관심이 있음을 확인하였다.22 따라서 TSR-TKR 연결 사업은 그와 연관되는 나진-하산 물류사업의 확장과 연관되어 다양한 협력의 기재를 확산시킬 수 있으며, 양국의 증대되고 있는 교류를 안정적으로 확대하고 관리할 수 있는 자유무역협정(FTA) 등과 같은 다양한 경제협력과 함께 러시아가 동북아의 명실상부한 일원으로 자리잡는 데 크게 기여할 수 있을 것이다.23 이 같은 러시아의 입장은 남-북 철도·도로 연결 착공식에 토카레프 러시아 교통부 차관을 파견하여 러시아의 이 프로젝트에 대한 지대한 관심을 표명한 데서도 잘 드러난다.24

　　사실 러시아는 한반도 문제와 관련하여 복잡한 계산을 가지고 있다고 할 것이다. 극동·시베리아의 발전을 위해서 한반도의 안정은 매우 중요한 필요조건이며, 따라서 안정적인 한반도 안보환경을 조성하는 데 대한 지대한 관심을 가지고 있다. 이에 러시아는 북핵 문제, 사드(THAAD) 배치, 평화체제 구축 등과 같은 한반도 이슈와 관련하여 직접적인 당사자로 참여하려 하고 있으며, 지속적인 영향력을 발휘하고자 한다. 러시아는 북핵

문제의 평화적인 해결, 남-북-러 3각 경제협력 실현 및 극동 투자 유치, 한반도 비핵화와 6자회담에서 러시아의 역할 강화, 남·북한 내 반(反)러시아화 방지 및 한반도 내 영향력 제고 등을 한반도 정책의 목표로 삼고 있다.25 이런 러시아의 정책적 목표를 실현해 나가는 데 있어 철도연결을 통한 지역협력체를 결성하는 것은 최적의 정책적 수단이 될 수 있다는 판단을 가지고 있다고 할 수 있을 것이다.

　　몽골은 유라시아의 중심에 위치한 지리적 이점을 극대화하기 위하여 교통·물류의 요충지로 발전하기 위한 국가전략 과제로 '초원길' 프로젝트를 2014년부터 진행 중에 있다. 초원길 프로젝트는 1,100km에 달하는 고속도로, 전선, 천연가스관, 송유관 등을 건설하는 72억 달러 규모의 대규모 인프라 건설 사업이다. 2015년 당시 주한 몽골대사였던 간볼드 대사는 한국의 '유라시아 이니셔티브', 중국의 '신(新)실크로드' 계획과 몽골의 '초원길' 프로젝트가 유라시아 교통과 물류 환경을 개선하고자 하는 목표를 지닌다는 점에서 비슷한 성격을 지닌 프로젝트라는 점을 강조하였다.26

　　몽골은 한국이 동아시아철도공동체를 제안한 이후 지속적으로 지지 의사를 표명하여 왔다. 이낙연 총리는 2018년 9월 11일 블라디보스토크에서 개최된 동방경제포럼에서 바툴가(Battulga) 몽골 대통령에게 동아시아철도공동체에 참여해 달라고 요청한 바 있다.27 또한 당시 양자는 철도 분야 협력뿐만 아니라, 양국 간 관계 격상, 한반도 문제, 청년 교류 등 다양한 현안에 대해 논의하였다.28 바툴가 대통령은 지난 2019년 3월 26일 울란바토르(Ulaanbaatar)를 방문한 이낙연 총리와 만나 동아시아철도공동체 구상에 대한 지지를 표명하였으며, 동아시아철도공동체가 지역 인프라와 내륙국가인 몽골에 실질적으로 중요한 프로젝트라는 점을 강조하였다.29

　　사실 몽골의 입장에서 내륙국이라는 한계를 넘어서기 위한 교통·물류 인프라의 구축과 외부와의 연결성 확대는 국가의 미래를 결정하는 중차대한 목표가 될 수밖에 없다. 소련에 의해 건설되고 현재도 러시아에 의해서 운영되고 있는 몽골남북종단철도(TMGR)는 동아시아철도공동체의 철도 네트워크의 중요한 한 부분이 될 수 있을 것이다. 하지만 몽골로서는 이 철도 노선 이외에 국토의 동서축을 연결하는 철도를 건설하고, 이를 다시 나진선봉까지 연결하는 중-몽-러 교통회랑의 구축에 대하여 깊은 관심을 가지고 있다. 원래 중국의 천진 같은 항구와의 연결을 구상해 보았지만, 천진 등의 중국 항구가 급격히 많아진 물동량으로 물량 소화가 어려운 상황에서 나진항을 통한 자국 광물의 수출로를 개척하는 것이 훨씬 유리하다는 판단이다. 따라서 몽골 입장에서 동아시아철도공동체의 추진은 이 같은 국가발전을 위한 숙원을 실현하는 데 크게 기여할 수 있으며, 나아가 이 지역에서 인프라사업에 대한 국제적 투자를 촉진시키는 계기를 마련하게 될 것에 대한 높은 기대를 가지는 것은 당연하다.

동아시아철도공동체 구상에서 흥미로운 점은 이 구상에 일본과 미국을 포함시키고 있다는 것이다. 특히 미국은 철도를 매개로 동아시아 국가들이 협력을 하게 될 경우 이 지역 협력으로부터의 소외될 수 있다. 따라서 비록 지리적으로 동아시아에 귀속되어 있지는 않지만, 이 지역에 대해서 깊은 이해를 지니고 있는 미국의 참여를 초청함으로써 한반도 평화뿐 아니라 동북아 다자 협력체제를 구축하는 데 있어서 필수적인 미국의 협조와 관여의 길을 열고 미국으로부터의 오해의 소지를 줄이려는 노력으로 이해될 수 있을 것이다. 하지만 이런 수준을 넘어 일본과 미국이 이 구상에서 들러리가 아니라 실질적 참여자가 될 수 있도록 협력의 틀을 만드는 것이 동아시아철도공동체 구상의 중요한 숙제로 부상되고 있는 것이 전혀 이상한 일이 아니다. 일본은 물론이고 미국의 협조 없이 이 구상이 성사되기가 쉽지 않을 것이라는 전망과 그를 넘어선 비관적 전망이 제시되는 이유가 여기에 있다.

미국은 동북아시아 내에서 중국의 영향력 확대를 견제하는 동시에 북한의 비핵화를 막는 것을 동북아시아 정책 내 우선과제로 삼고 있다고 할 수 있을 것이다. 이를 위해 트럼프 행정부는 미국 우선주의와 군비 확장을 앞세워 중국을 경제와 안보 양측 면에서 견제하는 정책을 펴고 있다.[30]

특히 화웨이 제재 이후 본격화되고 있는 미－중 무역 갈등은 대(對)중국 무역 적자의 확대와 '스파이칩(spy chip)'으로 인한 지적재산권 및 거래 기밀 노출 우려 등과 같은 기술 문제의 안보화 논쟁으로 확대되면서 양국 간 경제 경쟁이 안보적 경쟁과 연관되는 정황이 포착되고 있다.[31] 이런 정책의 연장선상에서 미국은 한반도와 관련하여 북핵의 검증 가능한 비핵화 (CVID→FFID)와 동북아시아 내에서 핵 비확산규범의 유지, 북한의 도발에 대한 대처와 제재를 통한 압박, 한반도 비핵화 추진 그리고 한·일과 미사일방어 협력을 통한 지역방어능력 확충 등을 목표로 지역 정책을 추진해 가고 있다.[32] 과거 트럼프 행정부가 2017년 트럼프－김정은 간 갈등의 골이 깊어질 무렵 한반도에 전술핵 배치를 검토하는 등 초기 북한에 대한 최대한의 압박을 가했던 것과 달리, 판문점 선언 이후 트럼프 대통령은 북한과 정상회담을 진행하는 등 북미 관계는 오바마 행정부 시기보다 분명한 진전을 이루었다. 하지만 하노이 정상회담 이후 양국 간의 입장 차가 좁혀지지 않으면서, 양국은 협상의 틀을 깨지는 않지만 유리한 입지를 차지하기 위한 긴장 관계는 지속되고 있다.[33] 이런 상황에서 미국의 정책 기조에 반하여 북한에 대한 제재를 완화하고 철도공동체를 추진하는 것은 적절한 방법이 아니다.

　　더구나 미국은 중국의 일대일로 정책 등으로 대변되는 대륙주의 정책에 대응하여 '자유롭고 개방된 아태지역' 구상을 실현하기 위한 노력을 기울이고 있으며, 일본과 함께 인도－태평양 연대를 강화하고 있다.[34] 이런 중국을 염두에 둔 대전략이 추진되는 가운데, 동아시아철도공동체 구상을 실현하기 위해 미국과 일본은 설득하는 일은 만만치 않다. 미국 측은 공식적으로 동아시아철도공동체에 대한 논평을 삼갔지만, 미국 내 한반도 전문가들은 전반적으로 부정적인 인식을 피력하고 있는 것으로 알려지고 있다.

　　한편, 일본의 경우도 동아시아철도공동체에 대한 공식적인 입장을 자제하고 있는 것으로 보인다. 동아시아철도공동체, 철도 연결에 대한 일본의 직접적인 입장을 확인하기는 어려웠다. 다만, 일본은 양자적인 차원에서 러시아와의 철도 연결을 계획한 바 있다. 일본은 시베리아 횡단철도(TSR)를 통하여 화물 운송의 비용을 절감하고, 러시아의 원유를 공급하는 방안에 대해서 고려하고 있는 것으로 알려졌다.35 러시아 본토와 사할린 섬 간 해저 지하터널을 구축하고, 사할린 열도를 연결하는 방식으로 철도를 연결하는 구상이 이미 오랜 전에 검토된 바 있다. 유사한 계획으로 부산과 후쿠오카를 쓰시마를 경유하는 해저터널 철도로 연결하는 구상이 검토된 바 있는데, 이런 측면에서 보았을 때에 일본을 철도로 연결하는 구상이 기술적으로 아주 불가능한 것은 아니라는 점에서 일본도 동아시아철도공동체의 중요한 구성원이 될 수는 있을 것으로 보인다.

　하지만 일본은 한반도 문제와 관련하여 북한의 비핵화와 납북자 문제의 선결 조건을 달성하지 않고서는 어떤 협력 프로젝트에 나설 가능성이 매우 낮아 보인다.36 이런 입장에서 일본은 최근 남북관계의 개선을 대체적으로 조심스럽고 비관적 견지에서 파악하고 있으며, 한반도 비핵화 과정에서 자국 국내 문제인 납북자 문제가 해결될 수 있는 길을 찾으려고 기회를 보고 있는 것으로 보인다. 한때 일본은 납북자 문제, CVID 등으로 북한을 압박하였으며, 북핵 협상에 적극적으로 참여하기를 희망하는 모습을 보이기도 하였다. 하지만 차츰 일본은 미국을 통해 일본 국내 정치의 주요 현안인 납북자 문제를 해결하려는 방향 전환을 하였다. 일본은 북한과의 관계 개선에서도 위 두 문제가 선결되어야 한다는 강경한 입장을 견지하고 있다.37 특히 아베의 측근인 가와이 가쓰유키(河井克行) 보좌관은 판문점 회담을 "화려한 정치쇼"라고 평론한 바 있다.38 이 같은 일본의 입장을 회유하고 동아시아철도공동체 구축을 위한 노력에 합류시키는 일은 단순한 일은 아닐 것으로 보인다. 그럼에도 동아시아 철도망의 연결과 물류공동체의 구축은 일본의 국가전략이나 장래 발전에 지대한 영향을 미칠 수 있는 사안으로 일본에 대한 설득의 논리와 공영의 구조를 설계하는 것이 불가능하다고만은 할 수 없을 것이다.

정리해 보면, 동아시아철도공동체 구상이 지니는 미래지향적 가능성은 다음과 같다. 무엇보다 이 구상은 지역적인 차원에서 회원국으로 상정한 동북아 내 국가들의 경제적인 발전 전략에 대체적으로 부합한다고 볼 수 있다. 동아시아철도공동체는 한반도 신경제구상과 신북방정책의 구체적인 실현 방안으로, 북한의 원산－금강산 총개발계획, 중국의 일대일로, 러시아의 신동방정책, 몽골의 초원의 길 등 경제발전 전략과 부합하며,39 일본의 중장기적 발전이나 미국의 역내 경제적 개입을 위한 전망 있는 사업의 기회를 제공할 수 있을 것으로 평가해 볼 수 있다.

한국의 입장에서 볼 때 동아시아철도공동체 구상의 핵심 대상이 되는 남·북·중·러 4개국 가운데 중국과 러시아가 대북한 제재의 결정권을 가진 유엔 안전보장이사회 상임이사국이라는 점도 중요하다. 대북 제재에 막힌 남－북 철도협력을 동아시아철도공동체 협력으로 확대함으로써 제재 완화의 동력을 창출하고, 지역 평화와 안보를 증진하고 남북 철도·도로 협력 사업을 가속화하려는 전략을 무위로 버리기에는 많은 아쉬움이 남을 것이다. 역내 국가들의 이해관계를 결합하여 동(북)아시아철도공동체를 결성하는 동력으로 결집시키려는 노력은 한국으로서는 대륙으로 나가는 출로를 확보할 뿐만 아니라 지역의 경제적인 협력과 지역적 통합을 위한 동력을 창출한다는 점에서 매우 매력적인 정책적 방향이 될 것임에 분명하다.

더구나 동아시아철도공동체의 수립을 위한 과정은 동북아시아의 물리적 인프라의 연결, 인프라 운용을 위한 거버넌스 수립, 경제협력의 고도화를 촉진할 것이며, 나아가 더 높은 수준의 정치공동체 형성을 위하여 필요한 조건들을 구축해 나갈 수도 있을 것으로 보인다. 이는 장기적으로 동북아시아 공동시장뿐만 아니라 정치적 협력체나 집단안보체제 등으로의 발전할 수 있는 초석이 될 수도 있을 것이라는 기대는 이 구상을 더욱 매력적인 것으로 빛나게 하고 있다.

하지만 이 과제는 이런 신기능주의적 접근이라는 해법에 의해서 순순히 풀려질 수 있는 성질의 것만은 아니다. 도리어 경제와 안보가 결합되고, 주변국의 이해가 조율되며, 지역정치 구도가 구성원들에 의해서 수용 가능한 균형적 상황에 대한 전망이 제시되어야 비로소 그 문을 열 수 있을 것이다. 이런 측면에서 동아시아철도공동체는 교통의 국제정치적 관점에서 풀어가야 할 메가프로젝트로 보아야 할 것이다.

Ⅳ. 교통의 국제정치와 한반도

　　일단 동아시아철도공동체를 구축하는 데 있어서 필요한 과제들을 식별하고 그 해법을 구하기 위해서는 유라시아와 동아시아 국제정치 상황에 대한 객관적인 이해가 필요하다. 특히 미국과 중국의 대립 구도가 강화되고 있는 상황에서 동북아시아의 지역주의적 기획을 실현하기 위해서는 이런 미-중 경쟁구도가 만들어 내는 제약 조건들을 극복하는 일이 가장 중요하기 때문이다.

　　켄트 칼더(K. Calder)는 2000년 이후 유라시아 대륙에서 에너지 지정학 차원에서 응집되는 '신대륙주의'가 발생할 것이며, 이는 차츰 다른 분야에서의 협력을 추동해 갈 가능성이 높고, 미국이 이 과정으로부터 소외될 수 있을 것이라는 우려를 표명한 바 있다.[40] 즉 유라시아 대륙에서의 중, 러를 비롯한 국가들이 에너지 자원의 거래 및 그로부터 파생되는 경제적 상호작용을 형성하여 대륙의 경제 부흥의 동학을 형성할 수도 있으며, 이러한 성장의 동학으로부터 미국 기업들이 소외되지 않도록 준비될 필요가 있다는 것이다. 따라서 칼더는 미국의 기업들이 러시아의 극동 및 중국의 동북지방에서 진행될 것으로 예상되는 교통·에너지 등 인프라 개발 사업에 참여하는 것이 필요하며, 미국 기업들의 참여가 이러한 발전을 지지하는 중요한 조건이 될 수 있다는 입장을 피력하였다. 하지만 동시에 북핵 문제가 해결되지 않는 이상, 미국이 동북아시아 내 거대 인프라 개발에 세계은행이나 아시아개발은행 등과 같은 국제금융기관을 통한 거대한 자본

의 투자를 진행하기는 어렵다는 점을 지적하면서,**41** 바로 이러한 문제들을
풀어 나갈 방법들을 찾아가는 것이 중요하다고 지적한 바 있다.

그런데 최근 트럼프 행정부의 출범 이후 미국은 '인도－태평양' 구상을
통하여 대아시아정책에서 동북아시아보다 인도양과 동남아시아 국가들을
연계하는 네트워크 구축에 좀 더 방점을 두고 있는 것으로 보인다. 트럼프
대통령은 취임 이후 2017년 '인도－태평양 구상(Indo－Pacific Initiative)'을
발표하면서 미국의 아시아 전략에서 '아시아－태평양' 지역의 중심축에 인도
양을 포함시키는 전략적 변화를 표명하였다. 트럼프 행정부의 정책 변화의
의도는 미국 태평양사령부를 인도·태평양 사령부로 명칭을 바꾼 것과, 인도·
태평양 지역에서 인도의 중심적 역할을 인정하였다는 것을 통해 확인될 수
있을 것이다.**42**

또한 미국은 중국이 동아시아에서 패권을 추구하며 미국의 위상에 도
전함으로써 미국의 역내 영향력을 저해하고 있다는 인식하에, 이에 대응
하기 위하여 인도·태평양 지역에서의 미국의 영향력을 확고히 구축함으
로써 미국의 패권의 침식을 막아야 한다는 생각을 가지고 있다. 이런 미국
의 필요에도 불구하고, 트럼프 행정부는 일본이나 한국 등 동맹국에 대한
방위비 분담 인상 문제를 제기하면서 압박하고 있으며, 이는 동맹국을 포
함한 동아시아 국가들로 하여금 '지역 안보의 제공자'로서의 미국의 역할
에 대해 의문을 품게 만드는 이중적인 정책이 동시에 추진되고 있는 상황
이다.**43**

한편 2018년 이후 한반도의 정세가 급변해 가고 있다. 일각에서는 남
북회담 이후 한국의 신경제지도가 동북아시아의 세력균형에 변화를 가져
올 수도 있을 것이라는 우려의 목소리가 나오기도 하였으나, 전반적으로
는 미－북 간 협상을 통한 북핵문제 해법의 진전이 이루어지지 않는 상황
이 지속될 경우 한－미 관계를 새롭게 발전시켜야 한다는 주장들이 제기
되기도 하였다. 이 같은 변동의 상황을 두고 신아메리카안보센터의 아시
아·태평양 안보 프로그램 연구원들은 문재인 대통령이 추진 중인 신경제

지도 정책을 비교적 단순하지만 동북아시아에서의 세력균형의 변화를 초래할 수 있는 것으로 주목하였다. 이들은 한국이 추진하는 남－북 철도의 연결 등과 같은 관계의 개선과 남－북 간의 경제적 연계성을 강화하고 동북아 경제권과의 연계를 구축하는 것은 북한의 핵과 관련된 전략을 변화시킬 수 있을 뿐만 아니라 한반도를 동북아시아의 새로운 경제적 성장 엔진으로 변모시키려는 대전략으로 이해하고 있다.

한반도 신경제구상은 한반도에만 그 변화의 파급력을 국한하지 않으며, 동아시아로부터 중동부유럽까지 연결되는 유라시아 경제회랑의 구축과도 깊은 연관을 가지는데, 이는 박근혜 정부 시절의 '유라시아 이니셔티브'에서도 피력된 한국의 대전략이다. 이 연계의 '결정적인 노드'는 바로 북한이며, 북한을 통한 한반도의 대륙과의 연계는 동북아시아 지역의 세력균형을 근본적으로 변화시킬 수 있는 폭발력 있는 계기로 작동할 수 있을 것이다.

이에 대하여 미국의 전문가들은 미국의 입장에서 이러한 한반도 및 동북아로부터 시작되는 변화에 대한 분명한 미국의 전략이 부재하거나 이들 역내 국가들에 대한 명확하고 지속적인 메시지를 전달하지 못한다면, 한국과 같이 역내 질서에서 미국의 주도권을 인정하고 따르던 주요 동반자 내지 동맹국이 독자적인 노선을 추구하게 될 가능성이 높으며, 이는 곧 미국이 전통적으로 동북아시아 내에서 향유하던 입지를 약화시킬 가능성이 높다고 경고하였다.44 따라서 한－미 동맹을 축으로 하는 대북 견제의 필요성이 여전히 중요한 과제로 설정되는 가운데, 변화하는 동북아의 상황 속에서도 미국은 한국 및 한반도를 넘어서는 한－미 양자 간 동맹의 장기적 목표를 새롭게 설정하기 위한 논의가 지속되어야 한다고 주장하였다.45

결국 미국 내 아태정책과 관련된 주요 기관들의 주류적 시각에 의하면 아시아의 지역주의 내지는 지역 협력의 촉진은 미국의 거시적 안보 구도의 관점에서 파악·평가되어야 하며, 이러한 관점에서 미국이 역내에서 누려온 입지가 약화될 경우에 이에 대한 적극적 대응이 필요하다는 입장이다. 그리고 이런 견지에서 볼 때 한반도 신경제지도 구상이나 신북방정책 등이 추구하는 남북한 경협 계획은 미국이 예의 주시하면서 미국의 이익 지향점으로부터 한국이 이탈하지 않도록 관리가 필요한 대상으로 이해되고 있는 것으로 보인다.

앞서 설명된 바와 같이 동아시아철도공동체의 구축에 따른 지역 국가들의 거시경제적 이익이 합치되는 상황에서 미국의 동아시아 지역주의에 대한 조심스러운 전략적 지향이 제기하는 한계를 넘어 역내 공동번영의 모멘텀을 구축하기 위해서는 동아시아철도공동체에 미국의 참여를 유도할 수 있는 조건의 마련과 그 설득 방안을 찾아가는 것이 대단히 중요한 과제로 부상하고 있다. 이와 관련하여 우리는 다음과 같은 것들을 고민해 볼 필요가 있다.

첫째, 남북관계의 변화나 동북아 지역협력의 촉진으로 자국의 동북아시아 내 입지의 축소에 대한 우려가 미국에 있다는 점을 고려할 때에, 동아시아철도공동체 구축과 같은 동아시아 역내 지역주의 프로젝트에 대한 미국의 적극적인 참여가 도리어 자국의 역내 존재(presence)를 공고히 하고 지역정치 현안에 대한 미국의 발언권을 높일 수 있다는 점을 적극적으로 설득할 필요가 있다.

전술하였듯이 미국은 한국이 적극적으로 남북 경협을 추진하는 과정에서 북한, 중국, 러시아와 관계를 개선하고 역내 협력을 증대할 것에 우려를 표명하고 있는 것이 사실이다. 한반도 신경제구상과 전면적인 남북경협의 추진은 냉전기 동북아의 지역정치를 고착화시켰던 한－미－일 남방 3각 대 북－중－소련 북방 3각의 동북아 냉전의 대립구도를 근본적으로 변화시키는 계기를 추동할 수 있다. 한국이 북한, 중국, 러시아와의 관계를 적극적으로 강화하면 미국은 일본과 한국을 통해 유지해 온 역내 영향력의 약화로 직결된 가능성이 있다는 논리가 전적으로 맞는 것은 아니다. 미－중 경쟁 구도 속에서 한국의 적극적 이니셔티브가 중국의 역내 주도권에 대한 견제의 효과를 발휘하도록 만들 수도 있는 것이다. 이런 기회에 대해 미국이 소극적으로 대처하는 것은 미국이 이 지역에서 가지는 중장기적 이익을 침식하게 될 것이라는 점을 상기시킬 필요가 있다.

　따라서 동아시아철도공동체를 추진해 감에 있어서 한국은 미국의 우려를 누그러뜨리기 위하여 남—북 철도 연결 및 동아시아철도공동체 구축의 모든 과정에서 미국의 협력을 유인하면서 관련된 정보를 체계적으로 공유하고, 적절한 미국의 참여가 가능한 지점들을 마련하면서 공동체 구상의 실현을 점진적인 속도로 추진하는 것이 필요해 보인다. 특히 한국은 남북 철도 연결이나 동아시아철도공동체 수립 과정에 대한 정보를 미국과 긴밀히 공유하면서 미국의 불신과 우려를 완화하는 것이 중요하다. 그리고 동아시아 철도망의 연결 및 동아시아철도공동체 형성의 과정에 다자적이며 개방적인 철도운영 거버넌스를 구축함으로써 미국과 역외 국가들의 다양한 방식에 따른 참여와 이익을 보장할 수 있는 구도를 구축하는 것이 필요하다.

　둘째, 미국의 동아시아 지역주의에 대한 직접적인 참여를 유도하기 위해서는 '철도'의 개념을 좀 더 확장하여 철도·항만 등을 포괄하는 물류협력을 강화해 나가는 확장적 목표를 설정해 나갈 필요가 있다.

　물류 측면에서 동북아시아 내 물류 체제의 변혁을 위해서는 물적 인프라 연결을 철도에만 국한하여 교통망 통합을 지향하는 것보다 그 범위와 정도를 좀 더 확장하여 철도, 항만, 도로 등을 아우르는 종합적인 물류 분야에서 협력을 지향하는 교통·물류 체계망의 확충을 지향하는 것이 필요하다. 동아시아철도공동체에 철도가 직접 연결되지 않는 미국을 참여시키려 하기보다는 미국의 실질적인 관심과 적극적 협력이 가능한 항만과 물류 분야를 포괄하는 물류공동체를 지향함으로써 미국의 경제적 고려가 긍정적으로 작동하도록 만드는 구상이 필요한 것이다. 경제적인 관점에서 볼 때 동아시아의 항만, 철도 등의 물류망의 구축은 아시아·태평양의 대륙 연계성을 강화함으로써 미국도 실질적으로 긍정적인 경제에의 자극을 얻을 수 있을 뿐만 아니라 역내 영향력의 경제적 통로를 보존하는 데 크게 기여할 수 있다는 점에서 중요한 고려의 대상이 될 수 있다. 특히 이 과정에서 동아시아철도공동체의 중요한 기능을 담당하는 가칭 '동북아 철도해운항만회사'를 설립하고, 이 회사의 설립과 운영에서 미국 기업들이 투자하여 참여함으로써 합리적이고 안정적 협력구도를 구축하는 것은 얼마든지 가능하다.

또한 동북아시아 지역협력 과정에서 미국의 실질적 이익과 지분이 일정 부분 보장되는 구도를 형성하는 데 대한 고려가 필요하다. 전술한 철도·항만 협력의 축을 "환동해협력"을 중심으로 추진해 나갈 필요가 있다. 이는 특히 미국의 참여에 긍정적인 모티브로 작용할 수 있는 일본의 참여를 유도하는 것과 관련된다. 동북아 지역주의의 발전을 위해서 일본의 역할은 갈수록 중요해질 수 있다. 이미 지적한 바와 같이 일본은 한반도와 현해탄을 가로지르는, 러시아와는 타타르해협을 통과하는 해저터널을 통하여 대륙과 철도로 연결될 수 있는 위치에 있으며, 동시에 동해 항만 네트워크의 구축이 침체된 일본 서안 도시들의 경제성장에 중요한 자극이 될 수 있기 때문에, 이 같은 일본의 입지를 잘 활용하는 것이 필요하다. 일본의 입지를 활용하되 철도의 물리적 연결보다 더욱 중요한 환(環)동해/일본해 해운항만 네트워크를 철도와 복합적으로 연결하는 구상을 발전시킴으로써 일본의 참여를 적극적으로 유도할 뿐만 아니라 미국도 이 과정에 적극적으로 참여할 수 있는 여건을 촉진해 볼 수 있을 것이다.

특히 환동해/일본해 협력은 다가오는 북극항로 시대를 지역적으로 대비할 뿐만 아니라 미국과 러시아가 아태지역에서 협력할 수 있는 기반을 마련하는 중요한 축으로 이해될 필요가 있다. 이를 위한 한국 정부의 선제적인 포석이 이 같은 노력을 통하여 이루어질 수 있을 것으로 기대해 볼 수 있다. 이 같은 시도는 동북아 지역에서 일본을 동아시아철도공동체에 참여시키고, 이를 지렛대 삼아 미국으로 확대하는 방법의 자연스러운 연결을 통하여 보다 현실적인 방안을 모색해 볼 수 있을 것이다.

　사실 동북아시아 철도나 가스관 등 인프라를 연결함에서 한국은 일본을 제로썸(Zero-Sum) 관계로 인식하는 경향이 강해 한국이 통합을 주도 내지 선점하여야 한다는 인식이 강하다. 남북 관계에서 주요 현안은 한국과 북한 사이에서 결정되어야 하겠지만, 지역공동체를 수립하고 정착하는 과정에서 일본의 지지와 협력, 나아가 참여를 유도하는 것은 매우 중요한 과제임은 부인할 수 없다. 앞서 여러 차례 언급하였듯이, 미국과 일본은 냉전 구도에서 해양세력을 구성하는 일원이었으며, 한국의 대륙세력 '참여'를 꺼리고 있는 것도 사실이다. 이러한 점을 고려하여, 일본에도 동아시아철도공동체의 지지와 참여를 유도하여 동북아시아 내 국가들 모두가 참여하는 지역기구를 형성하는 것이 필수적이다. 특히 해양과 대륙을 나누고 대립시키는 이분법적 사고를 극복하고, 대륙과 해양을 복합하는 동아시아의 협력적 메커니즘을 구축하는 데 한국과 일본의 협력은 가장 중요한 축이 될 수 있다. 이런 구도하에서 만약 일본이 미국보다 동아시아철도공동체에 먼저 참여하게 되면, 일본을 활용하여 미국의 참여를 유도하는 창조적인 방안이 마련될 수도 있을 것이다.

　그리고 정치적인 차원에서 미국은 직접적으로 동아시아철도공동체에 참여하지 않더라도, UN 및 산하 경제 관련 기구들이나 국제금융기관을 통하여 남북 철도 연결과 동아시아철도공동체의 형성에 대해 영향을 끼칠 수 있다는 점을 잊지 말아야 할 것이다. 남북 철도 연결, 동아시아철도공동체 형성을 위해서는 UN 제재를 비롯한 국제적인 제재의 장벽을 먼저 해제하여야 하며, 이를 위해서는 미국의 지지와 지원은 필수적인 과제라 할 것이다. 따라서 한국은 더욱 미국과 긴밀히 공조하여 미국이 참여하거나 지지하는 방식으로 남북 철도를 연결하고 나아가 역내 구성원들의 이해를 잘 조율함으로써 동아시아철도공동체를 점진적으로 구축해 나가야 할 것이며, 이것이 미국이나 어떤 다른 나라의 역내 위상에 부정적 영향을 끼치지 않을 뿐만 아니라 동북아시아의 안보와 평화 정착에 기여할 수 있을 것이라는 점을 지속적으로 설득해 나가야 한다.

셋째, 북한과 미국의 관계의 개선이 가져올 수 있는 변화를 경제적 차원에서도 파악해 볼 필요가 있다. 사실 지역 안보뿐만 아니라 경제적 관점에서 보았을 때에 북한은 미국에 흥미로운 시장 및 투자처가 될 수 있다. 특히 중국 및 러시아에 대한 북한의 전통적 외교의 행태는 북한이 미국의 투자에 대해서 매우 유리한 대상으로 열려 있음을 보여준다. 남북 철도 연결이나 동아시아철도공동체 구축에 대한 미국의 참여는 장차 미국에 경제적으로 유익할 뿐만 아니라 북한이라고 하는 한반도 북부의 새로운 거점에서 미국의 영향력을 강화해 갈 수 있는 기회를 제공할 수 있다는 인식이 필요하다.

사실 남북 철도연결이나 동아시아 철도망 구축이 미국에 경제적으로 얼마나 이익이 될지에 대해서는 확실히 이야기하기 쉽지 않다. 하지만 트럼프 행정부의 행태를 보면, 북핵 문제 해결 이후 북한에 대한 투자를 통해 미국의 경제적 이익을 챙길 뿐만 아니라 미국의 북한에 대한 영향력도 강화한다는 복안에 대해 깊은 관심을 가지고 있다는 점을 보여준다. 카길, GE 등 미국의 대기업도 북한이 경제적으로 개방된다면, 진출을 검토 중인 것으로 알려지고 있다.[46]

앞서 칼더가 지적했던 것처럼, 미국은 북핵 문제 등 갈등 요소가 해소된다면, 미국 기업의 북한 진출을 장려할 수 있을 것으로 보인다. 이는 신기능주의가 주장하는 바와 같이 비정치적 분야에서의 협력을 통하여 북－미 간 관계를 확대할 수 있는 방법이 될 수도 있을 것이다.

한편 도로, 철도 등 대형 인프라 프로젝트에 미국 기업이 동북아시아 내 기업들과 같이 참여하게 된다면, 기업의 초국경적 협업을 통하여 상호 의존성을 확대할 수 있을 것이다. 앞서 언급한 것처럼 동아시아철도공동체가 철도, 항만, 물류 공동체로 확대될 수 있다면, 더욱 확대된 의미의 기능적 협력이 가능할 것이기 때문이다. 먼저, 철도, 항만, 물류 공동체 구축을 위한 구도가 만들어진다면, 북한 진출을 계획 중이거나, 대규모 인프라 건설에 관심을 가진 미국 기업들도 항만, 물류 인프라 건설에 적극 참여할 수 있을 것이다. 이러한 미국 기업들의 참여를 유도하면서 리스크를 줄이는 방법으로 철도·항만·물류 주식회사의 설립을 위한 특수목적법인(SPC)을 구축하거나 합작법인(Joint Venture)의 설립 내지 지분 참여 등과 같은 다양한 선택지가 미국 기업들에게 기회로 제시될 수 있을 것이다.

　　그리고 미국이 주도하는 국제금융기관의 재정 지원, 차관을 도입하기 위하여 경제 분야에서의 협력을 이끌어 낼 필요가 있다. 미국의 제재가 완화 혹은 해소되어 미국 기업들이 북한에 진출한다면, 기업 활동을 위하여 낙후된 북한의 인프라를 현대화하려는 시도는 더욱 가속화될 수 있을 것이다. 이를 위해 미국은 일국 차원에의 재정 지원뿐만 아니라, 세계은행, IMF, 아시아개발은행(ADB) 등 다국적 금융 기관에 북한에 대한 투자를 유도할 능력을 가지고 있으며, 이러한 금융협력을 주도할 수 있는 나라는 중국과 미국일 것이다. 이 과정에서 일방의 압도적 투자에 대한 부담은 지역적으로 공유될 수 있고, 이를 상쇄하는 한반도개발기금과 같은 투자의 구도를 만드는 것은 지역의 협력적 구도 속에서만 가능할 것이다.

　　마지막으로, 동아시아철도공동체 형성에 미국을 지속적이고 다층적인 수준에서 참여할 수 있도록 유도하여야 할 것이다.

　　동아시아철도공동체에서 형성되는 컨선센스와 이를 기반한 거버넌스의 수립은 향후 동북아시아의 경제협력의 기본 모델이 될 수 있을 것이며, 이는 동북아 지역에서 경로의존성을 가지는 국제 제도로서 자리잡을 수 있기 때문에, 동북아의 안정과 공동 번영을 위한 파트너로서 미국을 지속적인 참여가 요청된다고 할 수 있을 것이다. 이 같은 미국의 참여는 메콩강 유역의 철도개발에서 나타나는 바와 같이 중국의 자본에 의하여 일방적인 거버넌스가 형성되는 것을 방지하는 데 도움이 될 수 있으며, 지역 국가들이 진정한 의미에서 함께 만들어 가는 공동체를 구축하는 데 필요한 조건을 창출할 수 있을 것으로 기대된다. 또한 지역 수준에서 형성되는 이러한 경로의존성을 통해 동북아에서 형성될 협력적 지향을 구성주의에서 이야기하는 칸트적 문화로까지 발전시킬 수 있다면, 역내 안보, 평화,

번영의 실현의 전도를 밝게 할 수 있을 것이다. 따라서 동아시아철도공동체의 구축을 위해서는 주변국들의 순차적 참여를 유도하는 과정과 수순이 중요하며, 미국이 어떠한 형태로, 어떤 순서와 조건하에서 이 지역적 협력 프로세스에 참여하여야 하는지에 대한 미국과 한국은 물론 지역 내 모든 국가들의 심도 있는 토의와 노력이 필요할 것이다.

V. 맺음말

동아시아철도공동체 구축은 한국 외교에 다면적 과제를 제기하고 있다고 할 수 있다.[47]

우선, 한국 내부의 준비가 필요한데, 사실 이 문제가 결코 녹녹하지 않다. 그것은 물류 체제의 국제화로 요약해 볼 수 있을 것이다. 한국은 내부적으로 물류 기반 부족 등의 문제를 극복하기 위해 종합물류 인프라를 확충해야 한다. 앞으로 철의 실크로드 구상에 따른 동북아 물류 중심기지로 부상하기 위해서는 네덜란드, 벨기에 등 유럽 물류 중심국 사례를 연구하고, 그에 따라 내부 철도 및 교통망을 정비하고 ICD 등을 추가 건설하거나 효율적으로 재배치하는 문제를 검토해야 한다. 자체 물동량을 소화하기도 버거운 항만 및 물류 인프라 상태에서 한국이 어떻게 동북아 물류의 중심기지로 설 수 있는지 자문해 볼 일이다. 철도 연결에 따라 풀어야 할 복잡한 기술적 문제도 산적해 있다.

또한 철도 및 물류의 관점에서 남북관계를 정교하게 조망해 볼 필요가 있다. 사실 남북관계 관리의 필요성이 가장 중요한 과제이다. 기본적으로 철의 실크로드 구상은 남북관계의 안정적 관계를 요청한다. 따라서 OSJD 틀 내에서 혹은 그와의 협력적 구도 속에서 동북아 철도협력을 위한 다자 협력체제의 구축이 필요하며, 다자 틀 속에서 남북의 직접 관계를 강화하는 복합적 대북 접근이 필요하다. 이런 안정적 관계를 바탕으로 단순 철도 연결을 넘어 실질적 교류와 협력이 이루어야 한다. 이런 교류·협력을 통해서만 남북의 상호의존적 관계를 심화시켜 나갈 수 있고, 상호의존의 강화야말로 주변국에서 걱정하는 안정적 물류를 보장할 수 있는 기반이다. 이는 북한의 원만한 세계경제로의 편입을 의미하는바, 남북철도의 이용은 남북교류뿐만 아니라 북한의 주변국과의 교류·협력 증진을 의미하며 북한의 경제 개방을 자연스럽게 유도할 수 있는 바람직한 통로가 될 것이다.

그리고 북한 철도 현대화 문제를 조속히 해결해야 한다. 통일부는 2018년에 북한과 함께 진행하였던 철도공동조사 보고서를 2019년 3월에 공개하여 북한 철도 노후화의 심각한 상황을 전하면서, 아직 철도 현대화에 대한 구체적인 논의가 이루어지지 않았다고 밝혔다. 정부 측은 추가정밀 조사, 기본계획 수립 및 설계 등의 절차를 통하여 철도 연결과 현대화를 준비한다는 방침을 밝혔다.48 이와 관련한 경제적, 기술적 검토가 시급히 요청되는 이유가 여기에 있다. 북한철도의 현대화 및 이에 따른 재원조달 문제는 남북이 합작으로 북한철도 현대화 작업을 주도하면서 북한 통과 국제선 열차를 운영할 필요성을 제기한다. 이와 관련 국가적 차원의 경제적 이해(利害)에 대해 고려해 보면, 여타 중요성에도 불구하고 어떻게 기대이익을 현실화할 것인가라는 문제가 제기된다. 이익 현실화에 대한 기대는 남북철도 및 이와 연결될 TSR 및 TCR에 대한 효율적·전략적 이용의 장기적 기반인 것이다.

문제는 투자인데, 이 문제에 대한 전향적 사고전환이 요청된다. 즉, 막대한 투자를 필요로 하는 철도 연결과 북 철도 현대화 비용문제는 통일비용이란 측면에서 고려되어야 한다. 최근 진행된 연구결과들을 살펴보면, 북한 철도 현대화 비용에 대한 견해가 매우 다양한 것을 확인할 수 있다. 2013년 국토연구원과 서울대학교는 연구를 통하여 경의선의 주요 구간인 개성-평양-신의주 구간(412km) 현대화에 1조 465억 원, 서울-원산 구간(서울-신탄리 88.8km, 신탄리-평강 31km, 평강-원산 103km) 현대화에는 5,400억 원, 원산-나선 구간 현대화에는 2조 5,240억 원이 소요될 것

으로 추산하였다. 또한, 북한 내 산업특구 배후 철도망 신설, 남북한 철도
연계, 국제철도와 고속철도 신설 등 철도 분야 핵심 개발사업에는 총 23
조 5,133억 원이 소요될 것으로 전망하였다.[49] 2014년 나희승은 경의선과
경원선, 동해선 현대화 비용에 대한 다양한 추정치를 산출해 내었다. 먼저
그가 제시한 안에 따르면, 남한의 건설단가로 앞의 노선들을 현대화할 경
우 드는 비용은 총 37조 5,816억 원에 달한다. 한편, 러시아의 산정단가로
계산한 경우 해당 비용은 총 6조 6,452억 원으로 조정되며, 자재장비 지원
에 따라 북한이 해당 노선에 대한 현대화를 진행할 경우 4조 3,252억 원
으로 감소한다. 그는 북한의 노동토지요소와 남한의 자본기술요소가 결합
하면, 사업비는 1/4로 감소할 것이라고 주장하였다.[50] IBK 경제연구소는
국책연구기관에 제시한 수치를 대입하여 경의·동해선 철도 현대화 비용
을 산출하였다. IBK 경제연구소는 철도와 고속도로 연결사업 각각 소요액
을 1km당 30억 원과 6억 7,000만 원을 기준으로 경의·동해선 철도 현대
화와 서울-평양 간 고속도로 개보수 등에는 11조 1,000억 원이 필요할
것으로 전망하였다.[51] 아무튼 막대한 비용이 드는 것이 사실이다. 하지만
북한 사회간접자본에 대한 투자는 북한 경제의 회생에만 도움을 주는 것
이 아니라 한국에게도 생산유발효과를 가져와 투자액의 96%에 달하는 경
제적 효과로 돌아온다는 점을 염두에 두고 적극적으로 사고할 필요가 있
다. 결국, 이런 문제들을 해결하기 위해서 한국 정부는 TSR 및 TCR과의
연결을 전제로 남북철도 운영문제를 준비해야 하며, 이를 위한 철저한 사
전 조사연구가 선행되어야 하는데, 이는 우선 남-북 정부 관련 기관 사이
의 협력관계의 구축을 요구한다.

　　이러한 점을 고려해 볼 때, 남북철도협력 분과 회담과 이를 통하여 이
루어진 공동연구 조사는 고무적이다. 2018년 6월 남북 정부는 김정렬 국
토교통부 제2차관과 김윤혁 철도성 부상을 수석 대표로 하는 남북철도협
력 분과 회담을 실시하고, 해당 회담에서 동해선·경의선 철도 연결 및 현
대화를 위하여 해당 사업의 공동 추진과 북측 구간에 대한 공동현지조사

에 합의하였다.52 위 합의를 바탕으로 남북 대표단은 2018년 11월 30일부터 18일간 동해선·경의선을 포함하여 북한 철도 2,600km 구간을 공동으로 조사하였다. 양국 조사단은 철로 상황을 조사하기 위하여 디젤기관차－유조차－발전차－객차－침대차－침식차－유개화차로 구성된 총 7량의 열차를 구성하였다.53 또한 앞서 언급한 것처럼, 2018년 12월에는 철도협력에 대한 UN 대북제재 면제를 승인받아 남북 철도 착공식을 개최하기도 하였다. 이 같은 실질적인 관계의 개선은 남북 협력의 초석이 될 뿐만 아니라 국제적인 협력과 경쟁에서 한반도 경쟁력을 강화하는 기반이 될 수 있을 것이다.

　　교통의 국제정치학적 과제도 산적해 있다. 남북관계를 넘어 국제정치적으로 해결해야 할 문제들이 더 있다. TKR구축과 TSR 및 TCR로의 연결을 통한 "철의 실크로드"는 동북아 경제협력의 중심축이 될 수 있을 것이다. 따라서 유럽을 겨냥한 TSR 연결과 동북아 역내 주요 교역노선이 될 TCR, TMR, TMGR 등의 활용이 "상쇄관계(trade off)"가 아닌 "보완관계"가 되게 만드는 것이 우리 외교가 주의를 기울여야 할 숙제이다.

　　철도연결에 따라 동북아에서 한, 중, 일이 벌이게 될 물류전쟁 가능성은 한국에게 복잡한 외교 전략을 요구한다. 아시아의 거인 중국 그리고 몽골 및 중앙아시아에 대한 고려가 한 축에 있다면, 다른 편에는 전통적 교류 파트너인 일본과 미국에 대한 고려가 있어야 한다. 중국에 대한 고려는 TCR에 대한 연결을 요구할 것이고, 일본에 대한 고려는 해운에 대한 우선권을 고려하게 할 것이다. 더 나아가 유럽－동북아 교역을 고려해 본다면 당분간 TSR이 기축 역할을 할 것으로 보인다. 따라서 TCR과 TSR 양자는 모두 우리에게 "전략적" 의의를 지닌 노선이다.

　　중장기적으로 TCR의 역할이 동북아경제협력체 구상을 실현하고 나아가 이를 몽골과 북한이 포함되는 동북아지역공동체로 발전시키는 데 주어져 있다면, 중기적·거시적으로 동북아와 유럽을 연결하는 역할과 단기적으로 남－북－러 3각 협력을 통한 지역협력 구심점의 역할은 TSR이 맡을 수 있다. 하지만 동북의 물류적 적체를 해소하고 지역적 협력의 물꼬를 트기 위해서, 지역적 물류망의 구축을 염두에 둔 구상이 필요하다.

따라서 대륙과 해양을 연결하는 반도국가 한국의 중간자 입지는 양(兩) 노선의 활용방안에 대한 심도 깊은 지전략적 검토를 요청한다. 또한, TSR과 TCR의 상호 경쟁적 요소에도 불구하고, 영역에 따라서는 상호 보완적 관계로 발전될 가능성도 있다. 특히 중러 경제교류가 급속히 확대된 상황을 보면, TSR과 TCR의 상호보완적 발전과 "협력적 철의 실크로드 구축"은 불가능한 것이 아니다. 다만, 시간상 선점효과를 노리는 러시아의 TSR 활성화 방안이 TKR과의 연결을 통해 충분한 이익을 실현하지 못할 경우 TSR-TJR 연결에 대한 러시아의 관심을 제고시킬 수 있으므로 이에 대한 대비책도 필요할 것이다.

이러한 과제들을 처리하면서 동아시아철도공동체에 참여할 수 있는 주변국들의 입장을 수렴하기 위한 노력이 전개되어야 할 것이다. 살펴본 바와 같이 문재인 대통령이 제안한 동아시아철도공동체의 주요 참여국들의 기본적인 이해를 크게 양분되어 있다. 한편으로는 한반도 신경제구상의 틀에서 북한과의 협력틀이 강화될 수 있을 뿐만 아니라 러시아의 신동방정책이 아태지역으로의 새로운 활로를 찾게 되고 중국 동북 지방과 연관되는 일대일로 구상도 새로운 출구를 찾을 수 있으며 몽골 또한 내륙국으로서의 한계를 극복하는 계기가 될 수 있다. 하지만 섬나라 일본과 역외국 미국이 이 구상에서 어떤 전략적 및 경제적 이익을 누릴 수 있는지는 미지수이다. 분명한 것은 양국의 참여는 동아시아철도공동체 형성에서 매우 중요한 요건이라는 것이다. 따라서 이 두 나라를 참여시킬 수 있는 방안을 잘 구상하는 것이 가장 중요한 과제 중의 하나임에 분명하다.

일본의 경우 한반도 및 러시아와 해저터널로 철도를 연결할 수 있으며, 이는 한-일 간 및 러-일 간의 협력을 또 한 단계 고양시킬 수 있는 중요한 계기가 될 수 있다는 점에서 일본의 참여를 적극 독려할 필요가 있다. 러-일 해저터널의 경우 북방4도 문제와 연관된 해법의 일환으로 검토

될 수 있으나, 신중한 접근이 필요해 보인다. 하지만 한－일 해저터널의 경우 기존 연구에서 경제성이 다소 부족한 것으로 알려졌으나 한반도 중심의 동북아 통합물류 시스템 구축, 동북아 경제공동체 형성의 기여 등 여러 차원의 긍정적 효과를 기대해 볼 수 있는 것으로 알려지고 있다.54

　　미국의 경우에는 경제적 이익이 큰 유인이 되기 어려울 것으로 예상된다. 안보적 관점과 미중 전략 경쟁의 구도가 훨씬 중요하기 때문이다. 하지만 미국은 중국과 상대적으로 거리를 둘 수 있는 환동해 해운 및 철도의 복합물류 체제의 구축과 관련된 협력에 대해 관심을 가질 수 있을 것이다. 나아가 환동해 복합 물류체제가 북극항로 발전의 중요한 요건이라는 점에서 미국은 경제적이면서 전략적인 이익을 확보할 기회에 관심을 가질 수 있다. 따라서 미국이 역외국이지만 한국과 일본 그리고 러시아가 참여하는 환동해 복합물류 체제 구축에 대한 투자 및 기업 활동에 대한 미국의 참여를 설득해 갈 필요가 있어 보인다.

　　결국 동아시아철도공동체 추진의 기본적 방향은 크게 다음과 같이 정리될 수 있을 것으로 보인다. 북한 제재는 동아시아철도공동체 구상을 실현하는데 가장 커다란 장애로 작용하겠지만, 이를 북한의 대외경제와의 연계성에 대한 유인책으로 만들기 위한 적극적 사고와 노력이 필요하다. 북핵문제 해결에서의 일정한 성과를 거두기 전에 제재하에 있는 북한이 참여하는 철도공동체 형성에 미국이나 일본이 적극 참여할 가능성은 매우 낮아 보인다. 중국과 러시아도 투자나 철도 관련 시설 개보수 등을 포함한 북한에 대한 본격적인 진출은 한계가 있는 것이 사실이다. 그렇다고 북핵문제가 풀리기까지 기다리기보다는 북한 이외의 행위자들이 함께 준비해 나갈 수 있는 철도 및 물류 협력을 위한 표준화 및 제도적 틀을 정비하고 물류 분야의 지역적 협력 체제를 구축해 나가는 일부터 시작할 수 있을 것이다. 부분적으로 이미 시작된 북한 철도 현황 조사와 같은 북한에 대한 협력구도를 지속함으로써 북한이 핵을 (부분적으로라도) 포기하고 나올 때에 유엔/미국 제재의 틀을 벗어나 얻을 수 있는 구체적인 성과들을 그려

보고 따져볼 수 있게 만드는 것은 지속적인 대북 설득의 유인이 될 수 있을 것이다. 이 같은 지역 국가들의 협력은 남북 협력을 포함한 양자협력과 소다자협력(남－북－러, 남－북－중, 한－일－러, 한－일－미, 중－몽－러 등) 그리고 지역다자협력 등 다차원 수준에서 동시적이고, 단계적이며, 확산적으로 추진되어야 할 것이다.

사실 한반도종단철도(TKR) 실용화는 북한 외에도 중국, 일본, 몽골, 중앙아시아, 유럽들 그리고 특히 러시아의 협력을 필수적으로 요청하는 사업이다. 이를 위해 "다자적 협의기구"를 창설할 필요성은 부정할 수 없다. 이는 TSR, TCR 등의 이용을 통해 TAR을 구축하기 위한 협력의 핵심적 축으로 기능할 수 있다. 단기적으로 TSR 이용의 타당성 조사를 교통망, 교통기술, 경제성, 교류확대 및 협력관계 구축 등으로 나누어 남－북－러 3국간협의체를 구성하고, 중기적으로는 기존의 교통·철도 관련 협의체(예, OSJD, CIM, SMGS 등)를 이용해 협력관계를 강화해 나가고, 장기적으로 그 범위를 확대하여 동북아지역의 교통 및 철도협의체를 구성하여 한국이 그 주도적 역할을 담당하는 것이 필요하다. 특히 OSJD와 시베리아철도 운영협의체 등과의 협력구도 속에서 동아시아 철도장관협의체 등을 구축하는 방안을 진지하게 검토해 볼 필요가 있다. 이를 통해 한반도가 동북아 경제협력의 중심국가로 성장할 계기와 여건을 마련해 나가야 할 것이다.

이상의 검토를 통하여 우리는 다음과 같은 실천적 함의를 정리해 볼 필요가 있다. 결국 아시아철도망(TAR) 구축을 위한 동아시아철도공동체의 건설은 TSR의 국제화와 TSR－TKR 연결 및 TKR－TCR의 연결 및 지역 철도망의 확산 그리고 일본종단철도(TJR)의 대륙철도망과의 연계와 같은 대형 프로젝트들을 요청하며, 이러한 과제를 달성하는 방법은 교통의 국제정치라는 시각에서 접근하는 것이 필수적이다. 한국이 해양세력과 대륙세력의 복합화라는 "지전략적 고려"를 바탕으로 교통의 국제정치적 문제를 풀어나가기 위해서는 동북아 중심국가로서의 역할을 감당할 수 있을 만한 국내 교통인프라 확충이라는 과제 이외에도, 남북관계의 관리, 남－

북-러 및 남-북-중 소다자협력의 활성화, 그리고 다자적 교통협력기구
의 결성 등으로 요약되는 국제정치적 역량이 절실히 요구된다.

　　하지만 이 같은 동아시아철도공동체의 구축을 위해서 미국의 지지와
참여를 끌어내는 작업의 중요성이 더욱 높아가고 있다. 특히 미-중 경쟁
의 파고가 높아가는 상황에서는 더욱 난이도 높은 과제가 되고 있다. 동북
아철도공동체의 구축으로 미국이 남북 경협으로 동북아시아 내 자국의 입
지 축소를 우려하게 되어서는 안 된다. 미국의 적극적인 동아시아철도공
동체 구축에의 참여가 곧 동아시아 지역정치 현안에 대한 참여로 연결된
다는 점을 적극 설득해야 할 것이다. 또한 동북아 협력을 철도공동체에 국
한하기보다 확대된 '동아시아 철도·항만 물류 네트워크'의 구축을 지향하
여 동북아시아 지역 내 물리적인 철도 연결에 대해서는 큰 관심을 보이지
않거나 못하고 있는 미국의 관심을 유도하고 참여시킬 필요가 있다. 이런
미국의 동아시아 지역협력에의 적극적 참여를 보장하는 구도의 창출은 이
지역의 균형과 안정 그리고 공동 번영을 담보하는 중요한 조건이 될 수
있기 때문이다. 복잡한 고차방정식 같은 동아시아철도공동체 구축의 과제
는 이런 의미에서 더욱 교통의 국제정치적 관점에서 접근할 필요가 있다.

[주 석]

1 이창재 외. 2005. 『동북아 경제공동체 실현을 위한 단계적 추진전략』, 109-111. 대외경제정책연구원.

2 나희승. 2015. "유라시아 철도 네트워크 구축방안," 『월간교통』 2015년 8월호, 16.

3 청와대, "한반도의 평화와 번영, 통일을 위한 판문점 선언," (2018.04.27.), https://www1.president.go.kr/articles/3138 (검색일: 2019.04.20.).

4 서종원·최성원. 2018. 『동아시아철도공동체 추진방향』, 3. 한국교통연구원.

5 위의 글, 3-4.

6 위의 글, 4.

7 BBC, "남북 철도 착공식: 철도 연결의 숨은 의미는?" (2018.12.26.), https://www.bbc.com/korean/news-46683118 (검색일: 2019.04.20.).

8 나희승. 2014. "남북·유라시아 철도사업의 의의 및 협력과제." 『KDI 북한경제리뷰』 2014년 2월호, 22.

9 이창재 외. 2005. 『동북아 경제공동체 실현을 위한 단계적 추진 전략』, 50-58. 대외경제정책연구원.

10 이신욱. 2018. "동북아 철도공동체 향후 전망과 과제." 『문화와 융합』 40(7), 859.

11 이신욱. 위의 글, 859쪽.

12 나희승. 2015. "유라시아 철도 네트워크 구축방안." 『월간교통』 2015년 8월호, 17.

13 한국일보, "'한반도 신경제지도' 실현되면 가스비 4분의 1, 일본 물류 흡수." (2018.05.02.), https://www.hankookilbo.com/News/Read/201805021400721212 (검색일: 2019.05.29.)

14 대외경제정책연구원 북경사무소. 2016. 『중국의 일대일로 경제외교 행보 및 평가』, 3.

15 김흥규. 2016. "중국 일대일로(一帶一路) 전략과 동북아 국제관계의 변화: 한계점과 전망." 『중소연구』 40(3), 35-36.

16 이태환. 2018. "일대일로 전략과 신북방 및 신남방 정책," 『중국전문가포럼(CSF)』 (2018.03.07.), http://csf.kiep.go.kr/expertColr/M004010000/view.do

?articleId=28679&page=&searchCategory=&searchKey=&searchString=
(검색일: 2019.04.20.).

17 외교부. 2018. "문재인 대통령, 리커창 중국 총리와의 회담 결과." (2018.05.
10.), http://www.mofa.go.kr/www/brd/m_3976/view.do?seq=368015&srchFr
=&srchTo=&srchWord=&srchTp=&multi_itm_seq=0
&itm_seq_1=0&itm_seq_2=0&company_cd=&compa
ny_nm= (검색일: 2019.04.20.).

18 한국경제, "남북 철도도로연결 착공식 내일 열려… 中·러 인사 등 250여명 참
석." (2018.12.25.), https://www.hankyung.com/politics/article/2018122593447
(검색일: 2019.04.20.).

19 이남주. 2018. "한반도 전환기의 중국 한반도전략: 변화 및 과제."『참여연대』
(2018.10.23.), http://www.peoplepower21.org/Peace/1590740 (검색일: 2019.
04.05.).

20 장덕준. 2014. "러시아 신동방정책과 동북아."『슬라브학보』29(1), 248-250.

21 이신욱. 2015. "러시아 신동방정책과 북·러 경협."『평화학연구』16(3), 43.

22 한겨레, "한·러 정상, '시베리아철도 부산까지 연결 협력' 합의." (2018.06.
23.), http://www.hani.co.kr/arti/politics/bluehouse/850292.html#csidx49243b08
764a745b246d5cf5a7d0106 (검색일: 2019.04.20.).

23 서동주·이상준. 2018. "푸틴 집권 4기 러시아의 동북아·한반도 정책과 한·
러 외교·경협의 과제."『러시아연구』28(2), 122.

24 한국경제, "남북 철도도로연결 착공식 내일 열려… 中·러 인사 등 250여명 참
석." (2018.12.25.), https://www.hankyung.com/politics/article/2018122593447
 (검색일: 2019.04.20.).

25 이상준. 2017. "각국의 한반도 인식-러시아: 한반도를 둘러싼 러시아의 인식
과 입장."『이슈브리프』, 여시재. 2017-026, 2.

26 조선비즈, "몽골의 '초원의 길' 프로젝트와 유라시아 이니셔티브 비슷." (2015.
09.21.), http://biz.chosun.com/site/data/html_dir/2015/09/19/2015091900744.html
(검색일: 2019.04.20.).

27 SBS 뉴스, "이 총리, 몽골 대통령 면담… '동아시아 철도공동체 협력 기대.'"
(2019.09.11.), https://news.sbs.co.kr/news/endPage.do?news_id=N1004930298

&plink＝COPYPASTE&cooper＝SBSNEWSEND (검색일: 2019.04.20.).

28 파이낸셜뉴스, "이낙연, 러서 일본 아베 총리, 몽골 바트톨가 대통령과 회담." (2018.09.11.), https://www.msn.com/ko－kr/money/topstories/%EC%9D% B4%EB%82%99%EC%97%B0－%EB%9F%AC%EC%84%9C－%EC%9D%BC%E B%B3%B8－%EC%95%84%EB%B2%A0－%EC%B4%9D%EB%A6%AC－%EB %AA%BD%EA%B3%A8－%EB%B0%94%ED%8A%B8%ED%86%A8%EA%B0% 80－%EB%8C%80%ED%86%B5%EB%A0%B9%EA%B3%BC－%ED%9A%8C% EB%8B%B4/ar－BBNaM3k (검색일: 2019.04.20.).

29 "Mongolia, Korea discuss ties," AKI press (2019.03.26.) https://akipress.com /news:617687:Mongolia,_Korea_discuss_ties/ (검색일: 2019.04.20.).

30 고명현. 2017. "트럼프의 외교기조와 대북정책."『이슈브리프』(아산정책연구 원, 2017.03.16.), http://www.asaninst.org/contents/%ED%8A%B8%EB%9F% BC%ED%94%84%EC%9D%98－%EC%99%B8%EA%B5%90%EA%B8%B0%EC %A1%B0%EC%99%80－%EB%8C%80%EB%B6%81%EC%A0%95%EC%B1%85/ (검색일: 2019.04.05.).

31 박병광. 2018.『미·중무역전쟁의 배경과 시사점』, 1－2. 국가안보전략연구 원. (검색일: 2019.04.05.)

32 전성훈. "트럼프 행정부의 국가안보전략: 평가와 정책적 함의."『이슈브리프』 (아산정책연구원, 2018.01.26.), http://www.asaninst.org/contents/%ED%8A% B8%EB%9F%BC%ED%94%84－%ED%96%89%EC%A0%95%EB%B6%80%EC% 9D%98－%EA%B5%AD%EA%B0%80%EC%95%88%EB%B3%B4%EC%A0%84 %EB%9E%B5－%ED%8F%89%EA%B0%80%EC%99%80－%EC%A0%95%EC% B1%85%EC%A0%81－%ED%95%A8%EC%9D%98/ (검색일: 2019.04.05.).

33 Voice of America. "트럼프 '추가제재 필요치 않다고 생각… 북한 큰 고통 겪 는 중.'" (2019.04.01.), https://www.voakorea.com/a/4854422.html (검색일: 2019.04.06.).

34 강선주. 2018. "미국의 '인도－태평양 구상' 실현 전망."『INFANS FOCUS』 (2018.06.15.) (검색일: 2019.04.07.)

35 매일경제, "철도협력 속도 높이는 러·日… 시베리아 운송망 구축." (2019.09.03.), https://www.mk.co.kr/news/world/view/2018/09/553650/ (검색일: 2019.04.

20.)

36 프레시안, "'북핵' 둘러싼 한반도 6者의 속내는… 英싱크탱크 보고서 주목." (2019.09.13.), http://www.pressian.com/news/article/?no=210672 (검색일: 2019.04.20.); 한겨레, "아베－트럼프 전화 회담… "일본인 납북자·북핵 등 협력 약속." (2019.02.20.), http://www.hani.co.kr/arti/international/japan/882986.html #csidx739b116f9a90110a4874ba389799fbc (검색일: 2019.04.20.).

37 연합뉴스. 2018. "'북핵' 둘러싼 한반도 6者의 속내는… 英싱크탱크 보고서 주목." (2018.09.13.), https://www.yna.co.kr/view/AKR20180913031400085 (검색일: 2019.04.05.).

38 통일연구원. 2018. 『주간 통일정세』 2018－17호, 26.

39 서종원·최성원. 위의 글, 5－6.

40 켄트 칼더 저. 오인석·유인승 역. 2013. 『신대륙주의: 에너지와 21세기 유라시아 지정학』. 아산정책연구원.

41 켄트 칼더. 2006. "동북아시아의 협력과 공동체 구축에 관한 논의: 미국의 관점." 『동북아 공동체: 평화와 번영의 담론』, 216－217. 제주평화연구시리즈.

42 강선주. 2018. "미국의 '인도－태평양 구상' 실현 전망." 『INFANSFOCUS』 (2018.06.15.), (검색일: 2019.04.07.)

43 Paul Heer. "Rethinking U.S. Primacy in East Asia," The National Interest (2019.01.08.), https://nationalinterest.org/blog/skeptics/rethinking－us－primacy －east－asia－40972 (검색일: 2019.04.07.)

44 Cronin, Patrick M. & Lee, Kristine. "How South Korea's 'New Economic Map' Could Shift Northeast Asia's Balance of Power." The Diplomat (2018.08.10.), https://thediplomat.com/2018/08/how－south－koreas－new －economic－map－could－shift－northeast－asias－balance－of－power/ (검색일: 2019.04.07.).

45 Lee, Kristine. 2019. "It's Time for the U.S.－South Korea Alliance to Evolve." The National Interest (2019.01.19.), https://nationalinterest.org/ feature/its－time－us－south－korea－alliance－evolve－41272 (검색일: 2019. 04.07.).

46 동아일보, "카길, GE 등 美 기업 '북한 진출' 검토 중." (2019.02.19.), http://

news.donga.com/East/MainNews/3/all/20190219/94186000/1 (검색일: 2019. 04.07.)

47 신범식. 2003. "교통의 국제정치: 시베리아횡단철도(TSR) 국제화와 동북아시아." 『한국과 국제정치』 19(4).

48 연합뉴스, "北철도 노후화 심각… 110년된 교량 사용, 레일 등 마모·파손" (2019.03.29.), (검색일: 2019.08.05.).

49 국토연구원. 2013. 『통일시대를 향한 한반도 개발협력 핵심 프로젝트 선정 및 실천과제』, pp. 241－242.

50 나희승. 2014. "남북·유라시아 철도사업의 의의 및 협력과제." 『KDI 북한경제리뷰』 2014년 2월호, p. 25.

51 매일경제, "철도·도로 현대화에만 최소 11조원 비용 필요" (2019.02.20.), (검색일: 2019.08.05.).

52 통일부, "「남북철도협력 분과회담」 결과" (2018.06.26.), (검색일: 2019.08.05.).

53 한겨레, "남북 철도공동조사 30일 시작… 한반도종단철도 꿈 첫발"(2018.11.28.), (검색일: 2019.08.05.).

54 신장철. 2015. "한일터널의 검토과제와 기대효과에 대한 고찰." 『한일경상논집』 69, 86－90.

[참고 문헌]

<논문 및 보고서>

구춘권. 2009. "유럽통합과 통합이론." 『21세기정치학회보』 19(1), 253－276.

국토연구원. 2013. 『통일시대를 향한 한반도 개발협력 핵심 프로젝트 선정 및 실천과제』.

김학노. 2012. "유럽통합의 정치적 실험." 『유럽연구』 30(2), 31－55.

나희승. 2014. "남북·유라시아 철도사업의 의의 및 협력과제." 『KDI 북한경제리뷰』 2014년 2월호, 20－34.

나희승. 2015. "유라시아 철도 네트워크 구축방안." 『월간교통』 2015년 8월호, 16－20.

박병광. 2018. 『미·중무역전쟁의 배경과 시사점』. 국가안보전략연구원.

박병훈·김형민. 2013. "유럽통합이 동북아에 주는 시사점." 『사회과학연구』 20(2), 7－34.

백훈. 2011. "유럽석탄철강공동체에서 배우자." 『통일한국』 2011년 11월호, 18－19.

서동주·이상준. 2018. "푸틴 집권 4기 러시아의 동북아·하난도 정책과 한·러 외교·경협의 과제." 『러시아연구』 28(2), 111－140.

서종원·최성원. 2018. 『동아시아철도공동체 추진방향』. 한국교통연구원.

신범식. 2003. "교통의 국제정치: 시베리아횡단철도(TSR) 국제화와 동북아시아." 『한국과 국제정치』 19(4).

신장철. 2015. "한일터널의 검토과제와 기대효과에 대한 고찰." 『한일경상논집』 69, 86－90.

이상준. 2017. "각국의 한반도 인식－러시아: 한반도를 둘러싼 러시아의 인식과 입장." 『이슈브리프』. 여시재. 2017－026.

이신욱. 2018. "동북아 철도공동체 향후 전망과 과제." 『문화와융합』 40(7), 843－868

이창재 외. 2005. 『동북아 경제공동체 실현을 위한 단계적 추진 전략』. 대외경제정책연구원.

장덕준. 2014. "러시아의 신동방정책과 동북아."『슬라브학보』29(1), 229－266.

조원홍. 2003. "유럽이념의 형성과 유럽통합구상."『전남사학』21, 339－363.

채형복. 2008. "EU 통합의 남북한 통일정책에 대한 시사점."『법학논고』28, 535－558.

최수경. 1995. "유럽연합의 발전과정과 정치·경제적 통합."『지역연구』4(2), 165－182.

켄트 칼더. 2013. 오인석·유인승 역.『신대륙주의: 에너지와 21세기 유라시아 지정학』. 아산정책연구원.

켄트 칼더. 2006. "동북아시아의 협력과 공동체 구축에 관한 논의: 미국의 관점."『동북아 공동체: 평화와 번영의 담론』. 제주평화연구시리즈, 207－217.

한국철도시설공단. 2014.『대륙횡단철도망 관련－국제철도 협력기구 및 운송체계 현황』

홍기준. 2008. "유럽통합의 경로의존성과 창발성."『국제정치논총』48(4), 217－236.

Chia, Slow Yue. "ASEAN Economic Integration and Physical Connectivity." Asian Economic Papers 15(2), 198－216

Myers, Margaret. 2018. "China's Belt and Road Initiative: What Role for Latin America?" Journal of Latin American Geography 17(2), 239－243.

<언론사 및 웹사이트>

BBC, "남북 철도 착공식: 철도 연결의 숨은 의미는?" (2018.12.26.), (검색일: 2019.03.27.)

Cronin, Patrick M. & Lee, Kristine. "How South Korea's 'New Economic Map' Could Shift Northeast Asia's Balance of Power," The Diplomat (2018.08.10.), (검색일: 2019.04.07.)

Lee, Kristine. "It's Time for the U.S.－South Korea Alliance to Evolve," The National Interest (2019.01.19.), (검색일: 2019.04.07.)

Paul Heer, "Rethinking U.S. Primacy in East Asia," The National Interest

(2019.01.08.), (검색일: 2019.04.07.)

Railway Technology, "The Bi-Oceanic Corridor: a new railroad to rival maritime freight?" (2018.04.30.), (검색일: 2019.03.29.)

teleSUR, "Bolivia, Brazil, Paraguay, Peru Agree on Framework for South America's Bi-Oceanic Railway" (2018.04.16.), (검색일: 2019.03.29.)

UNSUR, "INFRASTRUCTURE, A PILLAR FOR SOUTH AMERICAN INTEGRATION" (검색일: 2019.03.30.)

Voice of America, "[특파원 리포트] 남북 철도·도로 착공식 개최… 상징성 크지만 실질적 진전은 불투명" (2018.12.26.), (검색일: 2019.03.27.)

Voice of America, "트럼프 '추가제재 필요치 않다고 생각… 북한 큰 고통 겪는 중'" (2019.04.01.), (검색일: 2019.04.06.)

고명현. 2017. "트럼프의 외교기조와 대북정책" (2017.03.16.), (검색일: 2019.04.05.)

동아일보, "카길, GE 등 美 기업 '북한 진출' 검토 중" (2019.02.19.), (검색일: 2019.04.07.)

매일경제, "[코레일] 국제 철도기구 최대행사 서울서 열려" (2019.03.28.), (검색일: 2019.03.29.)

매일경제, "철도·도로 현대화에만 최소 11조원 비용 필요" (2019.02.20.), (검색일: 2019.08.05.)

매일경제, "한국, 국제철도협력기구 정회원 가입" (2018.06.07), (검색일: 2019.03.27.)

연합뉴스, "'북핵' 둘러싼 한반도 6者의 속내는… 英싱크탱크 보고서 주목" (2018.09.13.), (검색일: 2019.04.05.)

연합뉴스, "北철도 노후화 심각… 110년된 교량 사용, 레일 등 마모·파손" (2019.03.29.)

이남주. 2018. "한반도 전환기의 중국 한반도전략: 변화 및 과제", 참여연대 (2018.10.23.), (검색일: 2019.04.05.)

전성훈. "트럼프 행정부의 국가안보전략: 평가와 정책적 함의", 아산정책연구원

(2018.01.26.), (검색일: 2019.04.05.)

통일부, "「남북철도협력 분과회담」 결과"(2018.06.26.), (검색일: 2019.08.05.)

한겨례, "남북 철도공동조사 30일 시작… 한반도종단철도 꿈 첫발"(2018.11.28.), (검색일: 2019.08.05.)

한국일보, "'한반도 신경제지도' 실현되면 가스비 4분의 1, 일본 물류 흡수"(2018. 05.02.), (검색일: 2019.05.29.)

<정부기관>

청와대, "제73주년 광복절 경축사"(검색일: 2019.03.27.)

<기타>

SCHUMAN DECLARATION OF 9 MAY 1950 (검색일: 2019.03.29.)

08 대항지정학으로서의 평화외교*

김태환(국립외교원)

I. 배타적 정체성의 정치와 가치외교의 부상

후쿠야마(Francis Fukuyama)가 냉전의 종식에 즈음하여 '자유주의의 승리'를 공언한 지 30여 년이 지난 지금, 2차 세계대전 이래 구축된 전후 세계질서는 자유주의/민주주의의 퇴조와 권위주의 및 스트롱맨 정치의 부상, 민족주의적 포퓰리즘의 부상, 강대국 간 지정학적 경쟁의 심화의 형태로 새로운 도전에 직면하고 있다.

일견 혼란스러워 보이는 이들 현상에 공통적인 측면은 국가/민족 정체성과 더불어 본원적 정체성(primal identities)에 기반을 둔 정체성의 정치가 발현되고 있다는 점이다. 중국의 부상, 러시아의 복귀와 더불어 이들 국가들이 국가/민족 정체성(national identity)의 요소로서 반자유주의적 가치를 자유주의의 대안으로 제시하고 있고, 미국과 유럽에서는 민족주의적 포퓰리즘 세력이 국내외적으로 인종 민족주의, 외국인 혐오 민족주의와 같은 반자유주의적 가치를 표방하고 있으며, 이와 더불어 인종, 종교, 종

---

*이 글은 김태환, "가치외교의 부상과 가치의 '진영화': 강대국 사례와 한국 공공외교의 방향성," *문화와 정치*, 6권 1호 (2019), pp. 5~32의 일부를 근거로 확장·보완한 것이다.

파, 종족 등 본원적 정체성에 기반을 둔 '배타적 정체성의 정치(exclusionary identity politics)'가 세계 도처에서 그 모습을 드러내고 있다. 또한 권위주의와 스트롱맨의 부상은 배타적 정체성을 정치적으로 이용함으로써 정체성의 정치의 결과이자 증후인 동시에, 이를 더욱 증폭시키는 경향성을 보이고 있다. 헌팅톤(Samuel Huntington)은 냉전 이후 새로운 세계적 대립 양상을 "문명의 충돌"로 예견했지만, 오늘날 대립과 갈등의 형태는 문명이라는 단위보다는 훨씬 작은 단위와 형태의 정체성의 정치1로 발현되고 있는 것이다.

특히 정체성의 정치는 국가 차원에서는 두 가지 형태로 표출되고 있다. 하나는 공간과 장소에 대한 국가들 간의 경쟁을 의미하는 지정학적 갈등과 경쟁의 심화이고, 다른 하나는 자국 정체성의 요소로서의 가치를 반영하는 '가치외교(value diplomacy)'의 부상이다. 국가/민족 정체성의 요소를 반영하는 외교정책의 가치는 국제정치에 대한 인식의 틀(cognitive frame)을 제공하고 있고, 이는 특히 강대국들 간 지정학적 경쟁에서 자국의 입장을 정당화시키는 담론, 그리고 소프트 파워로 역할하고 있다. 이에 따라 국제정치에서 가치와 더불어 지정학적 경쟁이 전면에 등장하고 있으며, 특히 강대국들의 가치외교는 지정학적 경쟁과 결합하면서 국제사회에서 자유주의 가치와 이에 대항하는 가치 간의 대립, 즉 '가치의 진영화(bloc-ization)' 현상을 초래하고 있다. 그러나 가치의 진영화는 비단 국가행위자들에만 국한된 것은 아니다. 여기에는 비국가행위자들, 특히 자유주의에 대한 대안을 제시하는 정치세력 역시 포함됨으로써 그 양상이 더욱 복잡해지고 있다. 가치의 진영화는 국제사회의 행위자가 추구하는 가치가 배타적이냐 포용적이냐에 따라서 새롭게 형성되는 국제질서에 영향을 미치는 중요한 요소가 아닐 수 없다.

이와 같은 강대국들 간 지정학적 경쟁의 심화, 그리고 가치외교의 부상과 가치의 진영화라는 국제적 맥락에서 과연 한국 외교는 어떠한 방향성을 모색해야 할 것인가? 본 연구는 강대국 및 중견국 사례에 비추어,

중립적 가치외교로서 한국의 평화외교(peace engagement)의 방향성을 탐색해 보고자 한다. 이를 위해서 다음 장에서 국가/민족 정체성과 외교 정책 간의 관계에 기반을 둔 외교정책 정체성(foreign policy identity)의 개념을 소개하고, 가치외교의 여러 차원에서의 의미를 짚어 본다. 특히 여기에서는 강대국 및 중견국들 가치외교를 비교하기 위한 분석의 틀을 도출한다. 이에 의거해서 III장에서는 미국, 일본, 중국 및 러시아 등 강 대국들의 가치외교와 이로부터 초래되는 가치의 '진영화', 그리고 그 지 정학적 의미를 살피고자 한다. IV장에서는 역시 동일한 비교의 틀에 의 거해서 노르웨이, 터키, 남아프리카 공화국 등 중견국들의 가치외교를 비교하고 이로부터 함의를 도출한다. 마지막으로 V장에서는 한국이 추 구하는 가치외교로서 평화외교의 의미를 강대국들의 지정학적 경쟁에 대 한 '대항지정학(counter-geopolitics)'으로 제시하고자 한다.

II. 정체성과 외교정책

1. 국가/민족 정체성과 외교정책 정체성

정체성은 자기 자신에 대한 이해, 사회적 세계에서의 자신의 위치, 그 리고 타자들과의 관계에 대한 이해를 의미한다. 특히 정체성은 사회적 구 성물로서 국내외 차원에서 상호 간 공유하는 의미를 통해서 구성되며, 국 가/민족 정체성은 타자와의 구별 및 차이를 통해서, 즉 안과 밖, 자신과 타자, 국내와 해외를 구분하는 경계를 설정함으로써 형성된다. 정체성의 논리는 '차이'를 필요로 하고, 따라서 차이를 '타자화'하는 가능성이 상존 하며, 이에 따라 민족주의는 역사적으로 적지 않은 경우 정통성을 추구하 는 국가의 구성물(construct)로 태동되고 활용되었다.

구성주의(constructivism)의 관점에서 볼 때, 행위자는 물론 이익을 추 구하지만 이에 앞서 자기 자신을 규정하는 정체성이 국가 행위자의 본질과 목적을 규정하고, 외교정책의 특정한 목적과 전략을 선택하는 근거를 제시하며, 이에 따라 국가이익을 규정하는 근원이 된다.2 사회적으로 구성된 정체성이 외교정책과 국가이익을 형성하는 프레임이 되므로, 이익을 이해하기 위해서는 정체성의 구성을 분석적으로 이해할 필요가 있다. 국가/민족 정체성은 <그림 1>에서처럼 여러 가지 사회적 요소로 구성된다. 첫 번째 요소는 국가/민족을 개별 집단, 집단적 공동체로 정의할 수 있게 해 주는 본원적 속성들로서 여기에는 인종, 언어, 문화, 역사 등이 포함되며, 두 번째 요소는 국가/민족 공동체를 물리적으로 구성하고 타자와의 구분을 가능하게 해 주는 영토, 공간, 경계의 요소로서 이는 자신과 타자를 구분하는 물질적 토대가 된다. 물질적인 요소와는 달리 가치와 규범, 아이디어, 이상과 같은 관념적인 요소들 역시 정체성을 구성하는 주요 요소이며, 사회적 맥락에서 수행하는 특정 역할은 특히 역할 정체성(role identity)으로 개념화되고 있다. 이러한 정체성의 구성요소로부터 두 가지 유형의 국가이익이 형성된다. 하나는 정체성의 물리적 요소에 초점을 맞추는 안보 및 경제이익이며, 또 다른 하나는 관념적 요소에 초점을 맞추는 가치 및 규범적 이익이다.

그림 1   국가/민족 정체성의 구성 요소와 국가이익

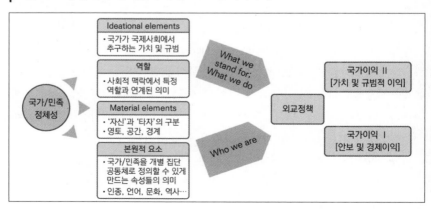

한 국가의 외교정책은 이와 같은 국가/민족 정체성의 요소들을 반영한다. 외교정책 정체성(foreign policy identity)은 특정 국가 외교정책의 특수성(national specificity), 그 국가가 국제사회에서 추구하는 가치와 아이디어, 그리고 수행하는 역할에 대한 자기 이해(self-understanding)를 의미한다.3 이러한 의미에서의 외교정책 정체성은 구체적인 개별 외교정책들과는 구별되는 것이며, 흔히 공식 외교정책 담론으로 표현되는 주관적인 것이지만, 그것이 국제사회에서 의미를 갖기 위해서는 국제사회의 구성원들과 상호작용을 통해서 공유되어야 한다는 점에서 상호주관적인 것(intersubjectivity)이다. 아래 <그림 2>는 외교정책 정체성의 구조를 세 가지 차원, 즉 개별 국가(타자, Other)에 대한 관계차원에서의 역할 정체성(relational role identity), 국제사회에서 국가들의 집단에 대한 소속감 및 집단 간의 역할(categorical 또는 inter-group role identity), 그리고 그 국가가 국제사회에서 추구하는 가치 또는 아이디어라는 세 가지 차원으로 적시하고 있다.

그림 2   외교정책 정체성의 구조

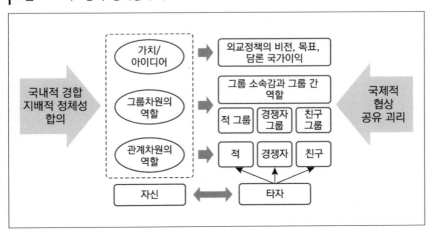

역할 정체성의 가장 기본적인 차원은 자신과 타자와의 차이와 관계를 인식하고 규정하는 것이며, 국제정치에서 이는 곧 상대방을 적(enemy), 경쟁자(rival), 또는 친구(friend)로 인식하고 관계를 설정하는 문제이다. 냉전시대 미국과 소련은 명백히 '적'의 역할 관계에 있었으며, 냉전 후 특히 9/11 테러사태 이후 미국은 부시 행정부 하에서 테러리스트 집단과 이들의 지원 국가들을 '적'으로 설정하였다.

역할 정체성의 두 번째 차원은 국제사회에서 공유하는 속성(예컨대 민주주의나 권위주의와 같은 정권의 속성)이나 이익(예컨대 군사동맹)에 따라 형성되는 상이한 국가집단에 대한 소속감과, 이들 구별되는 집단들 사이에서 어떠한 역할(예컨대 패권자, 균형자, 규제자, 조정자, 중재자 등)을 수행할 것인가에 대한 자기 인식이다. 이와 같은 두 가지 차원의 역할을 바탕으로 특정 국가는 국제사회에서 추구하는 가치나 아이디어를 설정하고, 이는 흔히 그 국가의 외교정책 비전이나 목표, 담론으로 표현되며, 국가이익을 구성하게 된다.

역할 정체성의 두 차원(관계 및 그룹 차원)에서 포용성(inclusiveness)과 배타성(exclusiveness)은 정체성의 정치의 결과를 가르는 핵심 요소가 된다. 정체성이 포용적이냐 배타적이냐에 따라서, 즉 자신과 구분되는 타자가 공존할 수 없는 적인지, 상호 공존하는 경쟁자인지, 또는 상호 협력하는 친구인지에 따라서 국제정치에서 행위의 선택과 그 결과는 대립과 갈등, 폭력적 분쟁 및 전쟁, 경쟁, 협력 등으로 결정되기 때문이다. 웬트(Alexander Wendt)는 적－경쟁자－친구라는 상이한 역할관계로 구성되는 국제구조 또는 문화를 각각 "홉스적 무정부(Hobbesean anarchy)", "로크적 무정부(Lockean anarchy)", 그리고 "칸트적 무정부(Kantian anarchy)"로 정의하고 있다.4

그렇다면 이러한 외교정책 정체성을 결정짓는 요인은 무엇인가? 특히 구성주의적 입장에서 볼 때, 정체성은 고정적인 것이 아니라 국내 및 국제적 맥락에서 상호인식과 상호작용을 통해서 사회적으로 구성되며 따라서 그 내용도 가변적이다. 국제적 맥락에서 외교정책 정체성은 지정학적 환경에 대한 인식으로부터 출발하여, 자기와 외부 타자의 구분 및 타자에 대한 인식과 상호작용을 통해서 형성된다.

　　국내적으로 이러한 인식은 상이한 집단 간 정치적 경합의 과정(identity contestation)을 거치면서, 타자 및 자신의 관계와 자신의 역할에 대한 지배적 인식이 그 국가의 주류 정체성으로 자리매김하게 된다. 이러한 맥락에서 개별 국가마다 고유한 안보관련 속성을 "전략문화(strategic culture)"로 개념화하고 있기도 하다.[5] 외교정책 정체성은 정책 결정자들과 정치인들은 물론 외교정책을 연구하는 전문가, 싱크탱크들에 의해서 생산되고 재생산되며, 언론과 대중 매체 역시 이러한 기능을 수행하고 있다. 이렇게 생성된 외교정책의 정체성은 국제사회에서 설득과 협상, 행위를 통해서 공유되거나 부정되기도 하고, 이는 다시 정체성의 조정 또는 재규정의 순환적 과정을 거치게 되는 것이다.

　　이와 같은 외교정책 정체성이 왜 중요한가? 정체성은 단순히 주관적 관념의 산물이 아니라 국내외적 상호작용을 거친 사회적 구성물로서, 특정 국가의 국가이익을 규정할 뿐만 아니라, 외교정책의 프레임워크로서 개별 외교정책에 대한 일관되고 원칙적인 가이드라인과 우선순위를 제시한다. 또한 정체성은 국제사회에서 그 국가를 대변(represent)하고, 특정 행정부를 넘어서는 국가차원의 외교정책의 지속성을 부여하며, 궁극적으로는 국제적인 인식 공유를 통해서 그 국가의 명성이나 지위 확립에도 기여한다.

2. 가치외교

　　현실주의 정치(realpolitik)는 국제관계에서의 결정인자로서 힘과 물질적 국익에 초점을 맞추는 데 반해서, 관념정치(idealpolitik)는 가치와 아이디어, 규범의 역할을 중시하고 있다. 특히 구성주의 전통에 위치한 관념정치는 특정 국가나 행위자가 자기 정체성에 자리잡은 가치와 규범에 비추어 정책과 행위를 선택한다는 점에 주목하고 있다. 한 국가의 외교정책은 국가/민족 정체성을 구성하는 역사적 경험, 문화, 가치, 규범을 반영하고 있다는 점에서 정체성이 관념정치의 핵심 요소로 자리하고 있다. 또한 공유하는 가치와 정체성은 이익의 공유 못지않게 국제사회에서 국가들의 그룹화에 중요한 역할을 한다.

　　가치란 무엇이 옳고 바람직한 것인지에 관한 추상적 개념 또는 원칙, 기준을 의미한다. 이는 무엇이 옳고 그른지에 대한 사람들의 믿음을 의미하며, 이러한 믿음은 행위자의 행위에 영향을 미친다. '가치외교'란 특정 가치를 외교정책에 반영하여, 이를 국제사회에서 대변(advocate)하고 증진하며 실천하고자 하는 외교라고 정의할 수 있으며, <표 1>에서와 같은 다중의 의미와 역할을 지닌다.

표 1　　가치외교의 다중 차원

가치외교의 의미와 역할	내 용
국가/민족 정체성	국가/민족 정체성의 요소로서의 가치를 반영
인지 프레임	물질적 현실(material reality)로부터 사회적 현실(social reality)을 구성함으로써 국제정치 현실을 바라보고 해석하는 인식의 틀로서 기능
소프트 파워	가치외교를 통해서 '옳은' 가치를 표방하고 이를 실천함으로써 국내외적 정통성을 획득
규범 창시자	국제사회에서 규범을 창조하는 역할을 하고 규범에 공조하는 국가들과 연합을 형성할 수 있으며, 이를 통해서 자국의 인지 프레임을 확장
국가 역할관	구체적인 역할에 의해서 뒷받침되는 가치외교

　　가치외교가 외교정책 전반의 원칙과 규범을 제공하면서 개별 외교정책을 형성하기 위해서는 국가/민족 정체성의 요소로서의 가치를 반영해야 하며, 이는 통상 외교정책 정체성으로 표현된다. 이 경우 특정 국가의 외교정책은 그 국가 정체성의 일부분인 가치, 규범에 근거하고 있다고 할

수 있다. 또한 외교정책에 투영된 가치는 국제정치 현실을 바라보고 해석하는 '인지 프레임(cognitive frame)'으로 기능한다. 국가/민족의 집단 정체성을 구성하는 가치, 세계관 등과 같은 관념적·규범적 요소들(ideational factors)은 물질적 세계, 사실과 현실을 인지하고 해석하는 틀이 됨으로써 사회적 현실을 구성하며, 궁극적으로 외교정책을 형성하는 인지 프레임으로 작용한다. 이에 따라 <그림 3>에서처럼 국가/민족 정체성으로부터 외교정책의 형성에 이르는 관념정치의 인과관계의 흐름을 상정할 수 있다.

그림 3　　인지 프레임으로서의 가치와 가치외교 – 관념정치의 인과관계

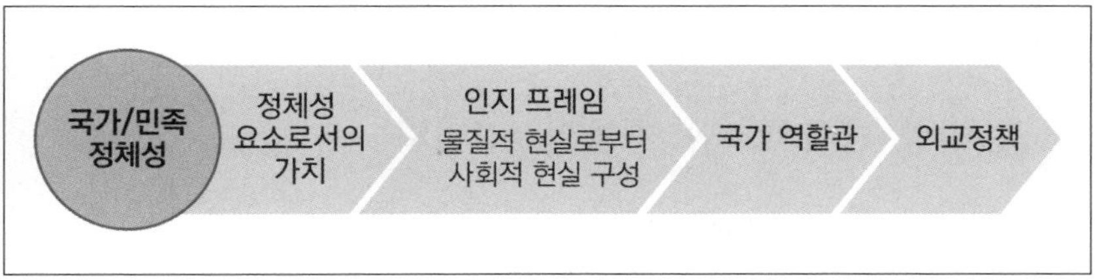

국가/민족 정체성　→　정체성 요소로서의 가치　→　인지 프레임 물질적 현실로부터 사회적 현실 구성　→　국가 역할관　→　외교정책

특정 국가의 가치외교가 국제사회에서 정통성을 얻을 때 이는 소프트 파워의 근원이 될 수 있다. 나이(Joseph S. Nye)는 소프트 파워의 세 가지 근원으로서 문화, 외교정책, 정치적 가치를 들고 있으며, 특히 가치는 특정 국가가 국내외적으로 표방하는 가치에 부합하게 행동할 때, 또한 외교정책은 국제사회가 특정 국가의 외교정책을 정통성과 도덕적 권위가 있는 것으로 인정할 때 소프트 파워의 근원이 된다고 주장하고 있다.6 이러한 관점에 볼 때 가치외교는 국제사회에서 소프트 파워의 근원이 될 수 있으며, 특히 하드 파워가 충분치 않은 중소국들에게는 가치외교가 하드 파워의 부족을 상쇄할 수 있는, 즉 '힘과 옳음(might and right)'을 융합하는 파워 프로필의 중요한 요소가 아닐 수 없다. 가치외교를 추진하는 국가는 표방하는 특정 가치와 규범을 중심으로 이에 공조하는 국가들과 연합을 형

성할 수 있으며, 이러한 점에서 '규범 창시자(norm entrepreneur)'의 역할
을 할 수 있다. 규범 창시자는 자국뿐만 아니라 국제사회에서 자국의 인지
프레임을 확장할 수 있다.

그러나 가치외교가 국제사회에서 인정을 받고 정통성을 확보하기 위해
서는 구체적인 역할과 실천으로 뒷받침되어야 한다. '국가 역할관(national
role conceptions)'7은 국제사회에서 자국의 목적과 역할에 관한 자기 스스로
의 이해로서, 이는 행위에 관한 기준과 가이드라인을 제공해 준다. 역할관은
정책결정자들이 헌신하고 있는 일련의 규범과 믿음에 근거하며, 물론 이러한
규범과 믿음은 그 국가의 지리적 위치나 크기, 역사적 경험들의 요소를 반영
하는 것이다.

Ⅲ. 강대국 가치외교와 가치의 '진영화'

1. 강대국들의 가치외교

미국, 일본, 중국과 러시아의 가치외교는 오늘날 국제정치에서 가치
의 진영화 현상을 초래하는 핵심 맥락을 제공하고 있다. 앞의 <그림 3>
에서 제시한 관념정치의 인과관계에 의거하여, ▲국가/민족 정체성, ▲정
체성의 요소를 반영하는 가치, 그리고 ▲국제사회에서의 역할이라는 세
가지 측면에 초점을 맞출 때, 이들 국가들의 가치외교는 <표 2>와 같은
양상을 보이고 있다.

미국은 2차 세계대전 이래 자국 정체성의 핵심 요소들 특히 자유, 민
주주의, 시장경제, 인권, 법의 지배 등을 표방하는 외교정책을 펼치면서
이들을 반영하는 국제질서의 형성과 유지에 리더십 역할을 수행해 왔다.
미국의 전후 국제 역할은 자유주의적 국제주의(liberal internationalism) 기
치하에 동맹과 파트너십을 통한 안보 제공, 개방 경제와 자유 무역에 대한
지지, 다자기구와 규범에 대한 지원, 그리고 자유 민주주의와 인권의 보호

표 2   강대국들의 가치외교

	외교정책에 반영된 정체성의 핵심 요소	가치	역할
미국	자유주의적 국제주의*	자유, 민주주의, 인권, 법의 지배	2차 세계대전 이래의 자유주의 리더십
일본	'정상국가 (normal state)'화**	자유주의 (적극적 평화주의)	평화와 번영의 호 민주주의 다이아몬드 자유롭고 개방된 인도·태평양
중국	강대국 정체성*** (중국몽)	전통적 중국의 가치(유교) 중국식 특색을 가진 사회주의	대항 자유주의 리더십
러시아	보복적·열망적 강대국 정체성****	전통적 보수주의 가치 유라시아주의 (Eurasianism)	"포위된 요새 (besieged fortress)"에서 전통적 가치의 챔피언

  * 2차 세계대전 이래 트럼프(Donald Trump) 행정부 이전까지의 시기
 ** 아베 신조(安倍晋三) 총리의 1, 2차 집권기(2006~07, 2012~현재)
*** 시진핑(習近平) 주석 집권기
**** 푸틴(Vladimir Putin) 대통령 집권기

및 증진과 같은 특징을 지닌다. 미국이 표방하는 가치는 2차 대전 이래 국제사회에서 일련의 제도, 규칙, 규범으로 자리잡았고 이는 이른바 "자유주의 국제질서(liberal international order)"로 명명되고 있으며, 미국은 "자유주의 패권국가(liberal hegemony)"[8]로서의 위치를 공고히 해 왔다.

　정치적으로 표현된 일본의 국가/민족 정체성의 주요 요소 중 하나는 '정상 국가(normal state)'와 '비정상 국가(abnormal state)'의 이중성이다. 특히 일본 보수 우익의 관점에서 전후 샌프란시스코 체제와 평화헌법은 완전한 주권국가, 즉 정상 국가로서 정체성을 제약함으로써 일본을 비정상 국가로 묶어 두는 기제로 인식되고 있다. 전후 평화주의 정체성은 일본의 주권을 타협하는 비정상적인 것이며, 이에 따라서 아베(安倍晋三) 총리의

보수 내각에서 평화헌법의 수정은 "비정상의 정상화"9를 위한 중요한 정치적 조치로 인식되고 있다.

정상 국가를 향한 이러한 인식은 곧 국제사회에서 자유주의 가치에 기반을 둔 일본의 역할과 연계되고 있다. 일본은 아베 총리의 첫 번째 내각인 2006~2007년부터 자유주의를 전면에 내세우는 가치외교를 주창하기 시작했다. 2006년 11월 아소 다로(麻生太郎) 외무상은 일본국제문제연구소에서의 연설에서 대미 동맹과 이웃을 넘어서 발트 해부터 동남아에 이르기까지 유라시아 대륙의 가장자리를 잇는 "자유와 번영의 호(Arc of Freedom and Prosperity)"를 구축할 것을 강조하면서, 미국은 물론 호주, 인도, EU 및 NATO 멤버들과의 협력을 통해서 민주주의, 인권, 법의 지배를 진전시키는 데 일본이 헌신할 것임을 강조하였다.10

아베 총리의 두 번째 집권기에 들어서 민주주의와 자유의 증진은 일본 외교정책의 핵심 기조가 되었다. 2012년 아베 총리는 자유, 민주주의, 인권의 가치를 공유하고 옹호하는 민주주의 국가들, 특히 미국, 일본, 호주 및 인도의 결속을 강화함으로써 서태평양과 인도양 공유 해역을 보호하는 "민주주의의 다이아몬드(Democratic Security Diamond)"를 전략적 비전으로 제시하였다.11 이러한 일본의 입장은 2017년 11월 트럼프 대통령이 아시아 순방 시 제시한 "인도·태평양(Free and Open Indo-Pacific)" 전략 비전으로 이어지고 있다. 이의 요체는 태평양에서부터 페르시아 만에 이르는 인도·태평양지역을 자유와 법치, 시장경제를 중시하는 장으로 규정하고, 관련 국가들과 국제규범에 근거한 인프라 정비와 더불어 무역 및 투자, 그리고 해양 안보 분야 등에서 협력을 추진해 나간다는 것이다.

한편 2008년경을 전후해서 표면화되기 시작한 중국의 강대국 정체성은 세 가지 핵심 내러티브와 담론에 잘 드러나고 있는데, 그 첫째는 "치욕의 백년(a century of humiliation)" 담론이다. 이는 1840년대 아편 전쟁 이래 외세에 의한 중국민의 희생과 중국의 굴욕을 지칭하는 것으로서, 정체성의 핵심 요소인 '우리' 대 '타자'의 구분 및 '타자(즉 서방과 일본)'에 대항하는 내부 결속과 집단 정체성 구성의 핵심 요소가 되고 있다. 두 번째는 중국의 전통적 가치, 특히 유교 가치에 대한 강조이다. 유교는 질서, 안정, 권위에 기반을 둔 위계와 조화를 강조하고 있으며, 후진타오(胡錦濤) 주석이 주창한 "조화로운 세계(harmonious world)" 개념12은 전통적 유교 가치에 기반을 두는 것이고, 이는 시진핑(習近平) 주석에게도 이어지고 있다.13 세 번째는 중국 중심의 세계관인 '천하(tianxia)' 개념이다. 이는 중국을 중심으로 한 조화로운 세계질서를 의미하며, 역사적으로는 하늘의 자식인 중국 황제(천자)를 중심으로 한 동아시아의 조공체제를 지칭하기도 한다. 이러한 질서에서 중국은 높은 도덕적 기준을 갖추고 조화로운 세계를 위해 노력하는 중심 국가(Middle Kingdom)로서, 주변국들로부터 중국의 문화적·정치적 우월성을 인정받고 존경받는 국가로 자리매김하고 있다.

　　시진핑 주석의 중국몽(中國夢)은 이러한 요소들을 집대성하는 비전이자 메타 내러티브이다. 중국이 시진핑과 공산당의 리더십하에 치욕의 백년을 극복하고 과거 조화로운 세계의 지배적 지위, 그러나 외세에 의해서 찬탈되었던 "역사적으로 정당한 지위(historically rightful position)"를 회복한다는 목표와 비전을 제시하는 것이다. 이러한 개념들과 내러티브에서 드러나는 중국의 정체성은 외세의 핍박에도 불구하고 국제질서의 중심으로 복귀하는 강대국으로서의 중국이며, 이 과정에서 자유주의 가치와는 구별되는 중국의 전통적 가치와 핵심 사회주의 가치를 내세우고 있는 것이다.

　　2017년 10월 19차 중국 공산당대회 보고에서 시진핑은, 마오쩌둥(毛澤東)이 중국의 독립을 가져오고, 덩샤오핑이 번영을 가져왔다면, 자신은 중국을 다시금 세계무대에서 강하게 만들 것이라는 점을 천명하면서, 중국은 "인류가 직면하고 있는 문제들을 해결하는 데 중국의 지혜와 중국식 접근을 제시할 것"임을 밝히고 있다.14 특히 자주성을 유지하면서 경제성장을 추구하는 개발도상 국가들에게 중국식 특색을 가진 사회주의 정치체제는 "새로운 선택"이 될 수 있음을 강조하였다. 또한 그는 상이한 거버넌

스 철학들이 겨루는 국제무대에서 경쟁하는 중국의 "문명적 미션" 역할을
밝혔는데, 이는 곧 중국이 미국과 서방의 군사·경제적 경쟁자뿐만 아니
라, 이념과 가치의 경쟁자임을 의미하는 것이다.

　　러시아의 경우 푸틴(Vladimir Putin) 대통령 집권기, 특히 그의 집권 3
기(2012~2018년)부터 러시아의 보복적·열망적(revanchist and aspirational)
강대국 정체성이 뚜렷이 드러나기 시작했다. 이러한 정체성은 소련 붕괴
후 러시아의 국제적 위신 하락과 강대국 지위 상실에 대한 분노, 1990년
대 체제이행기의 혼란에 대한 실망과 좌절, 서구에 대한 굴욕감과 배신감,
그리고 과거 강대국 지위 회복에 대한 열망에 기인하는 바가 크다.

　　러시아의 보복적·열망적 정체성은 전통적 보수주의 가치와 유라시아
주의(Eurasianism)라는 반서구적, 반자유주의 대안의 형태로 러시아의 가
치외교에 반영되고 있다. 전통적 보수주의 가치는 다시 세 가지 요소가 그
핵심을 이루고 있다. 첫 번째 요소는 국가주의(statism)로서 강한 국가를
건설하는 것이 러시아의 부활에 핵심이라는 것이다. 국가는 러시아 보수
주의의 핵심 가치, 심지어는 "최고의 영적인 그리고 도덕적인 가치"이자,
러시아 문화 자체의 근본적 가치의 표현으로 승격되고 있다.15 두 번째 요
소는 가족, 위계와 종교, 집단 공동체에 대한 소속감 등 전통에 대한 강
조로서, 과거의 규범적 요소들을 탈사회주의 현재와 타락한 서구를 비판하
는 준거로서 차용하고 있다. 세 번째 요소는 러시아 정교(Russian Orthodox
Christianity) 형태로서의 기독교로서, 러시아는 타락한 서구에 대하여 러시
아의 도덕적 사명과 기독교 가치의 우월성하에 정교의 보편적 가치와 진리
를 전 세계적으로 유지하고 계몽시키는 미션을 가지고 있다는 것이다.

　　전통적 보수주의 가치와 더불어 유라시아주의는 러시아 정체성과 가
치의 또 다른 축을 이루고 있다. 유라시아주의는 볼셰비키 혁명으로 제정
러시아가 붕괴한 직후 1920년대 유럽의 러시아 지식인 이주자들로부터 연
원하는 지적 전통으로서, 1990년대 이래 소련의 해체에 대한 반응으로 다
시금 등장하기 시작해서 두긴(Aleksandr Dugin)으로 대표되는 극우 이데올

로기를 비롯하여 몇 가지 버전으로 발전해 왔다.[16] 그러나 이들 상이한
버전의 유라시아주의는 몇 가지 공통점을 지니고 있다. 첫째는 서구는 물
론 아시아와도 구별되는 독자적 문명으로서의 유라시아 공간에 대한 인
식으로서, 유라시아 공간이 여러 민족과 인종 집단을 아우르는 문명적 실
체로서 이들은 역사적 경험과 문화적 친화성의 기반 위에 "역사적 운명
공동체(community of historical destiny)"를 구성한다는 것이다. 두 번째는
이와 같은 유라시아 공간과 연계된 문명적 집단 정체성(pan‒Eurasian
civilizational identity)이며, 마지막으로 러시아‒유라시아와 서구 간의 근
본적인 대립과 후자에 대한 문명적 대안으로서의 유라시아 인식이다.

　　러시아는 냉전 이후 미국 패권의 확산이 러시아의 치명적 국익을 위
협할 뿐만 아니라 국제사회에서 러시아의 '합당한 자리(rightful place)'를
박탈하고 있다고 인식하고 있다. 이에 대해서 서구의 타락한 도덕성에 대
비하여 지정학적 영역에서 뿐만 아니라 사회, 문화, 종교적 영역에서 서구
에 대한 러시아의 도덕적 우월성을 강조하고, 러시아를 전통적인 보수적
가치의 "포위된 성채(besieged fortress)"이자 서구 가치에 대한 대안으로
투사하고 있는 것이다.

2. 가치의 '진영화'

　　2차 대전 후 미국이 추구해 왔던 자유주의 가치외교는 전후 국제질서
형성에 중요한 역할을 해 왔던 것이 사실이지만, 금세기에 들어서 안과 밖
으로부터의 도전에 직면하면서 가치의 진영화가 초래되고 있다. 무엇보다
도 유럽과 미국에서 극우 민족주의 포퓰리즘의 부상은 자유주의 진영 내부
로부터의 도전 요소가 아닐 수 없다. 대서양 양안 여러 국가에서 발흥하고
있는 포퓰리즘의 공통점 중 하나는 외국인과 더불어 엘리트 및 주류 정치,
기득권 제도 그리고 세계화에 대한 의심과 적대감을 공유하고 있다는 것이
다. 포퓰리스트 민족주의는 시민 민족주의(civic nationalism)가 아니라 인
종 민족주의(ethnonationalism), 심지어는 자신과 타자의 경계선을 국가를

넘어서 유대-기독교 서방(Judeo-Christian West)과 이슬람 간에 설정하고, 범유럽적인 문명적 정체성에 기반을 둔 반자유주의적 가치를 내세우고 있다.17 미국의 경우 대안 우파(Alt-right)는 인종주의적 백인 정체성 정치가 중요한 요소가 되고 있다. 한편 동유럽에서는 1990년대 자유주의 체제 이행에 대한 불만과 반작용으로 포퓰리즘이 등장하고 있으며, 헝가리와 폴란드의 경우에서처럼 소수의 권리와 제도의 정통성을 부정함으로써 민주주의를 포용의 수단으로부터 배제의 수단으로 변형시키고 있다.

더욱이 트럼프 행정부의 외교정책에서 명백히 자유주의 가치가 후퇴하면서 미국의 리더십이 약화되어 자유주의 진영의 내분이 심화되고 결속이 약화되고 있는 상황이다. 문제점은 미국 하드 파워의 상대적 쇠퇴보다도, 리더십의 다른 축의 하나인 자유주의 가치의 쇠퇴로 국내외적으로 정치적 정통성을 약화시키는 소프트 파워의 쇠퇴가 진행되고 있다는 점이다.

이에 반해서 러시아와 중국 양국은 국가주의 가치에 공조하면서, 민주주의와 인권과 같은 자유주의 가치에 공히 반대하고 있다. 양국은 미국(과 동맹국들)이 지배적인 세계질서, 그들의 가치와 세계관 및 비전이 지배적인 세계질서가 불공정하고 부정의하며, 자유주의의 증진을 자기 정권에 대한 위협으로 인식하고 있다. 따라서 반자유주의 가치의 축이 되고 있는 러시아와 중국의 최근 관계 긴밀화는 실용주의적 이해관계에 기반을 둔 "편의적 파트너십(partnership of convenience)"이라기보다는, 양국의 규범적 친화성에 근거한 파트너십("partnership of consequence")이라고 볼 수 있다.18 러시아와 중국이 표방하는 가치가 내용 면에서 일치하지는 않지만, 반패권주의, 반미주의, 반자유주의라는 공동의 목표하에 국제정치에서 가치의 진영화의 한 축을 구성하고 있는 것이다. 이러한 공동의 인식에 근거하여 양국은 비서구 국가들의 견해와 이익을 고려하는 국제관계의 민주화와 보다 다극적인 세계질서를 주창하고 있는 것이다.

러시아와 중국이 공유하는 가치는 다시 비서구 국가들에게 반향을 일으키고 협력체계를 생성하는 결과를 초래하고 있다. BRICS(브라질, 러시아,

인도, 중국, 남아프리카공화국) 국가들의 다극체제, 다자주의, 주권, 내정 불
간섭을 강조하는 외교정책은 분명 미국이나 서구의 그것과는 차이가 있
다. 이러한 담론이 적지 않은 개발도상 국가들과 권위주의 국가들에서는
상당한 매력과 설득력, 즉 소프트 파워를 갖는 것이 사실이다.

　　또한 극우 포퓰리스트 정당들이 유럽 국가들에서 정치적 약진을 계속
하고 있는 가운데 러시아는 이들 극우 또한 극좌 정치세력과의 연대를 강
화하면서 "자연적 동맹(natural ally)" 관계를 형성하고 있다.19 러시아의
가치외교는 극우 및 극좌 정당 및 정치인은 물론, 가톨릭교회와 NGO들,
싱크탱크, 학자 및 학술기관, 미디어 등 현지의 극우 또는 극좌 세력들의
호응을 얻고 있으며, 민족주의 및 보수주의 기성세력들, 공산주의자, 무정
부주의자, 급진 환경주의자와도 자연적 연합을 형성하고 있다.

표 3　강대국들의 가치외교와 지정학적 전략의 결합

	가치와 담론	공간적 실천 (geostrategy)	'우리' (Us/Self)	'그들' (significant Other)
미국	• 트럼프 행정부의 America First • [자유, 인권, 민주주의와 같은 "보편적 가치"는 미국 이익 실현의 장해물?]	인도・태평양 전략	호주/인도 동맹 및 파트너들	중국・러시아 (rival powers) 북한・이란 (rogue regimes)
일본	• '정상국가(Normal State)' • '적극적 평화주의 (Proactive Pacifism)'			중국 북한
중국	• '중국의 꿈(中國夢)' • 중화민족의 위대한 부흥 • 강대국 지위 회복	일대일로 (BRI) 전략	'운명 공동체'	미국
러시아	• 러시아정교회에 기반한 전통적 보수주의 • 강대국 지위 회복 • 유라시아주의	유라시아 경제연합 (Eurasian Economic Union)	독립국가 연합(CIS)	미국 서구 (Atlanticism)

결국 냉전기의 이념적·체제적 진영화와는 달리, 자유주의 대 반자유주의 진영화의 기저에는 배타적 정체성의 정치가 자리하고 있는 것이다. 민족/국가는 물론, 인종, 지역, 문명, 종교, 종파에 근거한 배타적인 집단 정체성의 정치가 자유주의와 이에 대항하는 가치의 대립으로 표출되고 있으며, 따라서 가치의 진영화는 과거 냉전기와 같은 공고화된 두 진영 간 대립이라기보다는, 상이한 정체성에 따라서 대립과 갈등이 여러 전선에서 복합적으로 표출되고 있는 '분산된 대립(scattered confrontations)'의 양상을 보이고 있는 것이다.

1980년대 후반부터 대두하기 시작한 비판지정학(critical geopolitics)은 전통 지정학과 더불어 현실주의 주류 국제정치학을 통해서 오늘날까지 이어지고 있는 지정학을, 서구 중심적이고 강대국의 패권적 지배를 위한 담론(discourse)이자 "지정학적 상상(geopolitical imagination)"[20]이라고 비판한다. 지정학은 본질적으로 서구 국가들, 특히 강대국들의 힘을 정당화하고 자신들의 영향권을 확장하기 위해서 세계정치를 공간화하고 있으며,[21] 이러한 지정학적 상상을 담은 담론은 엘리트나 대중의 인식과 사고에 스며들어 가서 실제 행동을 촉발한다고 주장한다. 즉 지정학은 "공간을 대변하는 담론(representation of spaces)"인 동시에 "공간적 실천(spatial practices)"인 것이다.[22] 이러한 관점에서 보았을 때, 문제는 오늘날 강대국들의 가치외교가 지정학적 경쟁과 결합하여, <표 3>에 요약한 것처럼 각국의 지전략(geostratgy)을 강화시키면서 공간적 실천의 양상을 보이고 있다는 데에 있다.

결국 강대국들의 가치외교와 이에 따른 국제사회의 가치의 진영화는 지정학적 경쟁과 더불어 갈등과 충돌이 추동하는 국제질서 변화의 진원이 될 수 있는 것이다. 그렇다면 이와 같은 국제적 맥락에서 한국과 같은 비강대국은 어떠한 외교적 행보와 방향성을 취해야 할 것인가? 정체성을 대변하는 가치외교가 각 국가들의 외교정책의 수단으로 사용되고 이는 가치의 진영화라는 갈등적 대립으로 이어지고 있는 상황에서 과연 한국 외교의 역할과 기능은 무엇이어야 할 것인가?

Ⅳ. 중견국들의 가치외교와 함의

그렇다면 이러한 가치의 진영화의 맥락에서 중견국들은 가치외교의 측면에서 어떠한 행보를 보이고 있는가? 역시 앞에 제시한 <그림 3>의 관념정치의 인과관계 틀에 의거하여 ▲국가/민족 정체성, ▲가치, 그리고 ▲역할이라는 세 가지 측면에서 노르웨이와 터키, 남아프리카 공화국의 가치외교를 <표 4>와 같이 요약할 수 있다.

표 4　중견국 가치외교의 특징

	노르웨이	터 키	남아공화국
정체성	평화, 평등, 사회적 파트너십, 사회민주주의	서구 지향 정체성 → 유라시아·이슬람 정체성	"보편적" 정체성 → 아프리카 정체성
가치	평화	안보·반공 → 자유주의 → 정치적 이슬람	자유주의 → 반자유주의 (해방 민주주의)
역할	중립적 중재자 분쟁 중재, 평화구축, 평화 촉진자	동과 서의 "교량국가" → "중심 국가" (지정학적 영향권 확장)	자유주의 가치증진·중립적 중재자 → 글로벌 남부/아프리카 대변자
가치의 진영화	중립적 자유주의	이슬람 가치	자유주의 → 반자유주의
제약점	국제적 맥락에서 중립성의 손상 (스리랑카 분쟁 중재의 경우)	이슬람 가치와 지정학적 열망의 이중성 (배타성으로 귀결)	가치·역할과 능력 간 괴리 분쟁 중재 시의 편향성

1. 노르웨이-중립적 평화외교

노르웨이는 1993년 이스라엘-팔레스타인 평화과정의 오슬로 협정 (Oslo Accords: Declaration of Principles on Interim Self-Government Arrangements)에 핵심 역할을 했으며, 지난 30여 년간 30여 곳이 넘는 지역에서 분쟁중재 및 평화구축을 활동을 통해서 평화촉진 역할을 수행해 왔다.

노르웨이의 평화외교는 국내적 합의에 기반을 두고 있으며, 이는 노르웨이의 역사적 경험과 국내 정치경제 제도에 자리잡은 정체성을 반영하는 것이다. 19세기 말부터 사회적 파트너십(social partnership)의 이상은 종교적 가치에 의해서 강화되었으며, 20세기 들어서는 사회민주주의(social democracy)와 평등주의(egalitarianism), 사회 정의가 노르웨이 국가/민족 정체성의 핵심 요소로 자리잡았고, 복지국가가 노동운동의 마르크스주의와 루터교회(Lutheran Church) 간의 타협물로 제도화되었다. 이러한 과정에서 폭력을 극소화하고 평화를 증진하는 평화 문화가 정착되었고 사회적 평화(social peace)가 규범화되었으며, 이러한 평화 가치의 대외적 반영이 평화외교로 표현되고 있는 것이다.

노르웨이는 이와 같은 국내적 경험과 합의로 인해서, 냉전 종식 후 민주주의와 시장경제를 강조하는 자유주의와 이에 반하는 대항 이념으로부터 상대적으로 자유롭게 양자를 오가며 '정직한 중재인(honest broker)', '중립적 중재자(neutral, impartial mediator)'로서 평화 촉진자(peace facilitator) 역할을 할 수 있었다. 국내적 합의와 정체성에 기반을 둔 평화외교는 정책 결정자, 정부, 특히 외교부와 민간단체들(NGOs), 학계 전문가들 간의 긴밀한 협의와 협력으로 이어졌으며, 이러한 국가-시민사회 간 파트너십은 "노르웨이 모델(Norwegian Model)"로 일컬어지고 있다. 노르웨이는 개발 원조의 상당 부분을 NGO를 통해서 평화구축 활동에 할당하고 있다. 노르웨이는 OECD 국가들 중 2017년 총국민소득(GNI) 비중 측면에서 세 번째로 큰 개발원조 공여국(0.99%. 1인당 ODA는 778달러로서 DAC 회원국 중 1위)

이며, 공적 개발원조의 반은 UN과 같은 다자기구를 통해서 배분되고, 나머지 반은 노르웨이 공관과 NGO들, 그리고 수원국의 NGO들을 통해서 배분되고 있다.

2. 터키－이슬람 가치와 지정학적 열망의 이중성

터키의 외교정책은 정치적 이슬람과 지정학적 열망 간의 긴장을 드러내고 있고, 이슬람 가치에 기반을 둔 가치외교는 포용적이라기보다는 배타성을 노정하는 특징을 보이고 있다. 냉전 종식 후 친서방주의, 세속주의를 핵심으로 하는 케말리즘(Kemalism)과 이슬람 간의 갈등, 근대와 전통 간 갈등, 군부를 포함한 기득권과 민중 간 갈등의 와중에서 2002년 국민들의 지지를 받은 정의개발당(AKP. Justice and Development Party)이 집권하면서, 점차 과거 케말리즘 정체성을 약화시키고 이슬람 정체성을 강화해 왔다. 이와 더불어 EU 가입 노력이 지속적으로 좌절되면서, 터키의 외교정책 노선도 변화하기 시작했다. 이는 서구를 넘어서 터키가 강한 역사적·문화적 연계를 갖고 있는 지역으로 터키의 영향권을 확장하는 데 초점을 맞추는 것으로서, 특히 터키의 두 가지 정체성의 요소, 즉 과거 오토만 제국의 역사 및 전통과 정치적 이슬람의 요소와 더불어 19~20세기 초반의 전통 지정학적 사고와 이론에 기반을 둔 지역 세력으로서의 지정학적 열망을 반영한 것이다.

레제프 타이이프 에르도안(Recep Tayyip Erdoğan. 2003~2014년 총리 재임, 2014~현재 대통령 재임)하에서 외교정책 자문역(2002~2009), 외교장관(2009~2014) 및 총리(2014~2016)로 재임한 바 있는 다부토을루(Ahmet Davutoğlu)는 터키가 중앙아시아 및 카프카스, 발칸, 중동 및 아프리카의 중앙에 위치하는 자연적인 "배후 지역(hinterland)"이며, 이에 따라 터키를 맥킨더(Halford Mackinder)의 중심부(heartland) 이론을 연상시키는 "중심 국가(Center State)"로 규정하였다.23 따라서 터키는 동양과 서양을 연결하는 단순한 "교량 국가"의 역할에 머물지 않고, 오랫동안 정치적 질서를 구

축했던 오토만 문명의 중심 국가로서 역사적·문화적·지리적으로 연계된
이 지역의 여러 문제들을 해결하는 역사적이고 자연스러운 역할을 수행해
야 한다는 것이다.

　　2000년대 중반까지 비교적 성공적이었던 외교정책에도 불구하고,
2010년 '아랍의 봄' 이후 터키는 중립적 중재자의 역할보다는 이슬람 가치
에 중점을 두고 정치적 이슬람의 확산을 통한 영향력 확장에 주안하기 시
작했다.24 아랍의 봄 이래 터키의 대중동 정책은 정치적 이슬람 가치와 지
정학적 열망이 혼재하면서 양자의 긴장 관계, 이중성으로 인해서 일관성
을 상실해 왔다. 무슬림 형제단(Muslim Brotherhood)과 연계된 정당 및 정
치세력에 대한 터키의 지원과 지지는 정치적 이슬람의 확산과 이로 인한
중동의 보수화가, 공유하는 종교적 정체성을 통해서 궁극적으로 터키의
영향력 확장에 도움이 될 것이라는 인식에 기인하는 것이었다. 그러나 사
우디아라비아, 아랍에미리트, 요르단, 바레인 등 지역 국가들이 무슬림 형
제단의 부상을 위협으로 인식하면서 지역 내 분열이 초래되었고, 이들 국
가들이 터키의 정책을 '종파적'인 것으로 규정하면서 중립적 중재자라는
터키의 역할과 신망도 훼손되었을 뿐만 아니라, 시리아 반군을 지원하는
서구 국가들과의 관계도 손상되었다. 결국 터키가 표방한 정치적 이슬람
가치가 지정학적 야심과 결합되면서, 이슬람을 통한 주권을 초월하는 통
합이 아니라, 배타적이고 분열적인 결과를 초래하게 된 것이다.

3. 남아프리카 공화국 – "보편적 가치"로부터 반자유주의적
　　가치로의 전환

　　인종차별 정권(apartheid)을 넘어서고 대통령에 당선된 만델라 시기
(1994~1999년)에 남아공화국은 친서방 정체성에 기반을 두고 국내적으
로는 인종적 다양성과 화합을 강조하는 새로운 민족 정체성("Rainbow
Nation") 구축과, 대외적으로는 인권, 민주주의, 발전을 축으로 하는 "보편
주의(universalism)" 가치외교를 전개하였다. 그러나 만델라 이후 음베키

대통령(Thabo Mbeki. 1999~2008년 재임)은 아프리카 정체성을 강조하면서 "범아프리카주의(pan‑Africanism)"를 주창하였고, 이에 따라 아프리카 정체성이 외교정책의 핵심 축으로 자리잡게 되었다.[25]

음베키 대통령은 반자유주의 민주주의(illiberal democracy) 및 명백한 독재정권 정권들을 포함한 아프리카 국가들과의 단결을 범아프리카 결속의 핵심 요소로 보았고, 이에 따라 반제국주의 프레임을 강조하는 외교정책을 채택하였으며, 이러한 외교정책은 미국의 패권과 글로벌 불평등에 대한 반대로 표현되었다. 아프리카 정체성을 강조하면서 자유 민주주의보다는 해방 민주주의(liberationist democracy) 노선과 담론을 채택했는데, 이는 고전적인 자유주의 시민권보다 경제발전을 강조하고, 인권보다 국가주권에 우선순위를 부여하며, 반패권주의, 반제국주의를 통해서 서구의 지배적 지위에 대한 대항 균형을 모색하고, 비서구 문화의 동등한 지위를 강조하며, 국가가 주도하는 경제발전을 중시하는 특징을 가지는 것이다.[26] 이에 따라 남아공화국은 만델라 시기의 글로벌 북부와 남부 간의 가교 역할보다는, '글로벌 인종차별 정책(global apartheid)'과 국제체제의 구조적인 불평등 고착에 반대하면서 국제사회에서 남부를 대변하는 역할에 초점을 맞추게 되었다.

음베키의 외교정책 기조는 주마(Jacob Zuma. 2009~2018년 대통령 재임)에게도 이어졌다. 특히 주마는 서방과의 관계보다 BRICS와의 관계구축을 중시하였고, 짐바브웨, 리비아, 시리아 문제에서 서방과 대립각을 세웠다. 중국이 아프리카의 주요 행위자로 등장하면서 자유주의 가치, 서구 정치경제 모델, 서구 패권에 대한 대안이자 대항 균형으로 부각되었으며, 이는 남아공화국이 BRICS에 가입한 2011년 이래 더욱 두드러졌다. 국가주권과 내정 불간섭 및 반패권주의, 반제국주의와 같은 가치들을 중국을 포함하는 BRICS와 공유하면서 아프리카 국가들로부터 긍정적 반향을 얻었고, 브라질, 중국, 인도, 러시아와 함께 NATO가 주도하는 리비아에서의 정권변화 노선을 비판하였다.

4. 중견국 가치외교의 함의

노르웨이, 터키, 남아공화국 가치외교로부터 몇 가지 중요한 함의를
도출할 수 있다. 첫째는 정체성의 요소를 반영하는 가치는 물론, 가치외교
와 국제적 역할 수행에 대한 국내적 합의와 지지가 중요하다는 점이다. 노
르웨이의 평화외교는 오랫동안 밑으로부터 형성되고 국내에 제도적으로 정
착한 일련의 가치들이 국내적 정체성의 요소로서 외교정책에 투영된 경우
로서, 정부 변화와 상관없이 일관성과 지속성을 유지할 수 있었고, 이는 평
화 과정에서 노르웨이 정부와 시민사회 간의 긴밀한 협력관계로 이어졌다.

이와는 달리 터키의 에르도안은 1923년 공화국 설립 이래 케말리즘이
억압해왔던 과거의 전통적인 오토만 제국 – 투르크 – 이슬람 정체성을 다
분히 국내외 정치적 목적을 위해서 부활시켜 왔다. 러시아나 이스라엘과
같은 국가에서도 나타나고 있듯, 종교적 요소를 지닌 노스텔지어 정체성
(nostalgic identity)은 아래로부터의 합의에 의한 것이라기보다는 위로부터
의 정치적 조작과 동원에 의한 것으로서, 지속성과 국제사회의 인정의 측
면에서 한계가 있을 뿐만 아니라, 반자유주의적 가치 및 행태로 연결되는
경향이 있다.

둘째, 가치외교에 대한 국제사회, 특히 주변국들의 인지와 인정은 정
치적 정통성의 문제와 직결되는 것으로서 소프트 파워의 근원이 된다. 남
아공화국의 만델라 대통령 시기의 "보편적 가치" 외교나 만델라 이후의
아프리카 정체성에 기반을 둔 가치외교는 공히 아프리카 국가들로부터 비
난에 직면했던 것이 사실이다. 만델라 시기에는 아프리카 국가들로부터
서방의 가치를 강요하는 것이라는 비판에 직면했으며, 만델라 이후에도
남아공화국이 서방을 대신해서 아프리카에서 지배적 지위를 차지하고자
한다는 비판에 직면했다. 즉 남아공화국의 가치외교가 아프리카 대륙에서
정치적 정통성으로 직결되지 못했던 것이다.

이에 반해서, 정체성을 반영하는 국내 여론, 국내 정치경제 구조, 그

리고 평화외교를 추진하는 실행자들의 요소가 결합됨으로써 노르웨이는 국제사회에서 UN하의 평화유지 역할 및 인도주의적 및 개발원조 공여자라는 역할("Norway as the humanitarian great power")에 더하여, 특히 냉전 종식 이후 분쟁중재와 평화구축 과정의 촉진자로서 자리매김할 수 있었다 ("Norway as a peace nation"). 노르웨이는 이 분야에서 자국의 하드 파워를 훨씬 상회하는 국제적 명성과 신망을 구축할 수 있었던 것이다.

　셋째, 외교적으로 표방하는 가치와 이를 위해서 실제 수행하는 역할 및 능력 간에 괴리가 있을 때에도 국제사회에서 정치적 정통성을 확보하기 어렵다는 점이다. 남아공화국이 아프리카 분쟁 중재 역할을 자임하면서도 사실상의 분쟁 중재에서는 집권자 측에 편중된 행태를 보인 것은 민족해방운동 정권을 옹호하기 위한 것이었으며, 이는 이들의 정치적 패배가 도미노 효과를 일으켜서 궁극적으로 남아공화국 집권당인 아프리카 국민회의(African National Congress)의 정치적 지위를 약화시킬 수 있다는 우려에 기인하는 것이었다. 또한 남아공화국의 경우에서처럼 역할 수행을 뒷받침할 수 있는 능력의 결핍 역시 주변국들로부터 가치외교의 정통성을 얻을 수 없는 결정적 요인이 된다.

　넷째, 가치와 지정학적 이해의 이중성으로부터 유래하는 긴장 관계의 해결 역시 가치외교를 추구하는 국가들이 당면하고 있는 핵심 문제이다. 2010년 아랍의 봄 이래 일관되지 못했던 터키의 중동 정책은 가치와 지정학적 이해 간의 긴장관계를 잘 적시해주고 있으며, 국내외적으로 쿠르드족(Kurds)에 대한 강경한 입장 역시 터키의 이슬람 가치외교를 손상시키는 요인으로 작용하고 있다. 이에 반해서 노르웨이는 평화외교를 통해서 보다 단기적인 국지적 이익보다는 장기적이고 포괄적인 국제사회의 이익과 목표를 추구함으로써 가치·이상과 이익의 병합을 도모하고 있는 경우이다. 즉 노르웨이는 가치·이상을 광범한 이익 개념에 포함시키고, 가치와 이상의 실천을 통해서 국익을 추구하고 있는 것이다.

　다섯째, 가치외교의 핵심 포인트 중의 하나는 외교적으로 표방하는

가치의 배타성과 포용성의 문제이다. 갈등과 분열, 대립과 심지어는 폭력
을 유발하는 배타적 정체성의 정치가 오늘날 세계정치의 중요한 측면임을
감안할 때, 가치의 배타성과 포용성 여부는 가치의 진영화의 맥락에서 새
로운 국제질서 형성에 중요한 의미를 지닌다. 노르웨이의 평화외교는 분
쟁 당사자들 사이에서 중립적인, 그리고 포용적인 입장을 견지할 수 있었
던 데에 그 성공의 요체가 있다.

　　그러나 노르웨이 역시 스리랑카 정부와 타밀족 반군(Liberation Tigers
of Tamil Eelam) 간 내전의 분쟁 중재에서는, 특히 9.11 테러 사태 이후 스
리랑카 정부와 국제사회가 타밀 반군을 "테러리스트"로 규정하면서 노르
웨이의 중립적 입장이 손상을 입었다. 노르웨이는 중립적 입장을 견지하
면서 타밀 반군을 테러리스트 조직으로 규정하지 않았고, 이에 따라 스리
랑카 정부로부터 노르웨이가 "편향적 입장"을 취한다는 비난을 받고 결국
중재자로서의 역할에 심각한 제약을 받게 되었다.27 터키나 남아공화국의
가치외교는 각각 정치적 이슬람 가치와 아프리카 정체성의 해방 민주주의
적 가치가 국내외의 적이나 경쟁자에 대한 배타적 대안으로 제시되고 있
다는 점에 그 특징과 한계가 있다.

　　여섯째, 이러한 가치의 배타성과 포용성 여부는 자유주의 대 반자유
주의 진영화에 대한 입장과 편입을 결정하고 있다. 노르웨이는 자유주의
가치를 중시하면서도 평화외교를 통해서 포용적이고 중립적인 입장을 견
지하고 있는 데 반해서, 남아공화국은 아프리카 정체성에 기반을 둔 아프
리카 국가들의 결속이라는 견지에서 주요 국제문제에서 중국을 비롯한
BRICS와 공조를 취하고 있고, 무슬림 통합을 주창하는 터키의 정치적 이
슬람 가치와 중동 지역에서 무슬림 형제단 및 이와 연계된 세력에 대한
지원과 지지는 지정학적 야심과 결합되어 오히려 분열과 갈등을 조장했을
뿐만 아니라, 미국 및 서방과 대립각을 세우는 결과를 초래하였다.

V. 한국의 가치외교로서의 평화외교

1. 지정학의 한반도에 대한 침투와 분열된 국가/민족 정체성

한반도는 역사적으로 동북아시아의 지정학적 경쟁의 틈바구니에 있어 왔다. 지정학은 통상 공간과 장소에 대한 국가들의 통제와 영향력 행사를 위한 투쟁으로 이해되고 있다. 그러나 비판지정학의 관점에서 볼 때 지정학은 세계를 공간화(geographical spatialization)하는 것이며, 이는 정치 엘리트와 대중들이 스스로의 정체성과 이익을 추구하는 데 있어서 지리적 프레임(geographical frame)을 제공해 준다.[28] 지정학에 대한 이와 같은 비판적 이해의 견지에서 볼 때, 2차 세계대전 이래 한반도를 지정학적 경쟁의 덫에 끌어들이는 것은 단순히 그 지리적 특수성이 아니라 한반도의 분단이라는 정치적 현실이다. 즉 전후 미국과 소련의 냉전 경쟁과 냉전 종식 후 미국과 중국의 전략적 경쟁은 분단이라는 기제를 통해서 한반도에 침투하고 있는 것이다. 냉전기의 이데올로기 지정학은 냉전 종식 후에는 전통적인 지정학으로 변화하였고, 여전히 지속되고 있는 남북 분단과 대치 상황은 한국을 역내 지정학적 경쟁의 볼모로 안보 차원에서는 미국에 대한 의존성과 경제 차원에서는 중국에 대한 의존, 즉 '이중의 의존'을 심화시켜 왔다.

국가안보는 "위험의 담론(discourse of danger)"[29]을 통해서 국내 영역에 대한 위협을 외재화함으로써, 내부 질서와 안정을 유지하고 국민을 규율하고 규제하거나 그들로부터 지지와 동원을 도출하기 위해서 흔히 사용되어 왔다. 정권/정치 엘리트들은 외부의 적, 즉 '타자'로부터의 위협을 사회적으로 구성함으로써 비상조치를 통한 내부 규율과 단합의 정통성을 확보하고자 하며, 이 경우 국가 정체성은 배타적 실천(exclusionary practices)의 결과물로 볼 수 있고, 국가안보 역시 내부 또는 외부의 '적'에 대한 배타성을 그 근간으로 한다. 이에 따라 국가안보는 권위주의 정권의 정치적 담론으로 흔히 악용되어 왔다. "안보화(securitization of people, places, or issues)"의 정수는 정권의 유지를 위한 정치적 지지 확보, 국내적 동원 및 예외적 비상조치를 정당화하기 위해서 위협과 적을 사회적으로 구성하고자 하는 정치적 목적을 가지는 것이다.

지정학적 구조와 환경은 분명 중요하다. 행위자들은 당연히 지정학적 환경에 반응하고 대응하지만, 그러나 이는 보다 큰 지정학적 그림/상상의 프레임에 그들의 정책을 맞추어서 행동한다. 냉전 지정학의 프레임은 국내의 정치적·사회문화적 이견들을 규율하면서 한국에 특정 정체성을 부과하고 강화했다. 이승만, 박정희, 전두환으로 이어지는 권위주의 정권 하에서는 국가/민족 정체성의 구성이 위로부터 이루어졌고, 특히 반공과 국가안보와 같은 요소들이 정체성의 근간을 차지했으며 이에 따라 국가안보의 핵심 기제로서 한미동맹이 강조되었다. 이들 권위주의 정권은 대립적인 냉전 지정학 구조를 프레임으로 사용하면서 국내 반대 세력을 억압하면서 정권을 공고히 하고 정당화했으며 한미동맹에 의존하면서 그 중요성을 강조했다.

한국에서 경쟁적인 정체성의 구성은 1980년대 말 민주화와 더불어 비로소 시작되었으며, 특히 2000년 남북 정상회담을 계기로 본격화되었다. 한국의 보수세력과 진보세력은 '중요한 타자(significant other)'로서 북한에 대한 견해와 안보 정책을 중심으로 경쟁적으로 정체성을 구성하고자 했고, 이는 학자, 전문가, 정책결정자들 그리고 미디어에 의해서 재생산되고 증폭되어 왔다. '남남갈등'은 이러한 경쟁적 정체성 구성에 기인하는 '분열된 정체성(divided national identity)'의 한 표현이며, 이념적 분열은 지역적 분열과 더불어 한국 정치의 중요한 플랫폼으로 자리잡게 되었다. 이러한 정치적 맥락, 분열된 정체성의 맥락에서 김대중·노무현 정부는 남북한의 평화 공존과 남북관계 개선에 주안점을 두었던 반면, 이명박·박근혜 정부는 북한 주적론과 한미 동맹을 강조하였다.

2. 대항지정학-전통 지정학 상상에 대한 대안 상상

1980년대 후반부터 대두하기 시작한 비판지정학은 전통 지정학과 더불어 현실주의 주류 국제정치학을 통해서 오늘날까지 이어지고 있는 지정학을, 서구 중심적이고 강대국의 패권적 지배를 위해서 세계를 공간화하는 담론(discourse)이자 "지정학적 상상(geopolitical imagination)"이라고 비판한다.30 이들의 지정학적 공간화, 상상, 담론은 정치뿐만 아니라 빈곤, 성, 환경, 인종, 대중문화를 포함한 광범한 영역에서 궁극적으로 지배-복종의 힘의 관계를 의미한다. 따라서 지정학은 자연적으로 주어진 지리가 아니라 사회적으로 구성된 일련의 담론과 아이디어이며, 이를 통해서 국제정치경제가 지리적으로 실현된다는 것이다. 즉 비판지정학은 현실 국제정치를 영토화된 정치로 이해하는 데서 나아가 힘과 정치를 보다 복합적인 공간성으로 이해하고 있는 것이다.31

비판지정학은 특히 전통 지정학과 현실주의 국제정치에서 국가가 상대방을 적으로 설정함으로써 어떻게 정치적·공간적 배타성을 극대화하고 활용하고 있는지를 밝히는 데에 관심을 기울이고 있다. 지정학은 자신과 구분되는 타자를 설정하고 이를 배제하고 있으며, 타인으로부터 자신을 방어하는 안보 개념을 도출하고 있다. 이러한 배타성은 정체성의 정치를 강조하는 내러티브의 핵심 요소로 반영되고 있는 것이다.32 이러한 의미에서 비판지정학의 핵심 어젠다는 고전 지정학과 이를 계승하는 현실주의 주류 국제정치에 대한, 그리고 이들의 지정학적 상상에 대한 비판과 저항, 그리고 담론의 해체(deconstruction)라고 볼 수 있다.

대항지정학은 비판지정학의 문제의식에서 출발하고 있다. 그러나 비판지정학이 전통 지정학이나 현실주의 국제정치에 대한 대안을 제시하기보다는 이들의 지정학적 상상과 담론, 그리고 여기에 기반을 둔 정치과정을 해체하는 데에 초점을 맞추고 있는 반면에, 대항지정학은 지정학적 경쟁으로 특징화되는 국제질서와 공존하되, 실천을 통해서 이의 영향력을 희석시킴으로써 대안적 질서의 공존을 추구한다는 점에서 비판지정학과 구분된다.

대항지정학은 실천의 주체로서 비강대국과 비국가행위자에 초점을 맞추고 있으며, 기술혁신으로 등장하고 있는 탈영토화, 탈지정학이 제공하고 있는 기회에 주목한다. 이러한 관점에서, 한국과 같이 지정학적으로 강대국의 틈바구니에 끼어서 역사적으로 많은 고난을 겪어 왔고 겪고 있는 국가들의 경우, 이러한 지정학적 역경을 새로운 탈지정학으로 재구성하고 이를 실천하는 것이 외교적으로 중요한 의미를 갖는다. 외교정책 정체성은 바로 이러한 탈지정학적 자아를 새롭게 구성하고 이를 국제사회에서 실천하는 데에 중요한 프레임워크가 될 수 있다. <표 5>는 대항지정학의 핵심 요소들을 적시하고 있다. 전통 지정학이 강대국들의 이익을 위한 지리적 상상 또는 재구성이라고 한다면, 대항 지정학은 이와 같은 전통 지정학에 대한 대안 상상이라고 할 수 있을 것이다.

표 5   대항지정학의 핵심 요소

요 소	내 용
열린 정체성의 정치에 기반한 접근	• 배타적이지 않은 포용적 정체성(inclusive identity)에 기반
역할 정체성	• 국제사회에서 수행하는 구체성 있는 긍정적 역할에 초점
가치와 아이디어	• 평화, 화해, 중재와 같은 핵심 가치와 아이디어에 기반을 둔 외교정책 정체성과 내러티브
비국가행위자, 비강대국과의 연합	• 비국가행위자 및 비강대국과의 협력과 공조, 연합
새로운 공간과 힘의 활용	• 관계의 힘, 협력의 힘, 소통의 힘 및 디지털 공간의 활용

열린 정체성의 정치

국제사회에서 전통적 안보 우위의 사고와 실천은 전통 지정학과 현실주의 주류 국제정치학의 "영토의 함정(territorial trap)"[33]에 기인하는 바가 크다. 이의 기본 가정은, 국제사회가 영토에 기반을 둔 주권국가들로 이루어져 있고 따라서 이들이 국제사회의 주 행위자이며, '국내'와 '국제'는 상이한 법칙이 작동하는 본질적으로 분리된 영역이고, 사회의 경계는 국가의 경계에 갇혀 있다(contained)는 것이다. 이와 같은 가정은 세계정치와 공간을 영토적으로 구획된 경계와 정체성으로 구분하고 있고, '안보 우선주의'에 입각한 '배타적 민족 정체성(exclusive national identity)'의 형성을 촉진하고 있다. 여기에 더하여 동북아시아에서는 과거사 문제에 기인하는 과거지향적이고 보수적인 민족주의가 영토의 함정을 더욱 공고화시키고 있다.

전통적 안보에 근거한 이분법적이고 배타적인 국가/민족 정체성은 극단적이고 배타적인 종교 정체성이나 인종 정체성과 더불어 갈등과 폭력의 정체성으로 이어질 개연성을 갖는다. 특히 냉전 후 세계 도처의 갈등은 이와 같은 배타적 정체성의 정치에 기인하는 바가 크다. 정체성은 집단에 속하는 구성원들의 결속력과 집단행동의 가능성을 높이는 동시에, 차이와 경쟁, 대립을 조장하는 지나친 '정치화'에 노출됨으로써 갈등과 분쟁을 야기하는 두 가지 측면(identity dilemma)을 동시에 가지기 때문이다.

이러한 현상들의 이면에는 안보와 힘의 관계를 근간으로 하는 주류 현실주의 국제정치 인식과 이로부터 유래하는 국가전략의 운용(statecraft)이 본질적 영향을 미치고 있다. 주류 국제정치학과 정책 커뮤니티에서의 담론이 이러한 인식과 논리를 생산하고 있고, 심지어는 영화나 드라마 등 대중문화를 통해서도 이러한 논리와 '상상(imagination)'이 재생산되고 있다.[34] 이는 강대국 간의 전략적 경쟁의 기본 인식 틀이 되고 있을 뿐만 아니라, 중소국가들에게도 갈등과 대립의 정치를 초래하고 있다.

그러나 오늘날 기술혁신에 따른 탈영토화(de-territorialization), 탈지정학 현상이 전통적인 영토의 함정의 가정들을 희석시키고 있는 것이 사실이다.35 배타적 정체성의 정치가 초래하는 부정적 효과를 넘어서는 방법 중의 하나는 이러한 새로운 변화의 추세를 극대화하는 것이다. 이를 위해서는 '정체성의 다원성(plurality of identities)'을 인정하고 이를 받아들이는 '포용적 정체성(inclusive identity)'을 구성하는 것이 필수적이다.36

역할 정체성의 확립

속성과 공동체에 대한 소속감 이외에도 특정 국가나 민족이 국제사회에서 수행하는 역할도 정체성의 근원이 되고 있으며, 이는 '역할 정체성(role identity)'으로 개념화되고 있다.37 역할 정체성 역시 속성이나 소속감과 마찬가지로 타자와의 관계를 통해서만 존재하게 되며, 사회질서의 역할 포지션으로부터 의미를 도출하므로 사회적 맥락에서 자신을 정의하고 의미를 부여한다. 예컨대 선생과 학생의 관계에서처럼 특정 역할에 대한 예상이 행위자들에 의해서 공유될 때에 비로소 그 의미를 갖게 되며, 역할 정체성이 유지되기 위해서는 타자가 행위로 표출된 자신의 역할을 인지하고 인정해야 한다. 물론 자신이 규정하는 역할 정체성과 타자가 인지하는 나의 역할이 일치하는 것이 이상적이지만, 자신의 주관적 역할 규정과 행위 간에 괴리가 있을 경우, 따라서 타자가 자신의 역할을 인정하지 않을 경우 역할 정체성은 의미를 잃게 된다.38

개인의 경우 학생, 선생, 근로자, 부모 등 각 사회에서 수행하는 역할에 의미를 부여하고 이것을 자신의 정체성으로 자리매김하는 반면, 국가들은 외교행위를 통해서 국제사회에서의 특정 역할에 의미를 부여하고 이를 수행한다. 예컨대 인권외교나 기여외교와 같이 국가가 추구하는 가치와 원칙을 외교정책에 반영하고 이를 수행하는 것은 그 국가의 역할 정체성을 반영하는 외교이다.

가치와 아이디어

오늘날 다원적 정체성에 호소하기 위해서는 '평화주의'와 같은 중립적 가치에 기반을 둔 포용적 아이덴티티, 초국가적 이슈 아이덴티티에 초점을 맞추는 접근이 필요하며, 경제 문제 및 전통 안보까지 포함하여 공통의 정체성을 강조하는 메타 내러티브를 구성해야 할 필요가 있다. 포용적 정체성을 핵심으로 하는 메타 내러티브 구성에는, 국가 단위를 넘어서 국제적 NGO나 사회운동들과 같은 비국가행위자들에 대한 접근과 글로벌 스페이스를 대상으로 하는 이슈 지향적 접근을 적극적으로 고려할 필요가 있다.

비국가행위자, 비강대국과의 연합

지정학적 경쟁은 근본적으로 국가 중심, 특히 강대국 중심의 게임이며, 대항지정학의 주체는 대립하는 강대국들의 어느 일방에 편승하지 않는 비강대국들과의 연합을 통해서 그 대항력을 높일 수 있다. 과거 냉전기의 비동맹운동(NAM: Non－Aligned Movement)은 어느 일방에 편승하지 않는 이와 같은 중립적 국가그룹의 역사적 예이다. 또한 이슈를 중심으로 활동하는 국제적 NGO들이나 초국가적 주창 네트워크들(TAN: Transnational Advocacy Network) 역시 대항지정학의 연합 파트너로 고려되어야 할 것이다.

새로운 공간과 힘의 활용

한나 아렌트(Hannah Arendt)는 인간이 협력하여 관계를 형성하고 새로운 현실을 만들어 내는 "협력의 힘(power as action in concert)"을 강조한 바 있다.[39] 그녀에 의하면, 힘이란 단순히 물적 자원에 의존하는 것이 아니라 인간이 협력하여 공통 목표를 개발하는 과정에서 소통을 통해서 생성되는 것이다. 대항지정학은 기술혁신으로 가능해진 협력의 힘, 그리고 새롭게 등장하고 있는 탈영토적 공간을 지정학적 경쟁에 대한 대항의 힘과 공간으로 활용하는 데에 초점을 맞추어야 할 필요가 있다.

3. 대항지정학으로서의 평화 이니셔티브

그렇다면 한국 외교가 설정하고 추구하는 가치는 무엇인가? 그것은 '타자'를 배제하지 않고 포용하고 있는가? 한국 외교는 위에서 정의한 대항지정학으로서의 요소를 포함하고 있는가? 또한 그것은 구체적인 외교적 역할과 실천으로 뒷받침되고 있는가? 여기에서는 한국의 가치외교를 앞서 제시한 가치외교의 여러 차원 중 특히 국가/민족 정체성에 자리잡은 요소로서의 가치, 인지 프레임으로서의 기능, 그리고 구체적인 외교적 역할이라는 세 가지 차원에서 가늠하고자 한다.

앞서 언급했듯 해방 이래 한국의 역대 정부들은 남북 분단의 상황에서 안보와 한반도의 평화를 강조해 왔고 이것이 전후 한국의 국가/민족 정체성의 중요한 요소로 자리잡아 왔다. 그러나 진보와 보수 정부에 따라서 그 정책적 강조점에는 뚜렷한 차이를 적시해 왔다. 김대중·노무현 진보정부의 전통을 이어 받아서 문재인 정부는 명백히 평화를 외교정책의 가치로 설정하고 있다. 이는 문재인 대통령의 일련의 발언이나 정부 문건뿐만 아니라 한국이 수행하는 역할에서도 드러나고 있다. 2017년 출범 직후 문 대통령은 한반도에서의 안보 위기의 해결과 평화 확립을 최우선순위로 설정하였다. 2017년 7월 6일 독일 베를린에서의 연설은 현 정부의 평화 이니셔티브를 보다 명확하게 밝히는 것이었다.40 이른바 '베를린 구상'은 5개의 핵심 요소로 이루어져 있는데, 그것은 북한의 붕괴나 임의적 통일을 상정하지 않는 평화를 추구하고, 북한 정권의 안보를 보장하는 비핵화를 추구하며, 남북한 합의를 법제화하고 주변국들의 참여하에 평화협정을 체결하고, 한반도 신경제지도를 실천하기 위해서 노력하며, 남북한 간 비정치적 교류와 협력을 지속적으로 추구하겠다는 것이었다.

평화라는 가치는 한국의 국가/민족 정체성에 자리잡은 요소를 반영하는 것뿐만 아니라, 북한과 남북한 통일을 배타적이 아닌 포용적 관점에서 인식하는 인지 프레임으로도 역할하고 있다. 현 정부는 지난 보수정부들과는 달리 한반도 통일을 결과로서가 아니라 "(남북한) 양측이 공존과 공영을 추구하면서 민족 공동체를 회복하는"[41] 지속적인 포용적 과정으로 인식하고 있다. 모든 남북한 국민이 위협 없이 살 수 있도록 남북한 간의 평화가 제도화된다면, 남북한은 민족 동질성과 공동체 의식을 회복할 수 있을 것이고 궁극적으로 평화통일을 이룩할 수 있을 것이라는 인식이다.[42]

　　통일된 단일 민족성(nationhood)을 달성하는 데에는 통상 네 가지 방법을 상정할 수 있다.[43] 첫째는 특정 국가의 정치적 경계를 넘어서는 물리적 이동·이주를 통한 방법으로서 이스라엘의 정착민 정책이 대표적이며, 둘째는 현존하는 언어·문화적 경계에 맞추어서 국경을 설정하는 방법으로서 19세기 이태리와 독일의 통일, 1919년 아일랜드 공화국의 분리 독립 등을 예로 들 수 있다. 세 번째는 기존의 인종 및 언어 집단에 소수 민족을 동화시키는 방법이며, 네 번째는 국가/민족 정체성을 새롭게 구성하는 것으로서 다양한 민족과 민중을 통합하는 "인도라는 아이디어(Idea of India)"로서 영국의 식민지로부터 벗어나 독립국을 건국한 인도의 사례가 대표적이다.

　　한반도의 경우 통일에 대한 포용적·과정적 인식은 남북한의 물리적 통합을 궁극적 목표로 설정하되, 물리적 통합에 이르기까지 남북한 양측이 평화적으로 공존하고 교류하면서 '한반도'라는 공동의 아이디어를 구성하고 공동의 정체성을 만들어 나가는 과정을 넓은 의미의 통일로 인식할 필요가 있다. 통일에 대한 이와 같은 포용적·과정적 인식은 이명박 정부의 "비핵·개방 3000"이나 박근혜 정부의 "통일대박론"과 같은 인식과는 대비된다. 전자는 북한에 대해 한국의 경제원조와 협력을 제공하기 위한 선결조건을 강조하는 것이고, 후자는 이와 더불어 통일을 통해서 얻을 수 있는 궁극적 혜택을 강조한 것이었다. 양자 공히 북한의 비핵화를 신뢰에 기반한 남북한 관계의 달성을 위한 선결조건으로 보았다.

　　문재인 정부의 평화 가치는 한반도 평화프로세스에서의 구체적인 역할로 뒷받침되고 있는데, 특히 세 분야에서의 역할, 즉 미국과 중국 사이에서의 균형외교, 남북 간 화해와 협력, 그리고 북한과 미국 간 중재 역할이 두드러진다. 사드(THAAD: Terminal High Altitude Area Defense) 배치문제를 둘러싼 중국과의 분규를 불완전하게나마 매듭지은 것은 미국과 중국 사이에서 균형 잡힌 입장을 취하고자 하는 한국의 노력의 결과로 볼 수 있다. 문재인 정부는 출범 직후부터 사드 분규를 해결하기 위해서 여러 외교적 채널을 통해서 중국과의 관계 회복을 도모했으며, 마침내 2017년 10월 31일 합의에 이르렀다.44 양국 협의 결과문에서 중국 측은 사드의 한국 배치에 대한 반대를 표명하고 미국이 주도하는 역내 미사일 방어체계와 추가적인 사드 포대의 배치, 그리고 한국, 미국, 일본의 군사협력에 대한 우려를 표명했다. 한국은 그 전날 강경화 외교장관이 국회에서 이른바 '3불 정책', 즉 한국은 추가 사드 포대 배치를 할 의사가 없고, 역내 미사일 방어체계에 참가할 의사도 없으며, 미국 및 일본과 삼각 동맹을 구축할 의사도 없음을 밝혔다. 12월 문 대통령의 25주년을 기념하는 중국 방문 정상회의에서 양 정상은 양국 관계의 회복 필요성과 더불어 한반도 평화와 안정을 위한 4개의 원칙에 공감을 표명했다.45

이를 통해서 한국은 지역 내 중국의 전략적 입장을 확인함으로써 미국이 주도하는 대중국 견제정책에 최소한 상징적으로 거리를 두는 데 동의하였다. 사드 분규에 대한 합의는 한국 내에서 굴욕적인 저자세 외교라는 비난과 더불어 적지 않은 논란을 야기했지만, 분규 종식의 요체는 중립적인 평화외교를 추구하기 위해서 미국과 중국 사이에서 균형된 입장을 취하고자 하는 것이었다. 현 정부는 한미동맹을 중시하면서도 북한 문제를 대화를 통해 평화적으로 풀기 위해서 중국에 대한 외교적 노력을 강화할 것을 강조하였고, 문재인 대통령은 한 외신과의 인터뷰에서 "중국과의 관계는 경제협력 차원에서 뿐만 아니라 북핵 문제의 평화적 해결을 위한 전략적 협력을 위해서도 중요하기 때문에", "미국과의 관계를 중시하면서 동시에 중국과의 긴밀한 관계를 구축함으로써 균형외교를 추구할 것"임을

분명히 했다.46

　사드 배터리를 유지하면서도 중국과의 관계를 회복시키고자 하는 문 재인 정부의 움직임은 미국과 중국 사이에서 팽팽한 균형을 유지하고자 하는 의도를 반영하고 있다. 북핵 문제의 평화적이고 외교적 해결에 우선 순위를 두고 있는 문재인 정부는 미국과 중국 중 어느 일방에 쉽게 편승 하기를 원하지 않고 있다. 2017년 11월 트럼프 대통령이 한국을 방문해서 한미동맹을 "인도－태평향의 안보, 안정과 번영을 위한 핵심(linchpin)"이 라고 했지만, 한국은 인도－태평향 전략을 수용하는 데 있어서 신중한 입 장을 취하고 있는 것이 사실이다.47

　한국의 또 하나의 주목할 역할은 남북관계 개선을 통한 한반도에서의 평화 구축 노력이다. 주지하듯 김정일 위원장의 2018년 신년사에 이어 문 재인 정부의 평화 이니셔티브가 본격화되었고, 이는 북한의 평창올림픽 참 가와 세 번에 걸친 남북 정상회담으로 이어졌다. 4월 27일의 판문점 정상 회담과 9월 19일의 평양 정상회담에서는 비핵화 문제 이외에도 "남북관계 의 획기적 진전"과 신뢰구축을 통한 군사적 긴장 완화, 그리고 궁극적으로 한반도 평화체제의 확립을 강조하였다. 판문점 선언에서 두 정상은 한반도 에서의 "새로운 평화의 시대"가 개막되었음을 선언했고 평양 공동 선언에 서는 판문점 선언을 재확인하는 동시에 양국 국방장관이 군사적 신뢰구축 을 위한 합의서에 서명하였다.48 이에 따라 남북한은 비무장지대 내 양측 초소를 철거하고, 공동 지뢰제거 및 전투 중 실종된 군인들의 유해 발굴 작업을 하였으며, 군사분계선의 양측에 비행금지구역을 설정하였다. 세 차 례에 걸친 정상회담 이래 남북한 양측은 실무접촉을 해 오고 있으며, 비록 국제 제제로 인해서 남북한 경제협력 관계는 답보상태에 있지만, 문화예술 및 스포츠 등의 비정치경제 분야에서의 대화와 교류는 이어지고 있다.

　마지막으로 미국과 북한 사이에서 한국의 중재 또는 대화 촉진자 역 할 역시 주목을 요한다. 2018년 6월의 북미 정상회담은 두 가지 중요한 계기를 통해서 성사되었다. 첫 번째는 4월 판문점 정상회담 직후 한국 대표단이 미국을 방문해서 김정은 위원장의 정상회담 의사를 전달했을 때 트럼프 대통령이 이를 전격적으로 받아들인 것이고, 또 다른 하나는 5월 24일 트럼프 대통령이 6월로 예정되었던 북미 정상회담을 갑작스레 취소했을 때였다. 김정은 위원장의 요청에 따라 남북한 정상은 5월 22일 다시 판문점에서 회동하였고, 문재인 대통령은 김위원장의 "한반도의 완전한 비핵화에 대한 확고한 의지"를 전달하는 한편, 북측이 완전한 비핵화를 할 시에 미국이 적대 관계를 종식시키고 경제적으로 협력할 것이라는 트럼프 대통령의 의지를 전달했다. 문재인 대통령은 2차 남북 정상회담 직후의 프레스 브리핑에서 "김정은 위원장과 트럼프 대통령 공히 성공적인 정상회담을 원하고 있으므로, 나는 양측이 오해를 불식시키기 위해서 직접 소통하고 정상회담을 위한 실무 협상을 개최할 필요가 있음을 강조했다"고 언명했다.49

지난 2월 하노이에서 개최된 2차 북미 정상회담은 성과 없이 결렬되었지만, 한국의 역할, 특히 한국의 평화 이니셔티브의 맥락에서의 역할은 오히려 그 중요성이 가중되고 있다. 물론 한국의 평화 이니셔티브가 당면하고 있는 대내외적 도전은 지난하다. 북미 간의 화해와 평화를 유도해야 하고, 남북한 간의 획기적 관계개선을 통해서 지속적인 평화 공존을 이루어야 하며, 무엇보다도 북한의 비핵화를 도출해 내어야 한다. 또한 이 과정에서 한국 내의 분열된 정체성의 간극도 좁혀야 한다. 어느 하나 수월치 않은 이러한 도전들은 그러나 한국이 역사적으로 짊어 온 지정학적 질곡을 극복하기 위해서는 반드시 해결해야 할 과제가 아닐 수 없다. 이것이 민족 정체성을 새롭게 만들어 가는 '과정으로서의 통일', 그리고 이를 위한 기제로서 '대항지정학으로서의 평화외교'가 더욱 중요한 이유이다.

VI. 결　　론

　　강대국과는 달리 중소국이 국제정치의 구조를 결정하고 결정적인 영향력을 행사하는 역할에는 분명 뚜렷한 한계가 있지만, 분쟁 중재나 평화구축과 같은 역할을 통해서 국제정치의 중요한 과정을 촉진하는 역할을 수행할 수 있다. 냉전기와 마찬가지로 한국은 지정학적 위치의 측면에서 볼 때 오늘날 형성되고 있는 가치의 진영화의 최전선에 위치하고 있다. 그러나 역사적인 상수처럼 여겨지는 지리적 위치와 그로 인한 지정학적 제약의 극복은, 가치의 진영화에서 어느 일방을 선택하는 것이 아니라, 정체성－가치－역할의 차원에서 중립적인 포지셔닝을 하는 것으로부터 시작할 수 있을 것이다.

　　자유나 인권, 민주주의와 같은 가치들은 물론 우리에게 중요하긴 하지만, 이미 중국이나 러시아 등과 같은 국가들이 이에 대한 대안적 가치들을 제시하고 주창하고 있는 현실을 감안할 때, 이는 또 다른 진영론, 즉 서로 대립하는 '가치의 진영(blocs of values)'이나 '가치의 전쟁(battles for

그림 4　가치의 동심원

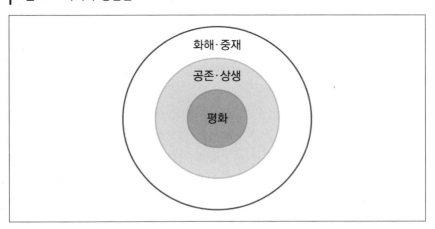

values and ideas)'과 같은 배타적인 갈등과 경쟁을 초래할 수 있다. 따라서 한국 외교정책 정체성의 가치·아이디어는 포용적 정체성에 기반을 둔 '평화'와 '공존'과 같이 집단적 정체성을 구성할 수 있는 핵심 요소들이 <그림 4>와 같이 동심원을 그리는 형태를 취하는 것이 바람직할 것이다. 평화, 공존, 상생, 화해와 같은 가치들은 진영론적 다툼에서 자유로울 수 있는 중립적 가치라는 이점을 가지기 때문이다. 현재 진행되고 있는 한반도의 평화과정을 통해서 남북관계의 획기적 개선이 이루어진다면, 이러한 점에서 한국 가치외교의 중요한 토대와 자산이 될 수 있을 것이다.

여기에서의 평화는 '적극적 평화(positive peace)'의 개념이다.50 소극적 평화는 직접적인 폭력의 부재를 의미하지만, 적극적 평화는 단순히 직접적인 폭력의 부재를 넘어서 구조적 폭력의 부재를 의미한다. 구조적 폭력은 행위자로부터 연원하는 직접적인 폭력과 달리 빈곤, 차별, 사회 부정의와 같은 간접적 폭력을 지칭하며, 문화적 폭력, 그리고 환경 및 생태적

그림 5 소극적 평화 vs 적극적 평화

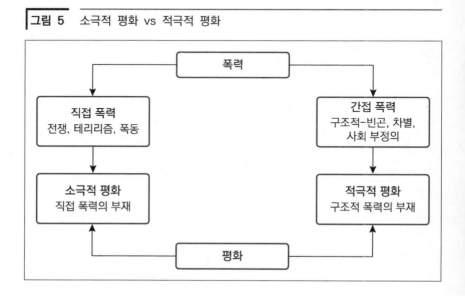

폭력까지 포함하는 개념이다. 따라서 외교정책 정체성의 가치로서 평화는 직접적 폭력의 부재는 물론 국제사회에서 평화를 가능케 하는 구조적 조건들을 함께 만들어 나가는 것을 의미한다.

　적극적 평화는 "평화로운 사회를 만들어 내고 유지하는 태도(규범, 믿음, 선호 및 사회 내의 관계), 제도(정부나 비정부 집단들이 만들어 내는 공식 기구), 구조(사회 구성원들이 공유하는 공식, 비공식 행위규범)의 존재"를 의미한다.51 이러한 의미에서의 적극적 평화는 평화를 만들어 내는 데(peacebuilding) 기여할 뿐만 아니라, 경제적 번영, 포용과 관여(engagement), 변화에 보다 잘 적응하는 사회를 위한 조건들을 창출하는 데에도 기여할 수 있다.

　북한의 고도화하고 있는 핵위협으로 인해서 한국 내 일각에서 '핵무장론', 미국의 '전술핵 재배치론'이 거론되고 있는 것이 현실이다. 물론 핵무장이 한국이 선택할 수 있는 가능한 옵션이 될 수도 있지만, 이 문제 역시 한국 외교정책 정체성의 차원에서 심각하게 고려해야 할 필요가 있다. 한국의 핵무장, 전술핵의 재배치는 곧 정체성 자체의 근본적인 변화를 수반하는 것이기 때문이다. 한국의 핵보유를 통한 전쟁억지는 무엇보다 '외교정책 정체성의 안보화(securitization)'를 의미하며, 이는 한국 외교정책 전반에 지대한 반향효과를 갖지 않을 수 없다. 한국의 핵무장과 정체성의 안보화는 전통적인 안보 딜레마를 가속화시킴으로써 동아시아에 경쟁적·대립적 안보 담론의 확산과 핵 도미노를 야기하게 될 개연성을 높인다. "위험의 담론"이 보편화되고 핵무장이 확산되면, 이는 곧 보다 '전쟁친화적'인 홉스적 동아시아 국제질서로 귀결될 수 있다. 이와 같은 안보 우선주의의 악순환은 타자와의 평화적 공존보다는 갈등과 대립의 구조를 고착화시킬 가능성이 큰 것이다.

　중견국의 역할 정체성은 국제사회에서 정체성의 다원성을 인정하고 이를 받아들이는 포용적 정체성을 핵심 요소로 한다. 즉 자신과 구분되는 타자가 반드시 적으로 치환될 필연성은 없으며, 타자와의 차이를 인정하고 포용할 때 비로소 타자는 경쟁자나 친구로서 공존할 수 있기 때문이다.

따라서 중견국으로서 한국의 역할 정체성을 가치의 진영 간 경쟁에서의
중립자, 중재자, 화해 촉진자(reconciliator)에 초점을 맞춤으로써 외교적 자
율성을 확보해야 할 필요가 있다. 현실주의 국제정치나 강대국 논리는 약
소국들을 자기편이나 상대방의 편에 몰아넣음으로써 결국 자신과 타자 간
'대립적 진영'을 구성하고 약소국들에게 중립이나 자율의 여지를 거의 남
겨놓지 않는 것이 사실이다.

　　특히 한국과 같은 비강대국들에게 공공외교는 지정학적 경쟁, 가치의
진영화를 완화시키는 대항력으로서 기능할 수 있으며, 이를 위해서는 <그
림 6>에서와 같이 국제적 공공재(global public goods)의 창출에 초점을
맞추는 중립적 가치외교 접근이 요청된다. 공공재 창출을 위한 공공외교는
국지적인 국가이익을 넘어서서 글로벌 현안 문제들을 해결하는 데에 초점
을 맞춤으로써 상대방과 공유하는 이익을 추구하는 것이다.

그림 6　목적 · 기능과 수행양식에 따른 공공외교의 진화

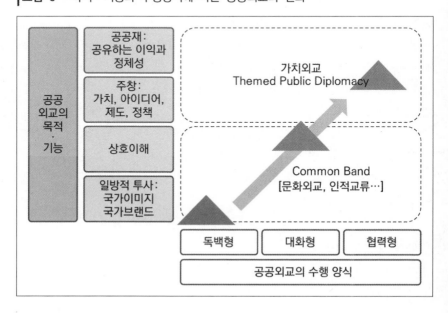

　　국제정치의 구성주의적 관점에서 볼 때, 행위자의 정체성과 이익은 행위자들이 공유하는 아이디어에 의해서 사회적으로 구성되며, 정체성, 가치, 규범과 같은 사회적 구성물이 사실상 힘의 근원이 된다. 가치 지향적 공공외교는 특정 국가의 지정학적 전략 운용(statecraft)의 도구나 수단이 될 수도 있지만, 다른 한편 공동의 가치와 아이디어하에 협력을 강화하는 채널이 될 수도 있다. 따라서 한국과 같은 비강대국들의 공공외교는 글로벌 공공재를 위해서 공동의 역할 정체성, 가치, 이익을 만들어 내는 데에 초점을 맞추어야 할 것이며, 이 경우 공공외교의 목표는 자국의 정책을 충분히 설명하고 이러한 정책이 협력을 통해서 어떻게 평화, 안보, 지속가능한 발전과 같은 글로벌 공공재 창출에 기여할 수 있는지를 보여주는 것이어야 할 것이다. 한국의 외교가 이와 같은 방향성을 취하고 그 역할을 충실히 수행할 때, 한국은 가치외교를 통한 '규범 창시자'로서 그 하드 파워를 훨씬 상회하는 소프트 파워 강국으로 자리 매김할 수 있는 기회를 가질 수 있을 것이다. 이러한 평화외교의 방향성을 통해서 한국 외교는 오늘날 강대국들의 지정학적 경쟁과 갈등을 희석시키는 대항지정학의 의미를 찾을 수 있을 것이다.

[주 석]

1 추아(Amy Chua)는 국가/민족 정체성 이외에 본원적 요소에 근거한 정체성의 정치를 "부족 정치(tribal politics)"로 규정하고 있다. *Political Tribes: Group Instinct and the Fate of Nations* (New York: Penguin Press, 2018).

2 Alexander Wendt, *Social Theory of International Politics* (New York: Cambridge University Press, 1999).

3 Stefano Guzzini, "The Framework of Analysis: Geopolitics Meets Foreign Policy Identity Crisis," in Guzzini (ed.), *Return of Geopolitics in Europe? Social Mechanisms and Foreign Policy Identity Crisis* (New York: Cambridge University Press, 2012).

4 Wendt, *Social Theory of International Politics.*

5 Alastain Iain Johnston, "Thinking about Strategic Culture," *International Security*, 19:4 (1995), pp. 32−64; Ashley J. Tellis, Alison Szalwinski, and Michael Wills (eds.), *Strategic Asia 2016−17: Understanding Strategic Cultures in the Asia−Pacific* (Seattle, CA: National Bureau of Asian Research, 2016).

6 Joseph S. Nye, Jr., *Soft Power: The Means to Success in World Politics* (New York: Public Affairs, 2004), p. 11.

7 Mathilde Chatin, "Brazil: Analysis of a Rising Soft Power," in Chatin and Giulio M. Gallarotti (eds.), *Emerging Powers in International Politics: The BRICS and Soft Power* (New York: Routledge, 2018), pp. 36−37.

8 Barry R. Posen, "The Rise of Illiberal Hegemony: Trump's Surprising Grand Strategy." *Foreign Affairs* (March/April 2018).

9 Linus Hagstrom, "The Abnormal State: Identity, Norm/Exception and Japan," and Masaru Tamamoto, "Towards True Independence: Abe Shinzo's Nationalism," in Kevin P. Clements (ed.), *Identity, Trust, and Reconciliation in East Asia: Dealing with Painful History to Create a Peaceful Present* (New York: Macmillan, 2018).

10 Taro Aso, "Arc of Freedom and Prosperity: Japan's Expanding Diplomatic Horizons" (2006), https://www.mofa.go.jp/announce/fm/aso/speech0611

.html (최종검색일: 2018.09.05).

11 Shinzo Abe, "Asia's Democratic Security Diamond," Project Syndicate (December 27, 2012), https://www.project−syndicate.org/commentary/a−strategic−alliance−for−japan−and−india−by−shinzo−abe?barrier =accesspaylog (최종검색일: 2018.09.15).

12 이는 UN의 강력한 역할과 더불어 다자주의, 집단안보 메커니즘, 호혜협력을 통한 번영, 그리고 다양한 문명 간의 대화와 용인을 핵심 내용으로 한다.

13 Chris Buckley, "Leader Taps Into Chinese Classics in Seeking to Cement Power," *The New York Times* (October 11, 2014).

14 Xi Jinping, Report at the 19th CPC National Congress (2017), http://www.xinhuanet.com/english/special/2017−11/03/c_136725942.htm (최종검색일: 2018.08.17).

15 Vladimir Putin, "Poslaniye Prezidenta Federal'nomu Sobraniyu Rossiyskoy Federatsii" (December 12, 2013), http://president.kremlin.ru (최종검색일: 2018.07.05).

16 유라시아주의에 대해서는 Mark Bassin, and Gonzalo Pozo (eds.), *The Politics of Eurasianism: Identity, Popular Culture and Russia's Foreign Policy* (New York: Rowman & Littlefield, 2017); David Lane and Vsevolod Samokhvalov (eds.), *The Eurasian Project and Europe: Regional Discontinuities and Geopolitics* (New York: Palgrave Macmillan, 2015); Mikhail Suslov and Mark Bassin (eds.), *Eurasia 2.0: Russia Geopolitics in the Age of New Media* (New York: Lexington Books, 2016) 참조.

17 Rogers Brubaker, "The New Language of European Populism: Why Civilization Is Replacing the Nation," Foreign Affairs Snapshot (December 6, 2017).

18 Alexander Lukin, *China and Russia: The New Rapprochement* (New York: Polity, 2018).

19 이 부분에 대해서 상세 내용은 김태환, "중국과 러시아의 '샤프 파워'와 함의," IFANS 주요국제문제분석 2018−16 (2018) 참조.

20 John A. Agnew, *Geopolitics: Re−Visioning World Politics, 2nd ed.* (New

York: Routledge, 2003).

21 Gearóid Ó Tuathail and John Agnew, "Geopolitics and Discourse: Practical Geopolitical Reasoning in American Foreign Policy," *Political Geography*, 11:2 (March 1992), pp. 190−204.

22 John Agnew and Stuart Corbridge, "The New Geopolitics: The Dynamics of Geopolitical Disorder," in R. J. Johnston and P. J. Taylor (eds.), *A World in Crisis?: Geographical Perspectives*, 2nd ed. (Oxford: Blackwell, 1989), pp. 266−88.

23 Ahmet Davutoglu, "Turkey's Foreign Policy Vision: An Assessment of 2007," *Insight Turkey*, 10:1 (2008), pp. 77−96; Bulent Aras, "The Davutoglu Era in Turkish Foreign Policy," *Insight Turkey*, 11:3 (2009), pp. 127−142.

24 Aaron Stein, "Turkey's New Foreign Policy: Davutoglu, the AKP and the Pursuit of Regional Order," RUSI Whitehall Paper 83 (2014).

25 James Hamill, *Africa's Lost Leader: South Africa's Continental Role since Apartheid* (New York: Routledge, 2018).

26 E. Jordaan, "Fall from Grace: South Africa and the Changing Global Order," *Politics*, 30 (2010), pp. 82−90.

27 James Larry Taulbee, Ann Kelleher, and Peter C. Grosvenor, *Norway's Peace Policy: Soft Power in a Turbulent World* (New York: Palgrave Macmillan, 2014).

28 Agnew, *Geopolitics*, p. 3.

29 David Campbell, *Writing Security: United States Foreign Policy and the Politics of Identity*, revised ed. (Minneapolis, Minnesota: University of Minnesota Press, 1998).

30 비판지정학에 대해서는 다음을 참조. Gearóid Ó Tuathail, *Critical Geopolitics: The Politics of Writing Global Space* (London: Routledge, 1996); Gearóid Ó Tuathail and Simon Dalby (eds.), *Rethinking Geopolitics* (New York: Routlede, 1998); Simon Dalby, *Creating the Second Cold War: The Discourse of Politics* (London: Pinter Publishers, 1990); John Agnew, Katharine Mitchell

and Gearóid Ó Tuathail (eds.), *A Companion to Political Geography* (Malden, MA: Blackwell, 2003); Klaus Dodds, Merje Kuus and Joanne Sharp, *The Ashgate Research Companion to Critical Geopolitics* (Burlington, VT: Ashgate Publishing, 2013); John Agnew, Virginie Mamadouh, Anna J. Secor, and Joanne Sharp (eds.), *The Wiley Blackwell Companion to Political Geography* (Malden, MA: John Wiley & Sons, 2015).

31 Klaus Dodds, Merje Kuus and Joanne Sharp, "Introduction: Geopolitics and its Critics," in Dodds, Kuus and Sharp, *The Ashgate Research Companion to Critical Geopolitics*.

32 Dalby, *Creating the Second Cold War*.

33 John A. Agnew, "The Territorial Trap: The Geographical Assumptions of International Relations Theory," *Review of International Political Economy*, 1:1 (March 1994), pp. 53−80.

34 포퓰라 지정학(popular geopolitics)은 미디어와 대중문화, 대중문화 상품이 실생활에서 지정학적 상상을 형성하고 촉진하는 측면을 연구하고 있다. 예컨대, 구 소련권 국가들에 대한 서구 미디어와 대중문화 상품의 지정학적 상상에 대해서는 Robert A. Saunders, *Popular Geopolitics and Nation Branding in the Post−Soviet Realm* (New York: Routledge, 2016) 참조.

35 기술혁신에 따른 일련의 탈영토화 현상에 대해서는, 김태환, "21세기 신지정학의 새로운 요소들과 한국의 통일외교," 서울대−연세대 통일대비국가전략 연구팀 (편), 『통일의 신지정학』 (서울: 박영사, 2017), pp. 315−339 참조.

36 Amartya Sen, *Identity and Violence: The Illusion of Destiny* (New York: W. W. Norton, 2006).

37 Peter J. Burke and Jan E. Stets, *Identity Theory* (New York: Oxford University Press, 2009).

38 Jennifer Mitzen, "Ontological Security in World Politics: State Identity and the Security Dilemma," *European Journal of International Relations*, 12:3 (2006), pp. 341−470.

39 Hannah Arendt, *The Human Condition* (Chicago, IL: University of Chicago Press, 1975); *On Violence* (San Diego, CA: Harvest, 1970).

40 문재인 대통령의 2017년 7월 6일 독일 쾨르버 재단 초청 연설 전문은 청와대 웹사이트 https://www1.president.go.kr/articles/57 참조.

41 상게 연설.

42 통일부, *문재인의 한반도 정책: 평화와 번영의 한반도* (2017).

43 Francis Fukuyama, *Identity: The Demand for Dignity and the Politics of Resentment* (New York: Farrar, Straus and Giroux, 2018).

44 한중 양국 간 합의결과는 외교부 10월 31일 보도자료 참조. http://www.mofa.go.kr/www/brd/m_4080/view.do?seq=367200.

45 4개 원칙은 한반도의 전쟁은 용인될 수 없으며, 한반도 비핵화 원칙을 확고히 유지하고, 북한의 비핵화를 포함한 모든 이슈들은 대화와 협상을 통해서 평화적으로 해결하며, 남북한 관계개선이 궁극적으로 한반도 문제들을 해결하는 데에 유용할 것이라는 것이다.

46 문재인 대통령의 2017년 11월 3일 *Channel News Asia*와의 인터뷰. https://www.channelnewsasia.com/news/asia/cooperation-with-the-us-japan-important-to-deal-with-tension-9373348.

47 김현철 청와대 경제보좌관은 11월 9일 문 대통령이 국빈방문한 인도네시아 자카르타에서 기자간담회를 하고 "일본이 인도·태평양 라인이라고 하는 일본·호주·인도·미국을 연결하는 외교라인을 구축하려고 한다"면서 "우리는 여기에 편입될 필요가 없다"고 말한 것으로 전해졌다; 트럼프, 인도-태평양 안보동참 제안… 우린 수용 안 해," *연합뉴스* (2017.11.09).

48 군사분야 합의서 전문은 통일부 남북회담본부 웹사이트 https://dialogue.unikorea.go.kr/ukd/d/usrtalkmanage/View.do 참조.

49 "2차 남북정상회담 결과 발표문," 청와대 (2018.05.17), https://www1.president.go.kr/articles/3440.

50 이에 대해서는 다음을 참조. Johan Galtung, "An Editorial," *Journal of Peace Research*, 1:1 (1964), pp. 1-4; *Theories of Peace: A Synthetic Approach to Peace Thinking* (Oslo: International Peace Research Institute, 1967); "Twenty-Five Years of Peace Research: Ten Challenges and Some Responses," *Journal of Peace Research*, 22:2 (1985), pp. 141-158; "Cultural Violence," *Journal of Peace Research*, 27:3 (1990), pp. 291-305;

Peace by Peaceful Means: Peace and Conflict, Development and Civilization (London: Sage, 1996).

51 Institute for Economics and Peace, *Positive Peace Report 2016* (2016).

09 한반도 평화의 복합지정학
: 신흥안보론의 시각[*]

김상배(서울대학교 정치외교학부)

Ⅰ. 머리말

지난 수년 동안 정부가 제시하고 있는 동북아 평화협력구상이 상정하고 있던 전제들 중의 하나는 협력의 필요성은 큰 반면 실제 협력은 기대에 못 미치는 동북아 지역의 특성, 이른바 '아시아 패러독스' 현상을 극복하기 위해서 상대적으로 민감성이 덜한 '연성안보(soft security)' 분야에서 시작해서 전통적 난제인 '경성안보(hard security)' 분야의 협력을 이끌어내자는 것이었다. 다시 말해 동북아 지역의 공동 위협요인이 되는 원자력 안전, 에너지안보, 기후변화와 환경, 재난관리, 사이버 공간, 마약 및 보건 분야에서의 협력 사업을 지속적으로 진전시켜 참여국가들 간에 공감대가 형성되면 점진적으로 정치군사적 갈등이 주류를 이루는 전통안보 의제로 논의를 확대시켜 나간다는 것이었다. 이러한 구상은 안보 개념을 비전통안보(non-traditional security) 분야로 확장하여 동북아 협력을 제안했다는 점에서 기존에는 전통안보를 중심으로 진행되어 온 한국 외교의 새로운

* 이 논문은 '통일대비 한반도 지정학과 국가전략' 프로젝트에서 수행된 필자의 연구를 종합적으로 정리·소개하기 위해서 작성되었으며, 그 내용은 김상배(2017)를 바탕으로 하였다.

지평을 연 의미가 있다.

　그러나 이러한 동북아 구상은 안보 패러다임의 변화와 동북아의 특성을 제대로 반영하지 못한 구상이라는 비판을 받기도 했다. 이러한 구상이 냉전기 유럽의 경험에서 비롯된 기능주의적 발상에서 출발하고 있어 역사적 유산, 정치체제의 이질성, 경제력의 차이, 문화적 다양성, 지역차원의 리더십 부재 등으로 인해 전통안보 분야의 협력이 어려운 동북아의 현실을 제대로 인식하지 못했다는 것이다. 게다가 복잡한 상호작용과 밀접한 상호의존을 특징으로 하는 오늘날, 연성안보와 경성안보(또는 비전통 안보와 전통안보)를 이분법적으로 나누고 하위정치 영역으로서 연성안보에서 시작해서 상위정치 영역인 경성안보 분야로 나아가겠다는 발상 자체가 시대착오적이라는 지적도 제기되었다. 연성안보로 설정한 분야를 경성안보 분야에 비해서 국가 간 협력이 좀 더 용이한 영역이라고 규정하기에는, 연성안보 분야 자체도 나름대로 독자적이고 상당히 복잡한 이해갈등의 요소들을 안고 있기 때문이다. 연성안보로부터 경성안보로 나아가겠다는 동북아 구상의 기능주의적 전제 자체를 다시 생각해 봐야 할지도 모른다.

　최근 초국적으로 발생하는 새로운 안보위험들이 21세기 세계정치의 전면에 급속히 부상하고 있다. 사이버안보, 원자력안보, 보건안보, 환경안보, 난민안보 등은 전쟁이나 자연재해 등과 같은 전통안보 위험만큼이나 우리 삶을 위협하는 요소로 등장하고 있다. 연성안보의 협력을 통해서 경성안보 문제 해결의 실마리를 마련하겠다는 접근과는 반대로, 새로운 안보위험을 간과하고 방치하면 그것이 오히려 전통안보 분야의 위기를 촉발할 정도로 안보 패러다임의 무게중심이 바뀌고 있다. 그야말로 위험의 대상과 성격 및 해결주체, 그리고 여기서 파생되는 안보게임의 양상이 기존의 전통안보 위주의 시대와는 크게 다른 새로운 안보 패러다임이 출현하고 있는 것이다(민병원, 2007). 연성안보 또는 비전통 안보와 같은 기존의 소극적인 개념화로는 새로운 안보 패러다임의 내용을 적극적으로 담아 낼 수 없다. 이러한 문제의식을 발전시켜 최근 국내 학계에서는 새로운 안보 패러다임을 이해하는 이론적 분석틀로서 신흥안보(emerging security)의 개념이 제시된 바 있다(김상배 편, 2016).

신흥안보의 개념은 복잡계 이론과 네트워크 이론, 진화생물학 등에서 생산된 이론적 자원을 기반으로 한다. 신흥안보는 시스템 내 미시적 상호작용이 양적으로 늘어나고 질적으로 변화하여 이른바 '양질전화(量質轉化)'의 임계점을 넘어서게 되면, 거시적 차원에서 국가안보를 위협하는 심각한 문제로 전화되는 현상을 지칭한다. 게다가 신흥안보는 다양한 분야에서 발생하는 위험들의 '이슈연계성'이 높아지면, 어느 한 부문에서는 미시적 안전의 문제였던 것이 국가 전체의 거시적 안보 문제가 되는 현상을 지칭한다. 다시 말해, 이러한 문제들은 여태까지 알려져 있지 않았던 종류의 재난을 야기할 가능성이 클 뿐만 아니라 시스템 내 여러 요소들이 서로 밀접하게 연계된 복잡계 현상을 배경으로 하고 있다는 점에서 해당 분야의 안전 문제를 넘어서 국가안보 전반에 피해를 주는 새로운 위험으로 인식되고 있다. 이렇게 양질전화와 이슈연계성의 사다리를 타고서 창발(emergence)하는 종류의 위험에 대해서 전통안보인지 비전통 안보인지를 묻고 구별하는 것 자체가 무색할 수도 있다. 창발의 가능성을 지니고 있는 신흥안보의 이슈들은 지금 현재는 아무리 미미하더라도 언제 어떻게 국가적으로 중대한 사안이 되어 국가 간 갈등의 빌미가 될지도 모르기 때문이다.

이 글은 이러한 신흥안보 연구의 연속선상에서 기존의 비전통 안보론에서 상대적으로 소홀히 취급된 다음의 두 가지 논제에 주목하였다(Buzan and Hensen, 2009). 첫째, 기존의 비전통 안보론은 글로벌 맥락에서 발생하는 신흥안보의 문제들에 주목한 반면, 실제로 동북아나 한반도의 맥락이 발생하는 신흥안보 문제들을 제대로 다루지 못했다(이신화, 2006). 지난 5년여 동안 동북아에서 발생한 사례만 보아도, 중국발 스모그와 미세먼지의 초국경적 피해; 일본에서 발생한 쓰나미와 후쿠시마 원전 사태, 중국의 원전 건설 붐에 대한 우려 및 한국 고리 원자로의 노후화에 따른 불안, 북한의 사이버 공격과 미·중 사이버 갈등, 동남아와 한국에서 발병한 사스

(SARS)와 메르스(MERS), 그리고 주기적으로 반복되는 조류독감(AI, Avian Influenza)의 공포, 북한의 인권과 탈북자 문제 및 이주노동자 문제 등이 있다. 그런데 기존의 연구들은 주로 글로벌 맥락에서 발생한 신흥안보 이슈들의 일반적 성격과 글로벌 차원의 협력 필요성을 강조했지만, 정작 우리 주변에서 발생하는 신흥안보 위험의 특성과 구체적인 해법에 대한 고민은 부족했던 것이 사실이다.

　　둘째, 기존의 비전통 안보론은 새로운 안보 이슈들을 조명하는 데는 성과가 있었으나 새로운 안보위험이 전통안보의 이슈와 어떠한 관계를 맺으면서 위험을 증폭시키고 있는지를 면밀히 살피지는 못했다. 신흥안보론의 과제는 전통안보와 구분되는 비전통 안보 영역의 독자성을 밝히는 데만 있는 것이 아니라 양자가 상호작용하는 메커니즘을 분석하는 데 있다. 게다가 동북아와 한반도는 유럽에 비해서 훨씬 더 많은 전통안보의 지정학적 요소가 잔재하고 있는 지역이다. 북한의 핵실험과 미사일 발사, 미중 남중국해 갈등, 중일 조어도 분쟁, 한일 독도 영유권 분쟁, 일러 북방도서 분쟁 등과 같은 지정학적 쟁점들이 상존한다. 이런 상황에서 글로벌 차원에서는 탈(脫)지정학적 배경을 가진 신흥안보의 쟁점이라고 할지라도 동북아와 한반도 차원에서는 오히려 지정학의 논리를 따라서 발생하고 전개될 가능성이 크다. 이러한 점에서 동북아와 한반도의 맥락에서 전통 안보와 비전통 안보가 상호작용하는 복합의 공식을 구체적으로 탐구하는 노력이 필요하다.

　　이 글은 이러한 문제의식을 담기 위한 시도로서 복합지정학(complex geopolitics)의 시각을 원용하였다. 시대가 아무리 변하더라도 국제정치의 분석에 있어서 지정학적 시각은 사라지지 않고 꾸준히 남아 있을 것이다. 특히 동아시아와 한반도 주변 국제정치에서는 더욱 그러할지도 모른다. 그러나 19세기 국제정치 현실에서 잉태된 고전지정학의 시각을 복원하여 21세기 세계정치의 현실에 그대로 적용하려는 시도는 경계해야 한다. 특히 글로벌 차원에서 초국적으로 발생하는 신흥안보 위험을 제대로 파악하고 대응하기 위해서는 전통적인 지정학의 시각만으로는 미흡하기 때문이다. 앞서 언급한 바와 같이 복잡한 양상으로 전개되는 새로운 안보 패러다임을 이해하기 위해서는 지정학의 시각 이외에도 이를 비판적으로 보완하고 건설적으로 발전시키는 다양한 이론적 시각들을 복합적으로 동원할 필요가 있다. 이 글에서 고전지정학과 비판지정학, 그리고 더 나아가서 비(非)지정학과 탈(脫)지정학 등을 포괄하는 의미로 개념화한 복합지정학의 시각을 원용한 것은 바로 이러한 문제의식을 바탕으로 한다(김상배, 2015).

　　이 글은 크게 네 부분으로 구성되었다. 제2절은 미시적 안전에서 거시적 안보로 창발하는 세 단계의 과정, 즉 양질전화, 이슈연계성, 지정학적 연계성의 관점에서 신흥안보의 개념을 살펴보았다. 제3절은 신흥안보와 중첩되는 지정학의 복합적 차원, 즉 고전지정학, 비판지정학, 비지정학, 탈지정학 등을 파악하는 분석틀로서 복합지정학의 시각을 제안하였다. 제4절은 신흥안보와 복합지정학의 상호작용을 규명하는 차원에서 신흥안보의 유형별 성격과 이에 친화성을 갖는 거버넌스와 지정학의 유형에 대한 이론적 논의를 펼쳤다. 제5절은 최근 동북아와 한반도 지역에서 발생하는 신흥안보의 복합지정학을 전통적인 자연재해뿐만 아니라 기술시스템과 사회시스템 및 자연시스템에서 발생하는 신흥안보 위험의 사례를 통해서 살펴보았다. 끝으로, 맺음말에서는 이 글의 논의를 종합·요약하고 향후 연구과제로서 신흥안보의 거버넌스와 국제협력에 대한 연구가 필요함을 지적하였다.

II. 신흥안보의 개념적 이해

　　이 글에서 원용하는 '신흥안보(新興安保, emerging security)'라는 말은 단순히 '새로운 안보'라는 의미만은 아니다. '신흥(新興)'은 복잡계 이론에서 말하는 'emergence'의 번역어이다. 국내 자연과학계에서는 흔히 '창발(創發)'이라고 번역하는데 여기서는 안보라는 말과의 합성을 고려하여 신흥이라고 번역하였다. 개념어로서의 신흥 또는 창발이란 미시적 단계에서는 단순하고 무질서한 존재에 불과했던 현상들이 복잡한 상호작용을 벌이는 가운데 상호 연계성을 증대시킴으로써 거시적 단계에 이르러 일정한 패턴과 규칙성, 즉 질서를 드러내는 현상을 의미한다. 이를 안보의 개념과 연결시키면, 신흥안보란 미시적 차원에서는 단순히 소규모 단위의 안전(安全, safety)의 문제였는데 거시적 차원으로 가면서 좀 더 대규모 단위의 안보(安保, security) 문제가 되는 현상을 의미한다.

　이러한 신흥안보의 복합적인 성격과 그 창발 과정을 간략히 설명하면 <그림 1>과 같다. 이러한 신흥안보 부상의 과정을 이해하는 데 있어서 중요한 것은 미시적 안전이 거시적 안보로 창발하는 조건, 또는 양자를 가르는 임계점(critical point)이 어디인가를 파악하는 것이다(페르 박, 2012). 복잡계 이론의 논의를 원용하면, 신흥안보의 위험은, <그림 1>에서 보는 바와 같이, 3단계로 형성되는 '임계성(criticality)의 사다리'를 따라 창발한다. 전통안보의 위험이 대체로 수면 위에서 보이는 경우가 많다면, 신흥안보의 위험은 대부분의 경우 아직 수면 위로 떠오르지 않은, 그래서 잘 보이지 않는 위험이기 때문에 드러나는 특성을 지닌다. 이 글에서는 다음과 같은 세 가지 특성에 주목하였다.

　첫째, 양질전화의 임계점이다. 가장 포괄적인 의미에서 신흥안보의 위험은 이슈영역 내의 안전사고가 양적으로 증가하여 일정한 수준을 넘는 경우에 창발한다. 이는 양적증대가 질적변화를 야기하는, 이른바 양질전화의 현상을 의미한다. 평소에는 개별 단위 차원의 안전이 문제시될 정도의 미미한 사건들이었지만, 그 발생 숫자가 늘어나서 갑작스럽게 양질전화의 임계점을 넘게 되면 국가와 사회의 안보를 위협하는 심각한 문제가 된다. 이러한 와중에 미시적 안전과 거시적 안보를 구분하던 종전의 경계는 무너지고, 사소한 일상생활 속의 안전문제라도 거시적 안보의 관점에서 다루어야 하는 일이 벌어진다.

그림 1 신흥안보의 3단계 창발

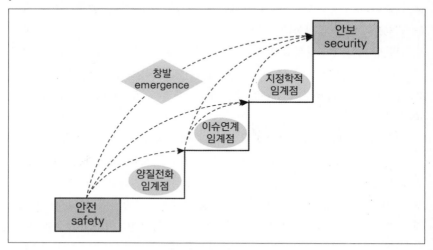

출처: 김상배(2016), p. 83

　　이렇게 양질전화의 임계성이 문제시되는 사례는 신흥안보 분야에서
다양하게 나타난다. 일인 당 에너지 소비량의 증가는 어느 순간에 빙하를
녹이고 해수면을 상승시키는 지구온난화의 주범이다. 어느 가족 중의 한
명이 감기에 걸리는 것은 큰 위험은 아니지만 거대 도시 전체에 감기, 그
것도 치사율이 높은 신종플루가 유행하는 것은 국가안보의 문제이다. 컴
퓨터 한 대에서 발견된 악성코드는 무시될 수도 있겠지만 국가 기반시설
을 통제하는 컴퓨터 시스템에 대한 해킹은 국가적 차원에서 그냥 지나칠
수 없는 중대한 위험이다. 국경을 넘는 난민의 증가는 어느 지점을 넘으면
사회안보의 문제가 된다.

　　이렇게 양질전화의 메커니즘을 따르는 신흥안보 분야의 위험은, 많은
경우 X-이벤트(extreme event)로 불리는 극단적 사건의 형태로 발생한다.
X-이벤트는 기존 사고방식으로는 발생할 확률이 매우 낮아서 예측할 수
없기 때문에 만약에 실제로 발생할 경우 그 파급효과가 엄청난 종류의 붕

괴(avalanche) 또는 격변(catastrophe) 현상이다(John Casti et. al, 2011). X－이벤트의 발생 원인은 시스템에 내재되어 있는 복잡성에 있다. 즉 하나의 시스템을 이루는 세부 시스템 간 복잡성의 진화정도가 차이가 날 때, 이 차이를 극복하기 위해(아니면 견디지 못해) 극단적 사건이 발생한다는 것이다. 예를 들어, 후쿠시마 원전사태는 대표적인 X－이벤트인데, 후쿠시마 원전의 설계자는 정규분포 내에서 발생 가능성이 있는 지진의 강도만을 고려하여 시스템을 디자인했지만, 예상치 못했던 강도의 쓰나미가 발생하여 기술 시스템의 복잡성을 능가하게 되자 큰 재난이 발생했다(존 캐스티, 2012).

　　둘째, 이슈연계의 임계점이다. 신흥안보 이슈들 간의 질적 연계성이 높아지게 되면, 어느 한 부문에서 발생한 안전의 문제가 임계점을 넘어서 거시적 안보의 문제가 될 가능성이 커진다. 이러한 이슈연계의 문제는 양적인 차원에서 단순히 링크 하나를 더하는 차원이 아니라 신흥안보의 이슈 네트워크에서 발견되는 '구조적 공백(structural hole)'을 메우는 질적인 변화의 문제이다(Burt, 1992). 다시 말해 끊어진 링크들이 연결됨으로써 전체 이슈구조의 변동이 발생하게 되고 그 와중에 해당 이슈의 '연결 중심성'이 커지는 것을 의미한다.

　　이슈연계 임계점을 넘어서 신흥안보 위험이 창발하는 사례는 여러 분야에서 발견된다. 기후변화, 홍수, 가뭄 등과 같은 자연재해뿐만 아니라 수자원 및 식량위기 등과 연계되면서 환경안보의 문제로 인식된다. 이주와 난민 문제는 그 자체로서는 크게 문제될 것은 없을지 모르나, 실업문제, 사회질서 불안정, 문화적 정체성, 그리고 더 심한 경우에는 인간안보의 위협과 테러의 발생 등과 연계되는 경우 국가적 차원에서 좌시할 수 없는 안보문제이다. 식량문제도 최근 에너지 문제 해결을 위해 곡물을 이용한 바이오 연료의 생산 문제와 연계되면서 심각한 안보문제가 된다. 해킹 공격이 원자력 발전소의 컴퓨터 시스템에 대해서 감행될 경우는 그 위험은 더욱 커지며, 이러한 해킹이 정치적 목적과 결부된 테러의 수단이 될 경우 그 위험성은 더욱 증폭된다.

끝으로, 지정학적 임계점이다. 양질전화나 이슈연계성을 통해서 창발하는 신흥안보 이슈가 전통안보 이슈와 연계되는 경우 이는 명실상부한 국가안보의 문제가 된다. 여기에 이르면 국가 행위자가 개입할 근거가 발생하게 되고 문제의 해결을 위한 국제협력의 메커니즘이 가동된다. 신흥안보의 이슈가 양질전화와 이슈연계성의 사다리를 타고서 순차적으로 창발하여 지적학적 임계점에 도달할 수도 있지만, 원래부터 지정학적 갈등의 관계에 있던 국가들 간에는 이러한 창발의 메커니즘이 다소 급진적 경로를 타고서 발현될 가능성도 크다. 이러한 관점에서 보면 신흥안보는 비전통 안보의 개념과는 달리 전통안보의 문제를 좀 더 적극적으로 포함시켜서 이해해야 하는 개념이라고 할 수 있다.

이렇게 신흥안보의 이슈가 전통안보의 영역으로 진입하는 사례는 많이 있다. 자연재해와 환경악화로 인한 난민의 발생은 지정학적 차원에서 국가 간 갈등을 야기하기도 하며, 경우에 따라서는 국가 간 무력충돌도 유발하는 위험요인이 있다. 최근 종교적·문화적 정체성의 문제는 테러 등의 문제와 연계되면서 국가 간 분쟁 또는 전쟁의 중요한 원인으로 등장했다. 평화적 목적의 원자력 발전이 군사적 목적의 핵무기 개발과 연계되는 문제, 해커들의 장난거리였던 해킹이 최근 국가 간 사이버 전쟁으로 전화되는 문제, 보건안보 분야에서 생화학무기의 사용을 둘러싼 논란 등은 신흥안보가 전통안보와 만나는 사례들이다.

이러한 논의의 연속선상에서 좀 더 고민해야 할 과제는 이렇게 창발하는 신흥안보의 위험이 해당 지역의 전통안보와 관련된 지정학적인 메커니즘과 구체적으로 어떻게 연동하면서 실제적인 분쟁으로 비화되는지를 밝히는 문제이다. 특히 유의할 점은 이들 신흥안보의 이슈들이 지정학과 만나는 접점이 전통적인 고전지정학과의 단면적인 차원만은 아니라는 사실이다. 다시 말해, 신흥안보 이슈들이 모두 획일적인 방식으로 지정학적 임계점을 넘는 것은 아니고 각기 지니고 있는 속성에 따라 지정학 현상과

복합적인 접점을 형성한다. 이러한 관점에서 보면, 오늘날 동북아와 한반
도의 지역적 특성을 반영한 지정학의 시각도 변화하는 세계정치의 상황에
부합하는 방향으로 새로워질 필요가 있다. 이러한 맥락에서 다음 절은 신
흥안보의 문제를 보는 이론적 분석틀로서 복합지정학의 시각을 제안했다.

Ⅲ. 복합지정학의 시각

　　정치가 지리의 영향을 받고 있음을 강조하여 지리적 맥락에서 정치를
이해하려는 사고는 오랫동안 있어 왔던 일이지만, 정치의 지리적 차원에
대해서 특별히 관심을 기울이고 이를 체계적인 학(學)으로 세우려는 노력
이 벌어진 것은 19세기 후반과 20세기 초반의 일이다. 지정학(地政學,
geo-politics)이라는 용어 자체도 1890년대에 만들어졌다. 그 이후 지정학
은 2차 대전 종전까지 많은 정치가와 관료 및 학자들에게 영향을 미쳤다.
한때 지정학은 제국주의의 이데올로기라는 비판을 받으며 역사의 뒤안길
로 사라진 듯이 보였다. 그런데 1980년대부터 지정학 혹은 정치지리학의
주요 논의를 받아들이면서 고전지정학의 굴레를 벗어던지려는 새로운 시
도가 등장했다. 일군의 학자들은 비판지정학이라는 이름을 내걸고 지정학
의 근본적 가정을 새롭게 재검토하는 작업을 펼치기도 했다.
　　2010년대에 들어 러시아의 크림반도 점령, 중국의 공격적 해상활동,
중동 지역의 고질적인 분쟁 등을 배경으로 하여 국제정치학에서 지정학에
대한 논의가 부활하는 조짐을 보이고 있다. 미 · 중 · 일 · 러의 전통 4강(强)
의 틈바구니에서 생존과 번영의 길을 모색해야 하는 한반도도 이러한 지
정학 부활의 연구관심으로부터 자유로울 수 없다. 특히 최근 북한이 벌이
고 있는 행보는, 아무리 탈냉전과 지구화, 정보화, 민주화의 시대가 되었
다 해도 한반도 국제정치는 여전히 지정학적 분석의 굴레에서 벗어날 수
없음을 보여주는 듯하다. 그러나 21세기 국제정치를 이해하기 위해서 지
정학의 시각을 다시 소환한다고 할지라도, 19세기 후반과 20세기 전반의

국제정치 현실에서 잉태된 고전지정학의 시각을 그대로 복원하여 적용하려는 시도는 경계해야 한다. 이 글에서 제안하는 복합지정학의 시각은 이러한 문제의식을 배경으로 한다.

복합지정학의 시각에 대한 효과적인 이해를 위해서는 지정학에 대한 기존 논의의 구도를 <그림 2>와 같이 대별해 볼 필요가 있다. 가로축은 지정학에 작동하는 구성요소들의 성격이라는 차원에서, 물질적 자원에 기반을 두는 '영토(地, territory) 발상'과 비(非)물질적 자원에 기반을 두는 '흐름(流, flows) 발상'으로 나눈다(Castells, 2000). 세로축은 지정학 게임이 벌어지는 관계적 맥락의 성격이라는 차원에서 2차원적이고 구체적인 '장(場, place)'의 발상과 3차원적이고 추상적인 '공(空, space)'의 발상으로 나눈다(Giddens, 1991). 이러한 두 가지 기준에 의거해서 볼 때, 기존의 지정학은 영토 발상을 기반으로 한 고전지정학1.0과 고전지정학2.0, 영토 발상을 넘어서려는 시도로서 비판지정학, 더 나아가 흐름 발상에 기반을 새로운 공간 논의를 펼치는 비(非)지정학, 탈(脫)지정학 등의 다섯 가지 유형으로 대별해 볼 수 있다.

먼저, <1-영역>은 영토(地) 발상을 바탕으로 하여 2차원적(場)으로 파악된 '영토로서의 장소(place as territory)'를 탐구하는 지정학이다. 고전지정학1.0이라고 불러 볼 수 있는 이 시각은 권력의 원천을 자원의 분포와 접근성이라는 물질적 또는 지리적 요소로 이해하고 이러한 자원과 시장을 확보하기 위한 경쟁이라는 차원에서 국가전략을 이해한다(지상현·플린트, 2009, pp. 167-168). 영토 자체가 가치이며 동시에 의미를 갖는 변수이다. 이는 물질적 권력의 지표를 활용하여 국가 행위자 간의 패권경쟁과 세력전이를 설명하는 현실주의 국제정치이론의 인식과 통한다(Gilpin, 1981; Organski and Kugler, 1980). 국가정책이나 국가 통치전략에 대한 서술이 위주가 되는데, 이는 강대국의 권력정치(power politics)의 부정적 이미지를 피하고자 지정학이라는 다소 완곡한 표현을 사용한 헨리 키신저의 용례와도 통한다. 1990년대까지 지정학을 강대국의 세계전략 혹은 지전략

(geo-strategy)을 중심으로 설명하는 고전지정학 연구에 기반을 두고 이루어져 왔는데 최근에는 '지정학의 귀환(the return of geopolitics)'이라는 이름으로 재등장하였다(Mead, 2014).

그림 2　복합지정학 논의의 구도

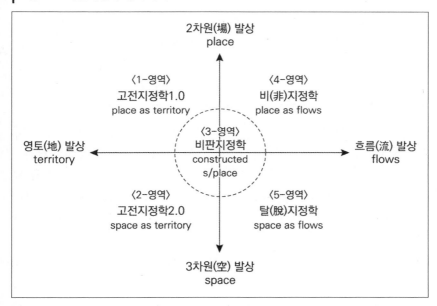

출처: 김상배(2015), p. 92에서 응용

　　둘째, <2-영역>은 영토 발상을 바탕으로 하여 3차원적(空)으로 파악된 '영토로서의 공간(space as territory)'을 탐구하는 지정학이다. <1-영역>의 고전지정학과 구별한다는 의미에서 잠정적으로 고전지정학2.0이라고 명명했지만, 실제로 이 양자는 엄격하게 구별되는 것은 아니다. 다만 이 글에서는 지정학의 논리적 구도를 보여주기 위해서 편의상 양자를 구별하였다. 국제정치이론에서 이러한 고전지정학2.0의 발상을 보여주는 대표적 사례는 세계체제론을 비롯한 정치경제학적 접근(Agnew and Corbridge,

1995; Flint and Taylor, 2007; Harvey, 2003)이나 세계정치 리더십의 장주기 이론(Modelski, 1978; Rapkin and Thompson, 2003) 등이 있다. 다시 말해 비록 단순계적 발상이기는 하지만 세계정치를 '구조'와 '체제', 즉 입체적 인 3차원 공간의 맥락에서 파악하고 국가 행위자들이 그 안에서 차지하는 지정학적 위상을 탐구한다는 점에서 의의가 있다. 이러한 시각은 최근 한 반도의 맥락에서 거론되는, 미국을 중심으로 한 해양세력의 패권과 중국을 중심으로 하는 대륙세력의 도전 사이에서 펼쳐지는 해륙복합국가로서 한국의 지정학적 위상에 주는 시사점이 크다고 할 것이다.

셋째, <3-영역>은 영토 발상과 흐름 발상, 그리고 2차원 발상과 3 차원 발상을 구성 및 재구성하는 과정에서 '구성된 공간/장소(constructed s/place)'를 탐구하는 지정학이다. 포스트모더니즘과 구성주의의 영향을 받아 기존의 지정학 담론을 해체하는 방법론을 원용한다는 점에서 비판지정학이라고 부를 수 있겠다. 1980년대에 등장한 비판지정학은 지정학을 담론적 실천으로 재규정하고 텍스트의 해체와 같은 포스트모더니즘 연구방법을 채택하여 지정학적 지식이 어떤 특정 정치집단에 의해 이용되고 생산되고 왜곡되는지에 대한 권력과정을 분석한다. 이들은 지정학을 문화적 현상으로 규정하고 국가 중심의 지정학 서술에서 벗어나 다양한 지정학적 주체가 다층위의 공간 속에서 지정학을 전략적으로 이용하는 과정을 분석한다. 비판지정학자에게 지정학이란 더 이상 단순한 지리와 정치의 상관관계를 설명하는 학문이 아니다. 비판지정학에서 지정학이란 특정한 발언이나 재현이 영향력을 가지게 되는 담론의 실천이다. 비판지정학의 시각에서 세계는 단순히 존재하는 것이 아니라 재현되고 해석되는 대상이기 때문이다(Ó Tuathail and Agnew, 1992; Ó Tuathail, 1996; Dodds, 2001; Kelly, 2006).

이러한 비판지정학의 시각은 신흥안보에 대한 논의와 통하는 바가 크다. 신흥안보 위험이 수면 아래에서 있어 보이지 않는다는 사실, 즉 비가시성은 신흥안보 문제를 보는 비판지정학의 시각에 근거를 제공한다.

비판지정학의 시각에서 볼 때, 신흥안보 이슈는 객관적으로 '실재하는 위험'이기도 하지만 안보 행위자에 의해서 '구성되는 위험'의 성격이 강하다. 코펜하겐 학파로 불리는 국제안보 학자들은 이러한 과정을 안보화(securitization)라는 개념으로 설명하였다(Hansen and Nissenbaum, 2009).

사실 신흥안보 이슈는 미래의 위험에 대비하는 문제이기 때문에 적절한 정도의 안보화가 필요한 것이 사실이다. 구성되는 위험으로서 신흥안보 위험은 동일한 종류의 위험이라도 지역에 따라서 또는 해당 이슈의 구체적 성격에 따라서 그 창발을 결정하는 수면의 높이가 다르게 나타난다. 그러나 수면 아래의 보이지 않는 잠재적 위험을 논하는 경우 항시 '과잉안보화(hyper-securitization)'의 우려를 안고 있다는 사실도 잊지 말아야 한다. 한국에서 발생한 과잉 안보화의 경우를 보면, 2008년 미국산 쇠고기 수입에 반대하는 촛불집회 당시 유포된 '광우병 괴담', 후쿠시마 원전 사태 이후 국내에서 일었던 '방사능 괴담', 유전자조작농산물(GMO)과 관련된 보건안보 괴담, 2014년 한수원 사태 이후 사이버 심리전 논란을 야기했던 사이버안보 괴담 등을 들 수 있다.

넷째, <4-영역>은 비(非)영토적인 흐름(流) 발상을 바탕으로 하여 2차원적(場)으로 파악한 '흐름으로서의 장소(place as flows)'를 탐구하는 지정학이다. 엄밀한 의미에서 보면 영토의 발상을 넘어선다는 의미에서 지정학이 아니라고 할 수 있어 '비(非)지정학'이라고 불렀다. 이러한 발상은 냉전의 종식 이후 지정학이 사라질 것이라는 자유주의자들의 글로벌화 담론과 통한다. 국가영토의 경계를 넘어서 이루어지는 흐름의 증대를 통해서 발생하는 '상호의존'과 글로벌 거버넌스의 담론과도 일맥상통한다. 사실 이러한 비지정학의 시각에서 보면, 탈냉전기에 접어들어 프랜시스 후쿠야마 등과 같은 학자들이 주장한 '역사의 종언'이나 '지정학의 소멸'과 같은 테제가 실현되는 것으로 보였다. 국제정치의 초점이 지정학적 긴장과 갈등으로부터 개발경제, 비확산, 기후변화, 무역 등과 같이 각국 단위를 넘어서는 국제규범의 형성으로 이동했다고 평가되었다. 특히 이러한 시각은 미국 학자들에 의해서 정교화되어 전 세계로 전파되었다. 그러나 최근 들어 탈냉전 이후의 평화를 가능하게 했던 지정학적 기반이 흔들리면서 '지정학의 부활'이 거론되기도 하지만 자유주의적 성향의 미국 학자들은 여전히 '지정학의 환상(the illusion of geopolitics)'을 경계하는 논지를 펴고 있다(Ikenberry, 2014).

　　끝으로, <5-영역>은 비영토적인 흐름(流) 발상을 바탕으로 하여 3차원적으로(空) 파악한 '흐름으로서의 공간(space as flows)'을 탐구하는 지정학에 해당된다. 공간의 형성 자체가 지리적 차원을 초월해서 가능하다는 의미에서 탈지정학이라고 불러 볼 수 있다. 이러한 탈지정학의 논의가 우리의 인식에서 가시화된 것은 사이버 공간의 등장 때문이다(Luke, 2003; Steinberg and McDowell, 2003). 사이버 공간은 1990년대 중후반 이후 컴퓨터와 정보인프라, 인터넷과 소셜 미디어 등의 급속한 성장과 함께 국제정치적 삶의 공간으로서 자리매김하고 있다. 사이버 공간의 등장은 새로운 기술공간이 출현하는 것 이상의 의미를 가진다. 사이버 공간의 등장은 정보혁명의 개념에 입체성을 부여하는 동시에 안보현상이 발생하는 공간을 좀 더 복합적인 형태로 변환시키고 있다. 사이버 공간은 물리적 인프라와 기술, 정보, 지식, 문화 등의 변수가 복합적으로 관여하여 만들어 내는 '복합 네트워크의 공간'이라고 할 수 있으며 최근 신흥안보 이슈들의 많은 부분이 이러한 사이버 공간을 경유하여 발생하고 있다. 이러한 문제의식을 공유하여 기존의 학계에서도 사이버 공간의 '지정학'에 대한 연구가 진행되어 왔다(김상배, 2014).

　　사이버 공간과 탈지정학의 시각에서 본 신흥안보의 특징은, 위험발생의 주체로서 인간 행위자 이외에도 물리적 환경을 이루는 수많은 사물 변수들이 중요한 역할을 한다는 데서 발견된다. 행위자-네트워크 이론(actor-network theory, ANT)은 이러한 사물 변수를 비인간 행위자(non-human actor)로 개념화한다(홍성욱 편, 2010). 인간이 다른 인간의 행위에 영향을 미치는 것처럼 비인간 행위자도 인간의 행위에 영향을 미치는 행위능력

(agency)을 가진다는 주장이다. 이를 신흥안보의 사례에 적용하면 이 분야에서 발생하는 위험은 인간 행위자에 의해서만 생성되는 것이 아니라 비인간 행위자 변수에 의해서 생성되는 성격을 지닌다.

　　신흥안보 분야에서 탈지정학적으로 작동하는 비인간 행위자의 사례는 매우 다양하다. 사이버 안보 분야의 컴퓨터 바이러스, 악성코드, 디도스(DDoS, Distributed Denial of Service) 공격에 동원되는 좀비 컴퓨터와 봇넷 등은 대표적인 사례이다. 보건안보 분야에서 전염병 바이러스는 행위능력을 갖는 비인간 행위자이다(이종구 외, 2015). 비인간 행위자 변수는 위험의 원인이기도 하면서 해결의 주체이기도 한다. 예를 들어 신흥안보 분야에서 미시적 안전이 거시적 안보로 창발하는 상승의 고리를 끊는 차원에서 비인간 행위자, 특히 과학기술 변수가 중요한 역할을 할 수 있다. 예를 들어, 최근 휴대폰이나 인터넷, 소셜 미디어 등에서 생성되는 빅데이터를 활용하여 자연재난 및 전염병 발생 징후를 조기에 감지하거나, 또는 재난 발생 후에도 인구의 이동 패턴과 실시간 주민 필요성을 파악하고, 나아가 조기경보를 통한 신속한 대응책을 마련하려는 노력이 이루어지고 있다(Hansen and Porter, 2015).

　　요컨대, 오늘날 우리 주위에서 발생하는 수많은 위험들은 이상에서 제시한 복합지정학적인 특성을 지닌 신흥안보의 문제들이다. 이러한 신흥안보의 부상은 안보담론의 변화뿐만 아니라 안보게임에 관여하는 행위자의 성격과 이들이 벌이는 안보게임의 권력정치적 양상까지도 변화시키고 있다. 이러한 점에서 신흥안보의 부상은 단순히 안보 영역의 문제만이 아니라 21세기 세계정치 전반의 변환과 밀접하게 연관되어 있는 현상이다. 신흥안보의 부상은 단순히 전통안보를 대체하는 새로운 안보현상의 등장이라는 차원을 넘어서 전통안보와 비전통 안보를 모두 아우르는 의미로 이해하는 새로운 안보 패러다임의 부상이라고 할 수 있다. 다음 절에서는 이러한 복합지정학적 성격을 갖는 신흥안보 이슈들이 구체적으로 21세기 세계정치의 과정과 어떠한 방식으로 만나는지에 대해서 살펴보았다.

Ⅳ. 신흥안보와 복합지정학의 친화성

신흥안보의 복합지정학에 대한 논의를 펼쳐 가는 데 있어서 가장 중요한 이론적 과제 중의 하나는 아마도 어떠한 유형의 신흥안보 위험들이 어떠한 종류의 복합지정학적 갈등을 유발하는지를 설명하는 문제일 것이다. 신흥안보의 성격과 복합지정학의 논리 간에는 일종의 상호 친화성이 존재하는 것은 아닐까? 다시 말해, 특정한 유형의 신흥안보 이슈들이 복합지정학 중에서도 특정한 유형의 '지정학'을 요구하거나 또는 그러한 '지정학'이 발현되는 범위를 규정하는 것은 아닐까? 예를 들어, 어떤 종류의 신흥안보 이슈는 고전지정학의 논리를 내재하고 있어 필연적으로 국가 간 갈등으로 귀결되지만, 어떤 종류의 신흥안보 위험은 국가 간 갈등으로 비화되지 않는 비지정학 또는 탈지정학적 속성을 지니고 있는 것은 아닐까?[1]

이러한 연속선상에서 던져 볼 수 있는 또 하나의 이론적 질문은, 특정한 유형의 신흥안보의 위험과 거기에 유발된 복합지정학적 문제를 해결하는 데 적합한 거버넌스의 양식을 유추해 볼 수 있느냐의 문제이다. 신흥안보의 유형과 이에 친화적인 거버넌스의 양식을 이론적으로 예견하는 것은 가능할까? 다시 말해 신흥안보의 유형에 따라서 이에 적합한 대응모델을 상정할 수 있을까? 예를 들어, 어떤 종류의 신흥안보 이슈는 국가 행위자들이 참여하는 국제협력 모델의 도입이 효과적이지만, 어떤 종류의 신흥안보 위험에 대응하기 위해서는 초국적 또는 지역적 민간 모델의 도입이 필요하다는 식의 설명과 처방을 내릴 수는 없을까? 요컨대, 신흥안보와 복합지정학, 그리고 거버넌스 양식 간에는 어떠한 상관관계 또는 친화성이 존재하는 것은 아닐까?

이 글은 이러한 문제의식을 가지고 신흥안보의 유형별 성격과 이에 대응하는 복합지정학(또는 거버넌스)의 상호 친화성을 분석하는 이론적 단초를 마련해 보고자 한다. 구체적으로 신흥안보의 각 분야에서 발생하는 위험들의 성격을 규명하고, 이어서 이를 둘러싸고 벌어지는 복합지정학과 이에 대응하는 적합 거버넌스의 내용을 살펴보는 작업을 펼쳐보고자 한다. 이러한 분석틀의 마련을 위해서 이 글은 신흥안보의 유형과 거버넌스 유형의 친화성에 대한 김상배(2016)의 이론적 논의를 원용하였다. 그에 따르면, 신흥안보 분야에서 발생하는 위험은, <그림 3>에서 보는 바와 같이, 다섯 가지 범주로 나누어 볼 수 있는데, 이들 신흥안보 사례들은 크게 대규모 전통재해와 기술시스템, 경제시스템, 사회시스템, 자연시스템 등에서 비롯되는 위험들이다. 이들 다섯 가지 범주는 이에 적합한 거버넌스의 양식과 대응하고 더 나아가 특정한 복합지정학의 논리와 친화성을 갖는다.

　　첫째, 지진, 화산폭발, 쓰나미, 홍수 등과 같이 돌발적으로 발생하는 대규모 자연재해이다. 이들은 시스템의 결합도가 높아 위험이 돌발적으로 발생할 가능성이 높지만, 상호작용의 복잡도는 낮아 위험의 파급범위가 한정되어 있어서, 위험을 즉각 인지하고 그 결과를 예측하는 것이 어렵지 않은 <1-영역>에 속하는 유형이다. 이러한 '돌발적 한정형 위험'에는 집중 거버넌스와 역내(域內) 거버넌스의 조합이 적합하다. 예를 들어, 자연재해의 경우에는 정치적 책임소재 규명보다는 신속하고 체계적인 재난의 복구가 우선시될 뿐만 아니라 일정한 경계 내에서 발생하기 때문에 사안의 시급성을 고려하여 정부 주도하에 신속한 의사결정을 하고 이에 따라 집중적으로 자원을 동원함으로서 일사불란한 대응체제를 구축할 수 있는 '정부 주도 모델'이 적합하다. 이러한 논의의 연속선상에서 볼 때 이들 신흥안보 위험은 대체로 영토 발상을 기반으로 하는 고전지정학과 유사한 방식으로 작동하고 이에 대한 해법도 대략 그러한 논리를 따라서 모색되지만 그 재해의 규모에 따라서 영토국가의 경계를 넘는 지역 참여의 거버넌스(즉 고전지정학2.0의 논리)가 모색될 수도 있다.

그림 3   신흥안보의 유형별 성격과 적합 거버넌스 모델

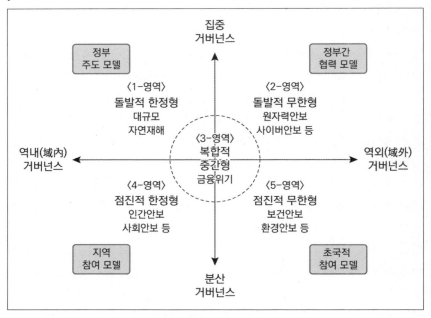

출처: Yoon(2015), p. 198와 김상배(2016), p. 92에서 응용

둘째, 원자력안보, 사이버안보, 포스트 휴면(post-human) 위험 등과
같이 기술시스템에서 비롯되는 신흥안보 위험이다. 이들은 시스템의 결합
도가 높아 위험이 돌발적으로 발생할 가능성이 높고, 상호작용의 복잡도
도 높아서 위험의 파급범위가 무한하여 위험을 조기에 인지가 어렵고 그
결과를 예측하여 통제하는 것도 쉽지 않은 <2-영역>에 속하는 유형이
다. 이러한 '돌발적 무한형 위험'에는 집중 거버넌스와 역외(域外) 거버넌
스의 조합이 적합하다. 돌발적으로 발생하는 재난이어서 그 피해를 조기
에 감지하는 것이 쉽지 않고, 일단 재난이 발생하고 나면 그 피해가 낳을
결과를 예측하는 것이 용이하지 않다. 따라서 신속하고 체계적인 재난의
복구가 중점이 되지만 일국 차원의 노력으로는 한계가 있기 때문에 책임

있는 당국자들이 국제적으로 협력하는 '정부 간 협력 모델'이 적합하다. 이
러한 논의의 연속선상에서 볼 때, 이들 신흥안보 위험은 일차적으로는 영
토의 발상을 기반으로 하는 고전지정학의 논리를 따라서 작동함으로서 국
가 간 갈등의 소지를 낳을 수도 있지만, 다른 한편으로 영토의 경계를 넘
어서는 비지정학적 국제협력, 특히 국가 행위자들 간의 협력 메커니즘이
해법으로 모색될 가능성이 크다.

　　셋째, 글로벌 금융위기(또는 경제위기)와 같이 경제시스템에서 발생하
는 신흥안보 위험이다. 이들은 시스템의 결합도가 중간 정도여서 위험의
발생이 때로는 점진적이지만 때로는 돌발적으로 발생하고, 상호작용의 복
잡도도 중간 정도여서 위험의 파급범위가 때로는 한정적이어서 조기에 인
지할 수도 있지만 경우에 따라서는 무한하여 그 결과를 예측하고 통제하
는 것이 쉽지 않은 <3-영역>에 속하는 유형이다. 이러한 '복합적 중간
형 위험'에는 집중과 분산 그리고 역내와 역외의 복합 거버넌스가 적합하
다. 인간이 관여하는 사회시스템의 일부이기는 하지만 글로벌 금융 시스
템과 같은 기술시스템을 기반으로 작동하기 때문에, <그림-3>에서 거
론하는 네 가지 모델이 상황에 따라서 복합적으로 원용될 수 있다. 돌발적
으로 발생하지만 경제위기의 조짐들은 개별국가나 지역 차원에서 미리 감
지되는 경우가 많기 때문에 일국이나 지역 차원에서 미연에 방지할 가능
성이 있지만, 위험의 창발이 일단 어느 정도의 임계점을 넘으면 그 위기의
파장이 초국적이고 글로벌한 차원으로 미치기 때문에 정부간 협력이나 초
국적 참여가 요구된다. 이러한 논의의 연속선상에서 볼 때, 이들 신흥안보
의 위험은 전형적인 복합지정학의 메커니즘을 따라서 발생한다고 볼 수
있다.

　　넷째, 인구안보, 이민안보, 사회 양극화, 경제적 불평등. 종교와 정체
성, 사회통합 등과 같이 사회시스템, 좀 더 구체적으로 말하면 경제·문화·
정치·사회 시스템에서 발생하는 신흥안보 위험이다. 이들은 시스템의 결
합도가 낮아서 위험의 발생이 점진적으로 발생하고, 상호작용의 복잡도도

낮아서 위험의 파급범위가 한정되어 있어 위험을 즉각 인지하고 예측하여 대응하는 것이 어렵지 않은 <4-영역>에 속하는 유형이다. 이러한 '점진적 한정형 위험'에는 분산 거버넌스와 역내 거버넌스의 조합이 적합하다. 예를 들어, 인간안보나 난민안보는 점진적이지만 국경을 넘는 사고로 확대될 경우 지역 차원에서 사고에 대한 책임과 보상 문제를 유발할 가능성이 높다. 따라서 국제사회의 원조와 협력을 얻더라도 결국 일국 단위 또는 지역 공동체 차원에서 사고수습의 주도권을 쥐고 민간 행위자들과 시민사회 등이 모두 참여하는 '지역 참여 모델'이 적합하다. 이러한 논의의 연속선상에서 볼 때, 이들 신흥안보 위험은 기본적으로 광범위한 영토공간을 상정하는 고전지정학2.0의 논리와 친화성을 갖지만, 국경과 지역의 차원을 넘어서 현상이라는 점에서 비지정학적 협력, 특히 국가 및 비국가 행위자들의 다양한 참여가 해법으로 모색되기도 한다.

끝으로, 환경안보와 기후변화안보, 식량안보와 에너지안보, 보건안보 등과 같이 자연시스템에서 비롯되는 신흥안보 위험이다. 이들은 시스템의 결합도가 낮아서 위험의 발생이 점진적으로 발생하지만, 상호작용의 복잡도는 높아서 위험의 파급범위가 무한하여 조기에 인지가 어렵고 그 결과를 예측하여 통제하는 것이 쉽지 않은 <5-영역>에 속하는 위험이다. 이러한 '점진적 무한형 위험'에는 분산 거버넌스와 역외 거버넌스의 조합이 적합하다. 이 재난은 위험의 발생이 점진적, 단계적, 연쇄적으로 발현되는 동시에 초국적으로 발생하기 때문에 재난의 최종적인 피해규모와 시급성을 놓고 정부 간에 이견이 나타날 수 있다. 따라서 정부뿐만 아니라 민간기업, 시민사회, 국제기구 등 다양한 이해당사자들이 거버넌스에 참여하는 '초국적 참여 모델'이 적합하다. 이러한 논의의 연속선상에서 볼 때, 이들 신흥안보 위험은 기본적으로 영토 단위를 넘어서는 비지정학의 메커니즘을 따라서 발생하고 이에 대한 해법도 영토의 경계를 넘어서 모색된다. 그러나 발생의 주체라는 점에서 볼 비인간 행위자들이 관여하는 탈지정학의 메커니즘이 주요 변수로 작동하며, 해결의 주체라는 점에서 볼 때 국가 행위자의 핵심적 역할이 요구된다는 점에서 고전지정학의 변수도 주요하게 작동하는 그야말로 복합지정학적인 성격을 지니는 것으로 파악된다.

이렇게 구분된 다섯 가지 유형의 신흥안보 위험들에 효과적으로 대처하기 위해서는 각각의 유형들이 지니고 있는 시스템적 속성과 복합지정학적 논리를 제대로 파악한 적합 거버넌스 양식이 모색되어야 한다. 각각의 유형별 위험의 속성이나 각 위험이 내재하고 있는 복합지정학적 논리가 유일한 인과적 변수로서 적합 거버넌스 양식을 결정하는 것은 아니지만, 적합 거버넌스 양식의 도입이 해당 위험에 효과적으로 대응할 수 있는 가능성을 높여 준다는 상관관계 정도는 설정할 수 있다. 이렇게 신흥안보의 유형별 성격과 여기서 파생하는 거버넌스 모델의 성격, 그리고 이러한 과정에 내재한 복합지정학의 논리 간의 상관관계 또는 인과적 친화성을 살펴보는 작업은 단순히 이론의 개발이라는 취지를 넘어서 실천적 방안의 마련이라는 차원에서 큰 의미를 갖는다. 다시 말해 이러한 상관관계와 친화성의 메커니즘을 보는 작업이 중요한 이유는 특정 신흥안보 이슈가 전통적인 지정학의 임계점을 넘어서 갈등으로 치달을 수 있는 가능성을 미리 탐지하고 이에 대한 대응책을 마련할 수 있을 것이기 때문이다.

V. 한반도 신흥안보의 복합지정학

사실 동북아와 한반도는 신흥안보보다는 전통안보의 위협이 더 두드러진 지역이다. 남북한의 정치군사적 대결, 중국과 대만의 양안갈등, 중일과 러일의 해양도서 분쟁, 한일의 독도영유권 문제 등과 같은 지정학적 갈등이 벌어지고 있어서 지역 차원의 협력이 난항을 겪고 있다. 머리말에서 언급한 한국 정부의 동북아 구상이 연성안보 분야에서 시작해서 경성안보 분야의 협력을 유도하자고 방향을 설정한 이유도 그만큼 전통안보 분야에서 동북아 국가들의 고질적인 불신과 갈등이 산재하고 있기 때문이다. 이러한 상황에서 신흥안보 분야의 위험 발생이 이 지역에서는 더 쉽게 지정학적 임계점을 넘을 가능성을 안고 있는 것이 사실이다. 게다가 지정학적 임계점을 넘는 것이 각 신흥안보 이슈의 내부 창발과정 때문에 발생하기도 하겠지만, 만약에 외부에 존재하는 지정학적 요소가 이러한 창발과정을 더욱 촉진하는 경우가 있다면, 아마도 동북아와 한반도는 그러한 위험 발생의 소지를 가장 많이 안고 있는 지역일 것이다.

신흥안보의 복합지정학이 수행해야 할 향후 연구과제 중의 하나는, 동북아와 한반도의 지정학적 특수성을 염두에 두고, 앞서 살펴본 신흥안보의 복합지정학이 이 지역에서 실제로 전개되고 있는 양상, 즉 신흥안보의 위험들이 양질전화와 이슈연계성의 사다리를 타고서 창발하여 지정학적 임계점을 넘게 되는 양상을 구체적인 경험적 사례를 통해서 살펴보는 작업일 것이다. 이 절에서는 복합 시스템 환경에서 발생하는 사례들을 개괄적으로 보여주는 차원에서 한반도 신흥안보의 복합지정학이 여태까지 전개된 양상과 향후 발생할 가능성에 대해서 간략히 살펴보고자 한다. 앞서의 이론적 논의의 연속선상에서 신흥안보의 이슈들을 전통 자연재해, 기술시스템, 경제시스템, 사회시스템, 자연시스템 등에서 야기되는 위험의 다섯 가지 범주로 나누어 살펴보았으며, 이들 범주에 속하는 구체적인 사례들로는 대규모 자연재해, 원자력안보, 사이버안보, 포스트 휴먼 위험, 동아시아 및 글로벌 금융위기, 인구안보, 이주·난민 안보, 사회안보, 기후변화 안보, 에너지·식량·자원 안보, 보건안보 등의 이슈를 선별하였다.

첫째, 대규모 자연재해에서 비롯되는 신흥안보의 복합지정학이다. 최근 부쩍 발생빈도가 늘어나고 있는 지진에 주목할 필요가 있다. 지진이 많이 발생했던 일본 이외에도 중국(쓰촨성)이나 한국(경주)에서도 지진의 발생이 늘어나고 있다. 대규모 자연재해로서 백두산 화산이 폭발할 가능성이 거론되는데, 이는 최근 북한의 핵실험이 다섯 차례나 이루어지면서 우려가 증폭되었다. 또한 2016년 두만강 유역에서 발생한 큰 홍수도 대규모 자연재해가 줄 충격을 걱정케 했다. 특히 이러한 자연재해들은 여타 신흥안보 위험과 연계될 때 그 파괴력이 증폭될 가능성이 커진다. 예를 들어,

대규모 지진이나 쓰나미가 원자력 발전소 지역에서 발생한다거나 큰 홍수나 화산폭발이 유발하는 환경악화, 질병발생, 식량위기 등의 문제는 모두 신흥안보 이슈의 상호 연계가 낳을 충격을 예견케 한다. 아울러 여기서 비롯되는 사회갈등과 난민 발생 등이 연계되면서 궁극적으로 국가 간 지정학적 갈등을 유발할 가능성도 없지 않다.

  기본적으로 특정국가의 국경 안에서 발생하는 대규모 자연재해에 대한 대책 마련은 각국 정부의 몫으로 인식되어 왔다. 앞서 <그림 3>에서 제시한 바와 같이 대규모 자연재해는 '돌발적 한정형 위험'에 해당되는 것으로, 일정한 경계 내에서 발생하기 때문에 정치적 책임소재를 규명하는 것이 관건이 아니기 때문에, 이 문제에 시간을 허비하지 않고 신속하고 체계적인 재난의 복구를 위한 체제구축이 우선시된다. 따라서 정부 주도하에 신속한 의사결정을 하고 이에 따라 집중적으로 자원을 동원함으로서 일사불란한 대응체제를 구축할 수 있는 '정부 주도 모델'이 적합한 것으로 알려져 있다. 그러나 그 피해의 규모가 국경을 넘어설 정도로 크거나 혹은 그 파급의 범위가 광범위할 경우, 주변 국가들도 나서서 예방과 구호 및 복구를 위한 협력 체제를 가동하기도 한다. 예를 들어, 최근 백두산 화산의 폭발에 대비하는 국제적 차원의 조사와 대응체제 마련을 위한 논의가 이루어지고 있음에 주목할 필요가 있다.

  둘째, 원자력안보, 사이버안보, 포스트 휴먼 위험 등과 같이 기술시스템에서 비롯되는 신흥안보의 복합지정학이다. 원자력안보의 경우, 일본의 후쿠시마 원전 사태 이후 원자력안보에 대한 경각심이 커지는 가운데, 중국의 원전 건설 붐이나 한국의 고리원전 1호기의 노후화에 대한 우려가 누적되고 있다. 원전 자체의 안전성 문제를 넘어서, 후쿠시마 원전사고의 경우처럼, 대규모 쓰나미나 지진과 같은 자연재해와 연계되거나 한국수력원자력(한수원) 사태에서 나타났던 것처럼 원자력 발전소의 컴퓨터 시설에 대한 사이버 공격이 발생할 경우 원자력과 관련된 위험은 증폭될 가능성이 있다. 게다가 중국 동북부의 활발한 원전건설은 동북아 국가들 간의 잠재적 갈등요인으로 잠재해 있으며, 원자력 시설에 대한 사이버 공격에 특정 국가가 개입했다는 증거가 드러날 경우 국가 간 갈등으로 비화될 가능성이 높다.

사이버안보의 경우, 최근 들어 해킹, 컴퓨터 바이러스 및 악성코드의 유포, 북한의 사이버 공격, 첩보와 감시를 목적으로 하는 사이버 스파이 활동 등이 부쩍 늘어나고 있다. 앞서 언급한 바와 같이, 이러한 사이버 공격과 해킹이 원자력 시설을 포함한 주요 국가시설을 겨냥할 경우 민감한 국가안보의 사안으로 비화될 것이며, 이러한 사이버 공격이 경제적 가치가 높은 산업기밀과 지적재산의 도용과 관련될 경우 경제안보의 이슈로 연계될 것이다. 최근에는 사이버안보 분야의 국가 간 갈등이 늘어나고 있는데, 중국 해커들의 활동과 미국 정보기관의 도청 활동 등은 이미 미중관계의 큰 쟁점이 되었다. 한편 최근 북한의 감행한 소니 해킹 사건은 사이버 안보가 남북한 갈등을 넘어서 북미 간의 분쟁으로 발전할 가능성마저도 보여주었다. 이러한 과정에서 중국의 협조와 책임 문제가 외교적 쟁점으로 부각된 바 있다.

포스트 휴먼 위험의 경우, 인공지능, 로봇, 빅데이터, 클라우드 컴퓨팅, 사물인터넷 등으로 대변되는 정보통신기술의 급속한 발달로 인해서 인간 행위자가 아닌 이른바 비인간 행위자가 야기할 수 있는 위험에 대한 우려가 늘어나고 있다. 실제로 포스트 휴먼 기술의 발달과정에서 개인정보의 과도한 침해와 네트워크의 오작동이 야기하는 안전사고 발생 가능성이 염려되고 있다. 또한 포스트 휴먼 기술의 발달에 따른 고용불안과 사회 양극화, 그리고 이주난민 문제의 악화 등의 가능성이 있으며, 더 나아가 인간안보의 차원에서 신체의 안정성 위협, 인간 정체성의 혼란과 새로운 인류 종(種)의 출현 가능성에 대한 우려 등도 제기된다. 지정학적 차원에서도 드론 기술을 활용한 군사무기의 개발 경쟁과 이를 활용한 분쟁 가능성이 늘어나는 가운데, 킬러 로봇의 등장과 로봇 전쟁의 가능성마저도 점쳐지는 실정이다. 이러한 상황에서 포스트 휴먼 기술의 발전 방향에 대한 정치·사회·경제적 갈등이 부상하고 있다.

이렇게 기술시스템에서 비롯되는 신흥안보 위험들은 대체로 <그림 3>에서 본 '돌발적 무한형 위험'의 성격을 갖는다. 다시 말해 이렇게 돌발적으로 발생하는 재난의 경우 그 피해를 일찌감치 감지하는 것이 어렵고, 발생한 재난에 대해서도 그 파급 결과를 예측하는 것도 쉽지 않다. 따라서 일차적으로는 피해가 발생한 국가 차원에서 신속한 재난 복구가 우선적 대책이 될 수 있다. 그러나 이러한 일국 차원의 노력에는 한계가 있을 수밖에 없기 때문에 주변 국가들과의 양자간, 그리고 가능한 경우 다자간 국제협력을 펼치는 것이 보완책이 된다. 이런 점에서 영토의 경계를 넘어서는 비지정학적인 차원에서 이루어지는 국가 간의 협력 메커니즘에 주목할 필요가 있다. 이러한 유형의 위험에 대응하는 거버넌스 모델로서 '정부 간 협력 모델'을 지적한 것은 바로 이러한 맥락이다.

셋째, 동아시아 지역이나 글로벌 차원에서 발생하는 금융위기와 같은 경제시스템에서 비롯되는 신흥안보의 복합지정학이다. 1998년 태국에서 시작되었던 동아시아 경제위기의 여파로 한국은 이른바 IMF 경제위기를 호되게 치른 바 있다. 다행히도 2008년 글로벌 금융위기의 영향은 크게 받지는 않았지만, 한국 경제는 그 대외의존성으로 인해서 글로벌 금융시스템의 불안정성으로 인한 위기의 발생 가능성을 항상 마주하고 있다고 지적된다. 특히 최근 2015년 이후 중국의 경제성장 둔화로 인한 금융위기 가능성이 우려되고 있다. 사실 2008년 미국발 글로벌 금융위기는 경제위기의 새로운 차원을 보여주었다. 멕시코와 아르헨티나 등에서 1980년대 주기적으로 발생했던 외환위기나 1990년대 동아시아 경제위기 등이 특정 국가나 지역에 한정되었으며 그 피해도 주로 경제분야에 한정되었던 반면에, 2008년 글로벌 금융위기는 전 세계로 확산되어 유럽의 재정위기를 야기하기도 했다.

이러한 배경에는 이 글에서 강조하는 다양한 이슈연계성이 작용한다. 경제시스템에서 발생하는 위험은 자산거품, 에너지 가격변동, 무역수지 불균형, 금융제도의 불건전성, 디플레이션, 관리 불가능한 인플레이션, 재정 위기, 실업 또는 고용불안 등의 문제와 연계되어 증폭될 가능성이 있다. 이들 경제적 위험들은 여타 사회시스템과 자연시스템, 기술시스템에서 발생하는 위험들과 상호 연계되어, 더 크고 심각한 위기를 발생시킬 수도 있다. 예를 들어 최근 국제금융거래 네트워크인 스위프트(SWIFT)에 대한 해킹 사건에서 보는 바와 같이 사이버안보의 이슈와 연계될 경우 단순한 경제위기가 아닌 새로운 종류의 신흥안보 문제로 비화될 가능성이 있다. 더 나아가 경제시스템의 위기에서 발생하는 문제들은 지정학적 이슈로 연계될 가능성을 항시 안고 있는데, 미국에서 발생한 2008년 글로벌 금융위기는 국제정치의 지정학에도 영향을 미쳐 미국의 상대적 쇠퇴와 중국의 부상이라는 패권변동의 가능성에 불을 지폈다. 이러한 미중경쟁의 가속화로부터 한반도의 지정학적 운명도 영향을 받을 수밖에 없다.

　　이렇게 경제시스템에서 비롯되는 신흥안보 위험들은 대체로 <그림 3>에서 본 '복합적 중간형 위험'의 성격을 갖는다. 기술시스템에서 발생하는 위험과 사회시스템에서 발생하는 위험의 중간 정도의 성격을 지니고 있어, 앞서 언급한 거버넌스 모델들이 모두 관여하는 복합적 또는 중층적 거버넌스 모델이 필요하다. 경제위기에서 발생하는 위험은 라틴 아메리카나 동아시아 위기처럼 지역적으로 한정될 수도 있고 2008년 위기처럼 글로벌 차원에서 발생할 수도 있다. 이 유형의 위험은 돌발적으로 발생해서 조기에 인지가 어렵기도 하지만, 대부분의 경우 경제위기가 발생하는 원인은 각국 또는 지역 및 글로벌 차원에서 잠재하고 있어서 위기 발생을 진단하고 확률적으로나마 예측하는 것이 아예 불가능한 것은 아니다. 이러한 관점에서 볼 때, 2008년 글로벌 금융위기의 해결과정에서 등장했던 것처럼, G20과 같은 정부간협의체가 출범하여 문제의 해법을 공동으로 찾거나, 또는 지역 차원에서 양자간 및 다자간 네트워크를 심화·확대하고, 더 나아가 비국가 행위자들이 나서는 초국적 참여 거버넌스 등을 복합적으로 원용하여 문제를 풀어나가는 노력이 적합하다.

넷째, 인구안보, 이주·난민 안보, 사회안보 등과 같이 사회시스템에서 비롯되는 신흥안보의 복합지정학이다. 인구안보의 경우, 세계적인 인구과잉과 동북아 차원의 인구부족 문제가 역설적으로 공존하는 가운데, 저출산 고령화로 인한 경제와 소비 규모의 감소, 생산연령 비중 하락으로 인한 경제성장 지체 등이 심각한 문제로 거론되고 있다. 인구과잉으로 인해 식량과 자원이 부족해짐으로 인해서 빈곤과 기아 및 사회불안 등의 증대되고, 여기에 연계되어 소득절벽, 경제침체 등과 같은 현상이 발생할 가능성이 크다. 한편 인구감소로 인한 병력감소, 저출산 고령화로 인한 노동력 감소 등의 문제가 동시에 발생하고 있다. 인구유입 필요성의 지역적 증대, 인구과잉 저개발국과 인구감소 산업국 간 인구양극화, 이주난민 문제 등으로 인한 국가 간 갈등과 분쟁의 가능성이 조만간 동북아와 한반도에서도 발생하리라는 우려가 커지고 있다.

이주·난민 안보의 경우, 북한의 체제 불안정과 경제적 궁핍으로 인해 국내로 유입되는 탈북자의 수가 증가하고 있으며, 중국 내 한인동포나 동남아 노동인력이 국내로 이동하는 숫자도 늘어나고 있다. 이에 따라 탈북자의 유입으로 인한 사회갈등의 발생 가능성, 불법이주자 문제가 야기할 사회불안 증대의 가능성, 그리고 이들 이주 노동인력과 내국인 노동자와의 일자리 경합 가능성 등이 우려되고 있다. 더 나아가 문화적·종교적 갈등 가능성 또는 인력의 빈번한 이동에 수반하는 전염병의 전파 가능성 등도 문제가 되고 있다. 이 중에서도 특히 탈북자의 증대로 인한 동북아 국가 간 갈등 가능성이 상존하는 가운데 지역차원에서 이주·난민 문제를 다루는 지역레짐의 부재도 지정학적 갈등의 발생 가능성을 점치게 하고 있다.

사회안보의 경우, 동북아 국가들의 고질적인 문제인 경제적 불평등과 교육 및 사회양극화의 확대는 정치적·사회적·이념적 갈등을 증폭시키고, 더 나아가 종교적·문화적 정체성을 둘러싼 갈등마저도 발생할 여지를 열어 놓고 있다. 여기에 로봇과 인공지능의 도입 문제까지 겹치면서 기존 아

날로그 시대 경제양극화 문제가 디지털 시대로 전이·증폭될 가능성도 있
다. 한반도에서 사회안보 문제는 남북한 관계 차원에서 탈북자 문제나 통
일 준비과정 또는 통일 이후에 발생할 사회통합의 문제로 나타날 것이 예
견된다. 게다가 글로벌 차원에서 진행되고 있는 사회양극화와 경제적 불
평등의 문제가 보호주의적 경향을 강화시킴으로써 동북아 국가들 간에도
경쟁을 가속화시켜서 긴장을 야기할 가능성이 크다. 종교적·문화적 요인
에 기반을 둔 정체성의 갈등이 동북아에서 지정학적 갈등과 테러의 발생
을 유발할 가능성도 있다.

　　이렇게 사회시스템에서 비롯되는 신흥안보 위험들은 <그림 3>에서
구분한 '점진적 한정형 위험'에 속한다. 사실 인구안보의 문제는 돌발적으
로 발생하는 것이 아니라 구조적 추세로서 나타나는 점진적 변화이다. 이
주 문제도 경우에 따라서는 사회안보를 위협하는 난민 문제로 제기되기도
하지만 평상시에는 점진적인 인구 이동의 형태로 나타나는 경우가 많다.
이주와 난민이 발생하더라도 지리적으로 인접한 지역에 국한될 수도 있
다. 그러나 이들 신흥안보 위험들이 정치적·사회적·경제적 문제와 연계
되면서 급속히 국경을 넘는 문제로 비화될 경우 지역 차원에서 책임과 보
상을 묻는 문제가 될 가능성도 없지 않다. 이런 점에서 이들 신흥안보 이
슈는 주로 정부 간 관계의 쟁점이 되겠지만 그 속성상 민간 행위자들과
시민사회의 참여를 요구하는 특성을 지닌다. 이런 점에서 이 글은 이러한
신흥안보 위험에 적합한 거버넌스 모델을 '지역 참여 모델'이라고 파악하
였다.

　　끝으로, 기후변화안보, 에너지·식량·자원 안보, 보건안보 등과 같이
자연시스템에서 비롯되는 신흥안보의 복합지정학이다. 기후변화 안보의
경우, 현재 동북아에서는 지구온난화에 따른 아열대화, 강수 패턴의 변화,
홍수와 가뭄의 빈발 등의 문제가 발생하고 있으며, 중국발 스모그와 미세
먼지의 초국경적 피해와 같은 대기오염도 큰 문제가 되고 있다. 이러한 기
후변화의 양상은 수자원 활용의 난조, 전염병의 확산과 질병패턴의 변화,

글로벌 식량시장의 수급변동, 식량무기화 현상의 발생, 새로운 에너지 소비패턴의 등장 등을 야기할 가능성이 있다. 지정학적 시각에서 보면, 동북아 국가들 간의 수자원 갈등, 대량방수로 인한 수공 가능성, 미세먼지와 황사로 인한 국가 간 갈등 고조 가능성 등도 심각한 문제가 아닐 수 없다.

　　에너지·식량·자원 안보의 경우, 글로벌 차원에서 관찰되는 에너지 수급문제와 가격변동의 빈번한 발생, 화석연료의 제한으로 인한 조정문제, 그리고 에너지 수출국의 정치·안보·사회적 불안정성과 강대국의 에너지 세력 확보경쟁 등은 이들 이슈가 신흥안보의 위험으로 창발할 가능성을 보여주는 사례들이다. 게다가 이들 신흥안보 이슈들은 상호 간에 매우 밀접한 이슈연계성을 갖는데, 바이오 연료의 생산증대를 통한 식량부족과 식량가격의 폭등은 식량 안보와 에너지 문제의 연계성을 보여주고 있다. 또한 식량문제가 온실가스 감축 노력과 연동되면서 발생할 경제성장 동력 상실 가능성이라든지 에너지 수급 조정과정에서 나타나는 경제적 부담의 문제 등은 기후변화와 경제안보가 연계되는 현상을 보여준다. 지정학적 시각에서 보아도, 화석연료와 신재생 에너지의 적절한 에너지 믹스 경쟁성을 둘러싼 국가 간 갈등, 남중국해 관련 에너지 운송로 문제와 에너지 가격 불안정 및 안보 위협 등이 늘어나고 있다.

　　보건안보의 경우, 글로벌 차원뿐만 아니라 동북한와 한반도에서도 신종 전염병의 발생이 눈에 띄는데, 신종플루, 사스, 메르스, 에볼라, 지카 바이러스, 각종 구제역 등의 발생과 전파가 양적으로 늘어나고 있다. 특히 전염병의 발생이 이민·난민의 문제와 연결될 때 심각한 정치사회적 문제가 발생할 것이 우려되며, 이러한 보건안보의 문제는 북한의 식량문제나 탈북자 문제 등과 연동될 가능성이 있다. 지정학적 시각에서 볼 때, 동북아 각국, 특히 남북한의 사회경제적 조건의 차이로 인한 면역력의 국가별 차이는 향후 전염병의 발생이 국가 간 지정학적 분쟁을 낳을 가능성을 예견케 한다. 이러한 와중에 국가 거버넌스 능력에 대한 신뢰가 문제시되고 과잉 안보화의 가능성도 우려되는 변수로서 인식되고 있다. 특히 국가 내 대응능력 차이에서 비롯되는 정치적 갈등과 사회양극화도 발생 가능한 문제라고 할 수 있다.

　이렇게 지연시스템에서 비롯되는 신흥안보의 위험들은 점진적, 단계적, 연쇄적으로 발현되는 동시에 초국적으로 발생하는 특성을 갖는다. 이는 <그림 3>에서 구분한 바와 같이, 일종의 '점진적 무한형 위험'이라고 할 수 있는데 기본적으로 영토 단위를 넘어서 영향을 미치고 그 해법도 국가 단위를 넘어서 모색될 수밖에 없는 속성을 지니는 것으로 파악된다. 게다가 재난의 최종적인 피해규모와 시급성을 놓고 관련 당사국들 간에 매울 수 없는 이견이 나타날 가능성이 크기 때문에 국가 행위자뿐만 아니라 민간기업, 시민사회, 국제기구 등과 같은 다양한 이해당사자들이 참여하는 '초국적 참여 모델'을 모색하게 된다. 여기에 이 분야의 신흥안보 위험의 발생의 주체로서 비인간 행위자들까지도 관여하는 특성 때문에 통상적인 떠올리게 되는 정부 주도 모델을 넘어서는 글로벌 거버넌스 차원의 해법을 찾게 된다.

　이상에서 살펴본 다섯 가지 유형의 신흥안보 위험들에 효과적으로 대처하기 위해서는 각각의 유형들이 지니고 있는 시스템적 속성과 거버넌스 및 복합지정학적 논리를 제대로 파악하는 것이 중요하다. 그러나 모든 나라들이 저마다 상이한 자국 나름의 위험 대응시스템을 발전시켜 왔기 때문에 그때그때 다양한 위험유형에 적합한 거버넌스를 선택하여 도입한다는 것은 쉽지만은 않다. 따라서 궁극적으로 관건이 되는 것은 새로운 위험의 발생했을 때 그 위험의 속성을 인지하고 그에 맞는 거버넌스의 형태를 적재적소에 신속하게 동원하는 메타 거버넌스(meta-governance)의 역량을 구비하는 것이다. 이러한 메타 거버넌스 역량의 핵심은 다양한 행위자들의 활동을 적절한 수준에서 조율하면서 시스템 내 요소들의 다양성과 유연성을 유지하는 데 있다(Jessop, 2003). 향후 신흥안보 위험에 효과적으로 대응하기 위해서는 이러한 메타 거버넌스의 역량이 각국 차원뿐만 아니라 지역 차원에서도 구축되어야 할 것이다.

VI. 맺음말

신흥안보 이슈들은 일상생활의 미시적 차원에서 발생하는 안전의 문제들이 특정한 계기를 만나서 거시적 국가안보의 문제로 증폭되는 특징을 지닌다. 다양한 국가 및 비국가 행위자, 하물며 비인간 행위자까지도 관여하기 때문에 그 발생원인과 확산경로 및 파급효과를 예측하는 것이 쉽지 않다. 신흥안보 분야의 위험은 전례 없던 극단적 사건의 형태로 발생할 가능성이 높을 뿐만 아니라 그 위험의 발생 및 확산의 양상도 개별 신흥안보 분야들 간의 상호 연계성이 증폭되는 과정에서 발생하는 경향이 있다. 이러한 특징들은 개별 신흥안보 이슈에 따라서 다르게 나타나기까지 해서 보편적 해법의 마련을 더욱 어렵게 한다. 잘 알려지지 않은 위험이다 보니 당연히 그 위험의 정체를 놓고 다양한 담론과 억측이 난무하는 경우가 발생하기도 한다. 게다가 이들 신흥안보 분야의 갈등이 전통안보 이슈들과 연계되면서 국가 간 갈등으로 비화될 가능성이 크게 높아지고 있다.

신흥안보 분야에서도 이러한 국가 간 갈등의 지정학적 시각은 사라지지 않고 꾸준히 남아 있을 것이다. 특히 동아시아와 한반도 주변 국제정치에서는 더욱 그러할지도 모른다. 그러나 19세기 국제정치 현실에서 잉태된 고전지정학의 시각을 그대로 복원하여 적용하려는 시도는 경계해야 한다. 초국적 차원에서 발생하는 신흥안보와 같은 현상을 제대로 담아내려는 새로운 이론적 시각의 모색이 필요하다. 새로운 이론의 과제는 전통안보와 구분되는 비전통 안보 영역의 독자성을 밝히는 데만 있는 것이 아니라 양자가 상호작용하는 동태적인 메커니즘을 분석하는 데 있다. 다시 말해, 신흥안보의 세계정치를 이해하기 위해서는 기존의 고전지정학 시각을 비판적으로 보완하는 작업의 일환으로서 비판지정학과 비지정학, 탈지정학을 엮는 이론적 시각이 필요하다. 이러한 맥락에서 이 글은 이러한 동학을 담기위한 개념으로 복합지정학(complex geopolitics)의 시각을 원용하였다.

신흥안보의 창발이 복합지정학의 세계정치에서 발현되는 과정에는 신흥안보의 유형별 성격과 복합지정학의 논리 간에는 일정한 친화성이 있음을 인식할 필요가 있다. 사실 복합지정학적 시각에서 볼 때, 신흥안보 이슈들은 어떠한 과정을 통해서 세계정치의 쟁점으로 창발하는가를 분석하는가는 중요한 문제이다. 특정 신흥안보 이슈의 특정한 성격은 이에 관여하는 지정학 차원의 성격을 규정하거나 혹은 특정한 지정학의 논리가 발현되는 범위를 규정하는 경향이 있다. 다시 말해, 신흥안보 이슈들의 성격상 차이는 각 이슈별로 상이한 복합지정학적 성격의 발현, 경로, 정도 등에 영향을 미친다. 어떤 신흥안보 이슈는 국가간 전쟁까지 비화될 가능성을 내재하고 있지만 어떤 이슈는 그러한 정도에까지는 이르지 않는다. 다시 말해 모든 신흥안보 이슈가 창발하게 되더라도 모두 국가 간 전쟁으로 이르지는 않을 것이기 때문이다. 이러한 양자의 관계를 좀 더 분석적으로 살펴보는 작업이 향후 연구과제로 남는다.

신흥안보 위험의 발생과 확산은 기존의 전통안보 경우와는 다른 방식으로 세계정치에 영향을 미친다. 특히 신흥안보의 부상은 새로운 위험 요인의 출현뿐만 아니라 안보문제의 해결주체라는 점에서 기존의 국가 행위자 위주의 안보 관념이 조정될 조건을 마련하고 있다. 신흥안보의 부상은, 전통안보를 대체하는 새로운 안보 이슈들의 출현이라는 단편적인 차원을 넘어서, 전통안보와 비전통 안보를 모두 아우르는 새로운 안보 패러다임의 부상을 예견케 한다. 이러한 문제의식을 바탕으로 이 글은 새로운 안보 패러다임의 부상이 동북아와 한반도에 어떠한 의미를 주는지를 검토하였다. 유럽 지역과는 성격을 달리하는 동북아와 한반도 지역의 특성상 신흥안보 패러다임의 부상과 작동과정에 전통적인 지정학의 논리가 다방면에 투영되어 있다. 따라서 정도 차이는 있겠지만 양질전화와 이슈 연계성의 경로를 따라서 창발하는 신흥안보의 고리를 제때 끊지 않으면 동북아와 한반도에서 국가 간 갈등을 유발할 소지가 있음을 명심할 필요가 있다.

이 글에서 시도한 이론적 논의의 화두를 발전시키는 차원에서, 한반도 신흥안보의 복합지정학 연구가 안고 있는 향후 연구과제를 두 가지 차원에서 제시해 보고자 한다. 첫째, 국내적 차원에서 신흥안보 거버넌스의 구체적인 실천방안에 대한 연구가 필요하다. 전통안보 위주로 짜인 기존의 안보 추진체계를 개혁할 과제의 당위성에 대해서는 사회적 합의가 존재함에도 불구하고, 실제로 신흥안보 이슈별 거버넌스를 어떻게 마련할지에 대해서는 아직도 본격적인 논의가 진행되고 있지 못하다. 특히 이들을 엮어 내는 메타 거버넌스의 내용과 전략에 대한 연구가 시급하다. 둘째, 국제적 차원에서 신흥안보 분야의 국가 간 협력과 이에 대한 비국가 행위자들의 참여 방안에 대한 연구가 필요하다(김상배·신범식 편, 근간). 이는 최근 정부에서 강조하는 중견국 외교의 문제의식과도 맥이 닿는 부분인데, 이 글에서 제시한 이론적 논의에 따르면 각 신흥안보 이슈별로 각기 다르게 나타나는 국제협력 모델의 내용을 제대로 인식하는 것이 중요한 변수이다. 이러한 인식을 반영한 신흥안보 외교의 추진은 중견국으로서 한국이 외교적 리더십을 발휘하는 좋은 기회가 될 것이다.

이상의 논의를 바탕으로 볼 때, 새로운 안보 패러다임으로서 신흥안보의 부상에 대응하는 것은 21세기 미래전략의 중요한 사안이 아닐 수 없다. 시스템 차원의 복합성이 커지고 이를 배경으로 한 새로운 위험이 창발하는 상황에서 전통안보에 대한 대응을 전제로 한 기존 국가안보 전략의 기조는 바뀌어야 할 것이다. 무엇보다도 국가 행위자를 중심으로 한 위계조직 일변도의 발상을 넘어서야 한다. 위험발생 영역이 양적으로 넓어지고 질적으로 달라진 만큼 이에 대처하는 주체라는 점에서도 국가 이외의 다양한 민간 행위자들을 참여시키는 발상이 필요하다. 또한 신흥안보의 위험이 초국적이고 글로벌한 차원에서 발생하는 만큼 이에 대한 대응체계도 일국 단위에서 전통안보 문제를 대하는 방식을 넘어서 구축될 필요가 있다. 이러한 맥락에서 이 글은 새로운 거버넌스로서 메타 거버넌스에 대한 이론적·경험적 논의의 필요성을 제안하였다.

[주 석]

1 신흥안보 위험이 3단계 임계점을 넘어 거시적 안보위험이 되는 것은 각 신흥
  안보 이슈의 내부 창발과정 때문에 발생하기도 하지만, 오히려 외부에 존재하
  는 지정학적 요소가 이러한 창발과정을 더욱 촉진(또는 제약)할 수도 있을 것
  이다. 이렇게 보면, 복합지정학적 성격이 각 신흥안보 이슈가 창발하는 과정에
  역으로 영향을 미치는 인과적 친화성을 상정할 수도 있다.

[참고 문헌]

김상배. 2014. 『아라크네의 국제정치학: 네트워크 세계정치이론의 도전』. 한울.

김상배. 2015. "사이버 안보의 복합 지정학: 비대칭 전쟁의 국가전략과 과잉 안보 담론의 경계." 『국제지역연구』 24(3), 1 – 40.

김상배. 2016. "신흥안보와 메타 거버넌스: 새로운 안보 패러다임의 이론적 이 해." 『한국정치학회보』 50(1), 75 – 102.

김상배. 2017. "신흥안보의 복합지정학과 한반도: 이론적 논의." 김상배·신범식 편. 『한반도 신흥안보의 세계정치: 복합지정학의 시각』 2017, 26 – 67.

김상배 편. 2016. 『신흥안보의 미래전략: 비전통 안보론을 넘어서』. 사회평론.

김상배·신범식 편. 근간. 『동북아 신흥안보 거버넌스: 복합지정학의 시각』. 사회평론

민병원. 2007. "탈냉전기 안보개념의 확대와 네트워크 패러다임." 『국방연구』 50 집 2호, 23 – 55.

박, 페르(Pak, Per). 2012. 『자연은 어떻게 움직이는가?: 복잡계로 설명하는 자연 의 원리』. 한승.

외교부. 2015. "동북아 평화협력구상." 외교부 홍보책자.

이신화. 2006. "동아시아 인간안보와 글로벌 거버넌스." 서울대학교 국제문제연 구소 편. 『세계정치와 동아시아 안보』, 263 – 286. 인간사랑.

이종구 외. 2015. "과학기술기반 신흥안보 대응 방안." 국가과학기술자문회의 정 책연구보고서. 2015 – 02.

지상현·콜린 플린트. 2009. "지정학의 재발견과 비판적 재구성." 『공간과 사회』 통권 1호, 160 – 199.

캐스티, 존(Casti, John). 2012. "X – event란 무엇인가?" *Future Horizon,* 13, 10 – 13.

홍성욱 편. 2010. 『인간·사물·동맹: 행위자네트워크 이론과 테크노사이언스』. 이음.

Agnew, John and Stuart Corbridge. 1995. *Mastering Space.* New York: Routledge.

Burt, Ronald S. 1992. *Structural Holes: The Social Structure of Competition.* Cambridge, MA: Harvard University Press.

Buzan, Barry and Lene Hensen. 2009. *The Evolution of International Security Studies.* Cambridge: Cambridge University Press.

Castells, Manuel. 2000. *The Rise of the Network Society.* 2nd edition. Oxford: Blackwell.

Casti, John, Leena Ilmola, Petri Rouvinen, and Larkku Wilenius. 2011. *Extreme Events.* Helsinki: Taloustieto Oy.

Dodds, Klaus. 2001. "Politics Geography III: Critical Geopolitics After Ten Years." *Progress in Human Geography,* 25(3), 469–484.

Flint, Colin and Peter J. Taylor. 2007. *Political Geography: World–economy, Nation–state and Locality.* New York: Prentice Hall.

Giddens, Anthony. 1991. *The Consequences of Modernity.* Stanford, CA: Stanford University Press.

Gilpin, Robert. 1981. *War and Change in World Politics.* Cambridge: Cambridge University Press.

Hansen, Hans Krause, and Tony Porter. 2015. "What do Big Data do in Transnational Governance?" Paper Presented at the International Studies Association Meetings, New Orleans, February 21, 2015.

Hansen, Lene and Helen Nissenbaum. 2009. "Digital Disaster, Cyber Security, and the Copenhagen School." *International Studies Quarterly,* 53(4), 1155–1175.

Harvey, David. 2003. *The New Imperialism.* Oxford: Oxford University Press.

Ikenberry, G John. 2014. "The Illusion of Geopolitics: The Enduring Power of the Liberal Order." *Foreign Affairs,* 93(3), 80–90.

Jessop, Bob. 2003. *The Future of the Capitalist State.* Cambridge, UK: Polity Press.

Kelly, Phil. 2006. "A Critique of Critical Geopolitics." *Geopolitics,* 11, 24−53.

Luke, Timothy W. 2003. "Postmodern Geopolitics in the 21st Century: Lessons from the 9.11.01 Terrorist Attacks." Center for Unconventional Security Affairs, Occasional Paper #2, <http://www.badgleyb.net/ geopolitics/ docs/theory/postmodernism.htm> (검색일: 2015.02.15)

Mead, Walter Russell. 2014. "The Return of Geopolitics: The Revenge of the Revisionist Powers." *Foreign Affairs,* 93(3), 69−79.

Modelski, George. 1978. "The Long Cycle of Global Politics and the Nation−State." *Comparative Studies in Society and History.* 20(2), 214−35.

Ó Tuathail, Gearóid and John Agnew. 1992. "Geopolitics and Discourse: Practical Geopolitical Reasoning in American Foreign Policy." *Political Geography,* 11(2), 190−204

Ó Tuathail, Gearóid. 1996. *Critical Geopolitics.* Minneapolis, MN: University of Minnesota Press.

Organski, A.F.K. and Jack Kugler. 1980. *The War Ledger.* Chicago: University of Chicago Press.

Rapkin, David and William Thompson. 2003. "Power Transition, Challenge and the (Re)Emergence of China," *International Interactions,* 29(4), 315−42.

Steinberg, Philip E., and Stephen D. McDowell. 2003. "Global Communication and the Post−Statism of Cyberspace: A Spatial Constructivist View." *Review of International Political Economy.* 10(2), 196−221.

Yoon, J. 2015. "Indonesia's Crisis Response Strategies: The Indian Ocean Tsunami of 2004." *Global Journal on Humanites & Social Sciences.* [Online]. 02, 195−202.

찾아보기

(ㅎ)

〈평화의 신지정학〉 집필진 약력

김명섭(연세대학교 정치외교학과)
연세대학교 정치외교학과 학사
연세대학교 정치학 석사
Universite de Paris I−Pantheon Sorbonne 정치학 박사

김병연(서울대학교 경제학부)
서울대학교 경제학과 학사
서울대학교 경제학 석사
Oxford University 경제학 박사

김상배(서울대학교 정치외교학부)
서울대학교 외교학과 학사
서울대학교 외교학과 대학원 정치학 석사
Indiana University 정치학 박사

김태환(국립외교원)
연세대학교 정치외교학과 학사
연세대학교 정치학 석사
Columbia University 정치학 박사

김학노(영남대학교 정치외교학과)
서울대학교 정치학과 학사
서울대학교 정치학 석사
University of Wisconsin−Madison 정치학 박사

박배균(서울대학교 지리교육과)
서울대학교 지리학과 학사
서울대학교 지리학 석사
Ohio State University 지리학 박사

서정민(연세대학교 정치외교학과)
연세대학교 정치외교학과 학사
연세대학교 정치학 석사
The University of Chicago 정치학 박사

신범식(서울대학교 정치외교학부)
서울대학교 외교학과 학사
서울대학교 외교학과 대학원 정치학 석사
모스크바국제관계대학(MGIMO) 정치학 박사

이승욱(KAIST 인문사회과학부)
서울대학교 지리학과 학사
서울대학교 지리학 석사
The Ohio States University 지리학 박사

지상현(경희대학교 지리학과)
서울대학교 지리학과 학사
서울대학교 지리학 석사
University of Illinois at Urbana－Champaign 지리학 박사

진영재(연세대학교 정치외교학과)
연세대학교 정치외교학과 학사
Northwestern University 정치학 석사
University of California. Irvine 정치학 박사

평화의 신지정학

초판발행	2019년 8월 20일
지은이	서울대학교 – 연세대학교 통일대비국가전략연구팀
	(김명섭·김병연·김상배·김태환·김학노·박배균·
	서정민·신범식·이승욱·지상현·진영재)
펴낸이	안종만·안상준
편 집	박송이
기획/마케팅	조성호
표지디자인	이미연
제 작	우인도·고철민
펴낸곳	(주) **박영사**
	서울특별시 종로구 새문안로3길 36, 1601
	등록 1959. 3. 11. 제300-1959-1호(倫)
전 화	02)733-6771
f a x	02)736-4818
e-mail	pys@pybook.co.kr
homepage	www.pybook.co.kr
ISBN	979-11-303-0819-7 93340

copyright©서울대학교 – 연세대학교 통일대비국가전략연구팀, 2019, Printed in Korea

* 잘못된 책은 바꿔드립니다. 본서의 무단복제행위를 금합니다.
* 저자와 협의하여 인지첩부를 생략합니다.

정 가   19,000원